지리교육의 새로운 모험

- 미래 교육과정 설계와 교수법을 위한 탐험의 재조명 -

스티브 푸틱(Steve Puttick) 저 / 김갑철 역

THE GEOGRAPHY TEACHING ADVENTURE

교육과학사

THE GEOGRAPHY TEACHING ADVENTURE

미래 지리교육, 그 새로운 탐험을 시작하며

학교에서 지리를 가르치고 있을 때, 역자의 동료 한 사람이 이렇게 말한 적이 있다. "그런 거(교과교육의 본질 같은 것)를 고민할 여유가 어디 있어요. 교육청에서 정해준 것들 따라가기도 벅찬데요..." 주어진 교육과정, 제한된 시간과 공간, 일정 수준의 결과물을 요구하는 성과주의적 분위기 속에서 '학생들에게 의미 있는 지리교육'을 고민하는 일은, 어쩌면 현실감각이 부족한 이상주의자의 일로 비칠 수 있었을지도 모른다. 세계적인 교육학자 거트 비에스타(Gert Biesta) 교수는 이러한 현실을 '학습주의'(learnification) 라는 개념으로 설명한다. 그는 성과 중심의 문화 속에서 학생의 요구와 욕망이 과도하게 강조되는 교육 경향을 비판하며, 이로 인해 교사는 '어떻게 가르칠 것인가'라는 질문에만 집중하게 된다고 지적한다. 즉, 주어진 내용을 어떻게 효과적으로 전달할지, 어떻게 성과를 끌어낼지를 고민하는 것이 유능한 교사의 역할처럼 여겨지는 것이다. 그러나 비에스타는 교육이 본래 지닌 '가치 있는 행위 변화'를 위한 본질적 질문들-'무엇을', '왜'-을 다시 중심에 놓아야 할 때임을 강조한다.

스티브 푸틱(Steve Puttick) 교수의 이 책은, 바로 이러한 흐름 속에서 탄생한 미래지향적 지리교육 담론의 응답이라 할 수 있다. "우리가 가르치는 지리란 무엇인가?", "왜 지리는 오늘날 학생들에게 여전히 가치로운가?", "우리는 지금까지 지리교육에서 무엇을 간과해 왔는가?", "무엇을, 어떻게 새롭게 바꿔나가야 하는가?"와 같은 근본적인 질문들에 대해, 이 책은 성찰적이고도 균형 잡힌 통찰을 제공한다. 이를 통해 독자는 미래의 지리교육과정 설계와 교수법에 대한 새로운 가능성을 마주하게 된다.

이 책은 크게 두 부분으로 구성되어 있다. 1장부터 4장까지는 미래 지리교육을 위한 철학적 비전을 제시한다. 푸틱 교수는 '탐험'이라는 지리적 은유를 통해 포스트식민주의 관점에서 지리학의 역사를 추적하며, 학문으로서 지리가 지닌 이중성-'빛'과 '어둠'-을 드러낸다. 그는 지리학이라는 학문이 세계를 보다 잘 이해하기 위해 어떻게 변화하고 논쟁적인 존재로 진화해 왔는지를 조명하며, 학교지리는 본질적으로 환원적이지도 단순히 전달될 수 있는 것도 아니라고 주장한다. 대신, 그것은 '탐험'과 '모험'을 필요로 하는 살아 있는 실천임을 강조한다. 여기서 말하는 탐험은 제국주의나 식민주의의 맥락이 아닌, 세계와의 보다 깊고 풍부한 관계를 새롭게 상상, 확장하는 지적 모험에 가깝다. 책 제목 '지리교육의 새로운 모험'은 바로 이러한 의미를 담고 있다.

후반부인 5장부터 7장까지는 앞서 제시된 비전을 교수법의 영역으로 확장한다. 푸틱 교수는 독자들이 지리교육의 실천적 전환을 어떻게 이끌어낼 수 있을지를 구체적으로 사유하도록 유도한다. 그는 "어디서부터 시작할 것인가?", "어떤 이야기를 만들어야 하는가?"와 같은 실천적 질문을 중심으로, 새로운 지리교육을 실현하는 구체적 방법들을 제시한다. 정보, 통계, 미디어, 스케일, 개념, 지도, 지명, 답사, 서사(내러티브), 스토리텔링, 문헌, 인식론 등 다양한 도구와 아이디어들을 통해, 지리교육이 세계와의 관계를 새롭게 상상하게 하는 '탐험의 장'이 될 수 있음을 설득력 있게 보여준다. 그는 지리교육이 경이로움을 회복하고, 보다 나은 이야기들을 학생들과 함께 구성해 가는 과정이 되기를 소망한다. 궁극적으로, 이 책은 지리교육이 정의롭고, 평등하며, 지속가능한 미래를 여는 데 기여하길 바라는 저자의 교육적 신념을 담고 있다.

이 책을 처음 접한 것은 정확히 1년 전이다. '탐험'과 '모험'의 개념을 새롭게 사유하려는 시도는 역자에게도 관심사였기에, 읽는 데 주저함은 없었다. 그리고 책을 읽는 내내, 푸틱 교수가 펼쳐가는 미래 지리교육의 논리는 깊은 공감은 물론 예상을 뛰어넘는 호기심과 경이로움, 그리고 학문적 즐거움을 안겨주었다. 이러한 기쁨을 지리교육 공동체와 함께 나누고 싶은 마음에, 부족한 역량에도 불구하고 번역에 임하였다. 하지만, 번역서 작업은 결코 혼자서 완성할 수 없다. 부족한 역자에게 아낌없는 조언과 격려를 보내주신 선생님들이 있었기에 가능했다. 이 자리를 빌려 진심 어린 감사를 전한다. 또한, 이 책의 출간을 흔쾌히 지원해 주신 교육과학사 대표님과 관계자 여러분께도 깊은 감사의 뜻을 전한다.

2025년 8월

김갑철

지리교육의 새로운 모험

아이들은 태어날 때부터 탐험가이다. 세계에 대한 이야기에 목말라하면서 경이로움으로 가득 찬 탐험가 말이다. 그렇다면 이러한 아이들에게 지리는 어떤 역할을 하고 있는가? 세계에 대하여 우리는 어떠한 지리 이야기를 들려줄 수 있는가? 교육자인 우리는 지리 자체에 대하여 무슨 이야기를 할 수 있는가? 이 책은 지리의 오래된 비전, 즉 시험과 정보에 대한 암기로 각인된 지리보다 훨씬 더 큰 가치인 '모험과 발견의 꿈'을 보여준다. 하지만, 과거 제국주의 시대 지리가 제공했던 이러한 모험과 발견의 꿈은 세계에 대한 지배와 통제에 사용되기도 했다. 그럼에도, 이 책에서 말하고자 하는 탐험이라는 개념은, 보다 정의롭고 공평하며 지속가능한 미래를 위해 작동하는, 보다 나은 이야기 나아가, 경이로움을 함양할 수 있는 의미와 긴밀하게 연결되어 있다.

이 책의 저자인 스티브 푸틱(Steve Puttick)은 현대인들이 직면해 있는 글로벌 도전들과 연계하여 지리교육을 위치시켜, 지리교과를 다음과 같이 정의한다: 지리교과는 자연과학과 사회과학을 넘나들며 생각할 수 있는 특별한 능력을 바탕으로 젊은이들에게 요구되는 지식과 기능을 갖추도록 한다. 이 책은 지리 속에 있는 제국의 층리(흔적)를 탐색하여 지리가 식민주의와 어떻게 얽혀있는지를 비판적이면서 이해 가능한 방식으로 보여준다. 이 책의 각 장은 지리학계의 광범위한 연구 성과를 바탕으로 하고 있으며, 현장 교사의 지속적인 전문성 함양을 지원하기 위해 각 장의 마지막 부분에는 개인이나 집단에 적용할 수 있는 성찰 질문과 실천 활동이 제시된다.

이 책은 다양한 교직 경력을 가진 모든 지리교사, 교육과정 개발에 관여하고 있는 교육 전문가, 교과 책임자, 학교 관리자 등에게 꼭 필요한 책이자 유용한 자료이다.

스티브 푸틱(Steve Puttick) 교수는 현재 영국 옥스퍼드대학교 세인트앤 칼리지에 소속되어 지리교사 양성과정과 교수학습 분야의 교육과 연구를 담당하고 있다.

차례

역자서문 / 3

머리말 / 6

제1장 모험 ······ 13

서론 ······ 13

어린이 지리들과 일상의 경험들 ······ 20

실천적 이론화(Practical theorising) ······ 24

결론 ······ 29

• 질문과 활동 ······ 30

제2장 탐험과 지리 ······ 35

서론 ······ 35

지리학의 기원과 바스코 다 가마(Vasco Da Gama) ······ 37

조지프 콘래드(Joseph Conrad) ······ 45

전쟁을 통한 탐험 ······ 54

결론 ······ 59

• 질문과 활동 ······ 61

제3장 학교지리에 있는 제국의 층리(흔적) ······ 67

서론 ······ 67

'세상을 변화시키는' 학교지리 ······ 72

제국의 인종주의적 지리 77
지리학과 유럽중심주의 88
제국을 정당화하는 전략들 90
전략 1: 문제적인 측면을 회피하는 수사 사용하기 90
전략 2: 손익계산서식 서술 95
전략 3: 시대의 산물 논리 98
전략 4: 제국에 대한 비판을 '어조'(tone) 문제로 폄훼하기 102
결론 108
• 질문과 활동 110

제4장 권력, 지식, 그리고 이들의 포로들 115

서론 115
'힘 있는 지식'에 대한 비판 116
'힘 있는 지식'의 의미 118
지식과 경험 122
장소 속의 지식 127
(힘 있는) 지식, 진리, 신념 그리고 두려움 132
『지리의 포로들』 비판하기 135
진짜 어디에서 왔나요? 138
아프리카 144
결론 150
• 질문과 활동 152

제5장 정보의 이동 경로 157

서론 157

산맥, 정보, 그리고 그 속에 숨겨진 사람들 161

정보의 온라인 여정 168

정보의 새로운 여정, 통계에 대한 오래된 이야기들 174

결론 182

- 질문과 활동 184

제6장 우리는 어디에서 시작해야 할까? 191

서론 191

유럽에서 출발하기 193

알-이드리시(al-Idrisi)로 시작하기 199

글로벌 사우스(Global South)에서 시작하기 202

로컬과 일상에서 출발하기 206

콜카타(Kolkata) 208

옥스퍼드 214

고기후 214

결론 220

- 질문과 활동 224

제7장 우리는 어떤 이야기를 해야 할까? 233

서론 233

세상을 설명하는 큰 이야기 237

줄거리 242

등장인물 246

갈등 250

스토리텔러들과 함께 254

• 질문과 활동 257

찾아보기 263

제1장 모험

서론

아이들은 태어날 때부터 탐험가이다. 세계에 대한 이야기에 목말라하면서 경이로움으로 가득 찬 탐험가 말이다. 그렇다면 이러한 아이들에게 지리교육은 어떤 역할을 할 수 있는가? 세계에 대해 어떤 지리적 이야기를 들려줄 수 있는가? 우리는 지리학 자체에 대하여 어떤 이야기를 하고 있는가? 이 책의 시작인 1**장**에서는 보다 넓은 지리교육적 맥락 속에 이 책을 둔다. 즉, 교육에서 지리의 목적과 관련하여 언급되어 온 이야기들은 무엇이었는지 개괄적으로 그려 본다. 이 장의 마지막 부분에는 '실천적 이론화'(practical theorising)라는 아이디어-즉, 지리 교사들은 교육 안에서 *지리학자*가 되어야 하며, 교육을 놀랍고도, 도전적이며, 복잡하고 흥미로운 노력으로 개념화하는-에 대해 논의하면서 끝맺는다. 또한, 이 서론 장은 이 책 전반의 논의에서 무엇을 구성하고 있는지 이해하는 데 도움이 되는 주요 핵심 개념어들을 소개한다. 이러한 개념들 중 일부를 활용하여, 2**장**에서는 지리와 모험의 간략한 역사를 소개한다. 즉, 모험은 지리학의 형성에 있어 중요한 역할을 해 온 반면, 지리적 모험이 인종차별, 제국의 약탈적 식민 프로젝트와 얼마나 긴밀하게 얽혀 있는지를 보여준다. 이 책에서, 필자는 스케일에 있어서의 전환을 시작으로, 지리적 모험을 되찾기(재조명하기)-위아래와 안팎을 뒤집기-

를 시도한다. 즉, 먼 장소들에 대한 기존의 집착을 비판함으로써, 오히려 모험의 중심에 로컬과 일상을 전면에 두고자 스케일을 좁힌다. **3장**에서는 렉스 월포드(Rex Walford)의 대표작 『1850-2000년 영국의 학교지리교육: 세상을 다르게 만들기』(*Geography in British Schools 1850-2000: Making a world of difference*)에 대해 논의한다. 자질(Jazeel)의 은유인 '제국의 층리(흔적)'(striations of empire)에서 영감을 받아, 필자는 영국의 학교지리 속에 있는 제국의 층리(흔적)를 비판적으로 검토한다. 여기에서 층리(흔적)는 강력한 힘이 땅 위를 지나간 증거이고, 이 분석을 통해 필자는 학교지리가 만들어 온 '차이'(difference)의 성격과 본질에 대해 의문을 제기한다. 제국의 인종차별적 지리들, 지리학과 유럽중심주의 그리고 제국에 대한 옹호와 관련된 주제들은 모두, 학교지리가 이들 강력한 힘에 의해 어떻게 특정하게 형성되어 왔는지를 보여준다. 이러한 권력에 대한 논의는 **4장**으로 이어지며, '힘 있는 지식'(powerful knowledge)이라는 개념에 대한 비판과 함께 유명한 대중서인 『지리의 힘』(*Prisoners of Geography*)에 대해 논의한다[역자주: *Prisoners of Geography*의 한글판 제목은 '지리의 힘'이나, 이 책에 대한 필자의 비판적 포지션을 감안하여, 이후부터는 '지리의 포로들'로 번역함]. **5장**에서는 '정보의 이동 경로'(journeys of information)라는 개념을 통해 지식과 정보라는 주제를 더욱 발전시키며, 이를 통해 교실에서 소개되는 정보가 어디에서 오는 것인지에 대한 질문을 제기한다. 전반부 장들에서 이루어진 이상의 비판적 논의들은 미래의 학교지리를 위한, 보다 큰 비전을 구성하기 위한 공간을 마련하는 역할을 한다. 즉, 교육과정과 교수법에 새로운 영감을 불어 넣기 위해 '탐험'을 되찾는(재조명하는) 일은, 지리학의 전통에 깊이 뿌리내려 있고 학교지리의 형성에도 영향을 준 제국주의의 층리(흔적)와 복잡하게 얽혀 있는 실타래를 공개적으로 하나씩 풀어 나가는 작업과 함께 출발한다. 이후 마지막 두 장에서, 필자는 지리교육의 미래에 관한 세 가지 주요 질문들-우리는 어디에서 출발해야 하는가? 우리는 어디로 가야 하는가? 우리는 어떤 이야기를 들려주어야 하는가?-에 대한 응답을 통해 보다 큰 비전을 그린다. 과거 세대들이 부와 명예, 국가의 자부심을 좇아 미지의 땅을 찾아 위험한 항해를 떠났다면, 현재와 미래의 지리학자들 앞에는 그에 못지 않은 모험이 놓여져 있다. 하지만, 현재와 미래의 지리학자들은, 보다 복잡한 문제에 직면해 있고 이들이 새롭게 상상하고 재조명하는 모험은 보다 더 가치로운 목표를 향해 있다: 즉, 보다 지속가능하고 평등하며 정의로운 미래에 대한 희망을 품고서, 역사적인 불평등과 이의 뿌리 깊은 유산에 답하고, 나아가 기후 생태 위기에 대응하는 것이다. 이 목표들 앞에서 하천의 발원지를 찾는 것이나 백지도 채우기 활동은 단지 '공원 산책'이나 숨바꼭질처럼 느껴질 수 있다. 지금 당신이 당신의 학생들이 시작하도록 할 지리적 모험은 인류가 마주했던 그 어떤 여정 보다 시급하고, 중요하고, 중대한 의미를 가진다.

이 책은, 이야기, 경이로움, 그리고 탐험에 관한 것이다. 즉, 이 책은 지리교육이 어떻게 모험을 되찾아(재조명하고) 경이로움을 기르고, 보다 나은 이야기를 말하도록 할 수 있는지, 그래서 보다 더 정의롭고 평등하며 지속가능한 미래를 향해 작동할 수 있는지를 보여준다. 필자는 모험과 탐험에 대한 오래된 아이디어들을 재고함으로써 스테판 볼(Stephen Ball)이 '성과주의의 테러'(terror of performativity)**(주1)**라고 부른 현상에 의해 공교육 시스템에서 간과되었던 흥분과 낭만을 다시금 회복하고자 희망한다. 하지만, 필자는 이 책이 과거에 대한 낭만적 관점을 주장하는 것으로 비춰지기를 바라는 것은 아니다. 지리학사 측면에서 일부 지리적 과업은 부끄럽게도 많은 문제점들이 있었고, 어떤 연구들은 이 책보다 이러한 이슈들을 훨씬 더 깊이 있게 다루고 있다**(주2)**. 이 책의 2장에서는 제국, 제국주의, 지리학 간의 얽힘에 대한 개요를 간략하게 다룬다. 이러한 얽힘은 과거에도 그리고 지금도 매우 복잡하며, 때로는 지리학과 지리학자들이 인종차별적이고, 식민주의적인 지배를 직접적으로 지원하고 촉진하기도 했다. 다양한 비판적 연구들에 영감을 받아, 필자는 이 책을 통해 모험을 재조명하고, 캐서린 맥키트릭(Katherine McKittrick, 2021, p. 187)의 표현을 빌어 '경이로움을 지속'**(주3)** 시키기를 희망한다. 즉, 필자는 지리교육의 비전을 사람, 장소, 사물에 대한 단순한 이야기에 그치는 것이 아니라, '경이로움을 지속시키는 것'으로 간주한다.

경이로움은 종종 가장 큰 스케일들과 연결되어 있다: 반짝이는 극지방, 광활한 대양, 밤하늘의 수많은 별들, 거대한 무엇들. 이것은 분명 조지프 콘래드(Joseph Conrad)의 지리, 즉 '광활한 대지와 넓은 수평선들의 지리학'과 연결된다. 하지만, 이러한 지리학은 콘래드가 경험한 학교 교육과정에 반영되어 있지 않았다. 오히려, 그가 경험한 학교지리는 다음과 같은 방식으로 만들어졌다:

> 지리를 가르치던 사람들은 현실에 대한 낭만적 감각과 활동적인 삶의 위대한 가능성에 대해 알지 못했다. 그들은 삶에 대한 도전도, 세계의 광활함에 대한 개념도 없는, 젊은 시절이 없었던 것 같은 중년의 지루한 교수들에 불과했다. 그들의 지리는 정말 그들처럼, 핏기 없는 피부 아래의 흥미 없는 뼈대만 드러난 혐오스러운 형상이었다**(주4)**.

도발적인 은유와 이미지로 가득한 문장들이 보여주듯, 콘래드의 지리학은 열정, 행동, 도전에 관한 것이다. 즉, 그의 지리학은 혈관을 따라 피가 흐르는, '세계의 넓은 공간들'을 깊이 호흡하고, 충분히 경험하는 삶에 대한 것이다. 이 책 전반에는 스케일이라는 아이디어가 관통하고 있다. 하지만, 콘래드와 달리 광활하고 먼, 큰 스케일의 공간들로부터 벗어나 '작은 스케일의 로컬적 관점으로 확대하기'를 원한다. 스케일은 지리교육의 핵심으로서 다른 모든 개념들과 토픽들을 관통하는 기초 개념이다. 또한 스케일은 지리교육의 최근 논의에서도 중요한 부분을 차지한다. 이러한 논의들의 핵심에는 '일상의 지식'(everyday knowledge)과 '힘 있는 지식'(powerful knowledge) 사이의 구분이 자리 잡고 있다. '힘 있는 지식' 담론에서 '일상의 지식'은 로컬에 국한되어 있는 반면, '힘 있는 지식'은 객관적인 것으로 어디에나 적용 가능한 일반화와 보편성을 가진 것으로 간주된다. 필자는 '힘 있는 지식'이라는 유명한 아이디어 측면에서 '일상의 지식'을 무시하는 관행에 반대한다**(주5)**. 오히려, 로컬과 일상에 주목함으로써 얻을 수 있는 가치와 경이로움에 초점을 맞춘다. 부분적으로, 모험을 되찾는 것은 일상의 마법을 되살리는 것이다. 이는, '다른' 그리고 '먼' 장소들과 사람들을 넘어, 로컬과 일상적인 것으로 다시금 상상하는 작업에 우선권을 부여하는 것이다. 이러한 스케일의 전환은 이국적인 타자를 누군가의 로컬과 일상성으로 전환하는 것이다. 필자는 많은 학자들 중에서, 자질(Jazeel)의 『포스트식민주의』(*Postcolonialism*)**(주6)**, 맥키트릭(McKittrick)의 『친애하는 과학과 다른 이야기들에게』(*Dear Science and Other Stories*)**(주7)**, 유소프(Yusoff)의 『10억 개의 흑인 인류세, 혹은 아무것도』(*A Billion Black Anthropocenes or None*)**(주8)**, 사이드 (Said)의 오리엔탈리즘(*Orientalism*)**(주9)**, 그리고 차크라바르티(Chakrabarty)의 『유럽을 지방화하기』(*Provincializing Europe*)**(주10)** 로부터 영감을 받았다. 이 연구들은 이 책 전체에서 보여주는 바와 같이,

로컬과 일상에 더욱 주목함으로써, 세계 속에서 우리가 어떤 위치에 있는지 더 잘 말할 수 있으며, 어떤 지리학을 통해 세계를 알게 되는지에 대해 다시금 재고하도록 한다. 필자가 제안하는 탐험은, 적어도 시작 단계에서는, 멀고 광활한 공간이 아니다. 오히려, 예상과 다를 수 있겠지만, 필자가 주장하는 탐험은 우리가 가진 어떤 전제에 대해 의심하도록 하고, 그 결과로서 우리의 관점을 다시 조정하게 만드는 로컬과 일상성 속에 존재하는 경이로움과 모험과 관련된다.

탐험에 대한 재조명(탐험의 되찾기)이라는 아이디어와 관련하여 필자가 사용하는 개념은 '탐험 교수법'이다: 지리교육에 대한 하나의 접근법으로 지리학의 전통을 수용하되, 비판적으로 관계맺기하는 방식인 '지리적 존재하기'(being geographical)를 교육의 중심에 두는 교수학습 방식이다. 물론 이 개념에는 간장이 존재한다. 즉, 탐험은 비구조화된 '발견 중심 접근'(discovery approach)과 연결되기도 하고, 매우 구조화된 '지식 중심 접근'(knowledge-led approaches)들과 연합하기도 한다. 전자의 경우, 탐험은 '발견'이라는 개념과 연결된다. 후자의 경우, 학문적-지리학적-전문 지식을 우선시하는 것이 '지식 중심' 또는 '핵심 지식' 운동과 부합하는 것으로 보인다. 이러한 두 입장은 매우 다른 방향에서 강력한 반응을 불러일으켰다. 필자는 이 책 *탐험의 재조명*에서, 지리교육에서 '발견'과 '지리적 지식', 양자의 활용과 전개에 대해 다시 한번 재고해 보고자 한다. 모험과 관련하여 필자가 가진 한 가지 포지션은 지리교육 전체의 분위기 속에 탐험이 스며들고, 이것이 모든 것에 영감을 불러일으키는 것이다. 여기에서 핵심은 세계에 대하여 그리고, 지리학 자체에 대하여 보다 나은 이야기를 들려주는 일이며, 그렇게 함으로써, 학생들로 하여금 자신만의 지리를 이해하고 또 만들어갈 수 있도록 자율성을 부여하는 방식과 관련된다.

모험을 위한 잠재적 장소로 일상을 새롭게 상상하고 지리학 자체를 다시 성찰하는 것-즉, '지리의 지리들'**(주11)**에 주목하는 것-은 학생들의 책상에 놓여있는 교과서조차도 모험의 원천이 될 수 있다는 것을 의미한다. 우리가 말하고 다루는 아이디어, 개념, 그리고 이들을 통해 들려주는 이야기들은 탐험에 있어 핵심을 이룬다. 예를 들어, 아마도, 탐험은 포퓰리즘(populism), 국가적 예외주의(national exceptionalism), 국가·지역·사람·이웃에 대한 타자화(othering), 신자유주의(neoliberalism), 자원 수탈적이고 약탈적 관행, 그리고 인류세의 기후변화에 따라 심화되고 있는 글로벌 불평등에 의존하는 삶의 방식 등에 대해 도전하는 것을 포함할 수 있다.

필자는 이 책이 교직 경력을 막 시작하는 사람들(공적 혹은 사적 교육 환경과 관계없이)과, 이미 보다 많은 시간을 교직에서 보낸 사람들 모두에게 유용하기를 희망한다. 또한 지리교육 연구를 둘러싼 지속적인 논의 특히, 대학의 학문영역으로서 지리학과 학교 교과로서 지리 사이의 관계를 연구하는 데에도 기여하기를 바란다. 다양한 관심사를 가진 독자들을 고려하여, 각 장의 말미에는 이 책의 논의를 학교나 지리교육이 이루어지는 다양한 맥락에 적용해 볼 수 있도록 실천 섹션('질문과 활동')을 두었다. 이러한 응용 섹션들은 토론을 위한 질문, 실천 전략, 현장 실천을 위한 통찰이 포함되어 있어, 교사 및 교과 부서, 예비 교사교육 및 교사 재교육에 참여하는 관계자들에게 유용할 것이다. 또한 본문에 담기 어렵지만 보다 심층적인 논의를 추적하고 싶은 분들을 위해, 추가 설명, 논평, 참고문헌 등을 미주를 활용하여 각 장의 마지막에 배치해 두었다.

어린이 지리들과 일상의 경험들

필자는 이 장의 서두에서 '어린이는 태어날 때부터 세계에 대한 경이로움으로 가득찬 탐험가이며 세계에 대한 이야기를 갈망한다'라고 말한 바 있다. 지리학의 하위 영역인 '어린이 지리'(children's geographies)는 어린이들이 세계를 어떻게 인식하고 묘사하는지, 나아가 어린이 자신과 세계와의 관계에 대해 이해하고자 함으로써 이러한 관점에 대한 설명하고자 한다(Hammond et al., 2022). 이 연구들 중 일부는 어린이들의 교육 경험과 지리에 대한 인식을 중심으로 이루어진다. 예를 들어, 홉우드(Hopwood, 2009)는 중등학교에서 학생들이 어떻게 지리를 인식하는지 그 복잡성을 면밀하게 들여다본다. 개방적이고 유연한 방법인 민족지적 연구 방법론(ethnographic methods)을 통해 홉우드는 지리 수업 동안 학생들과 함께 시간을 보냈고, 이를 통해 지리에 대한 학생들의 학습과 인식에 대해 정교하게 이해할 수 있었다. 홉우드의 연구는 지리에 대한 학생들의 생각이 고정되거나 단순하지 않음을 보여준다. 즉, 지리에 대한 "일관되고 통일된 관점이라기보다는 상황에 따라 달라지는 아이디어들의 느슨한 집합체"임을 보여준다(p. 185). 지리에 대한 아이들의 인식 속에는 지리가 인문지리와 자연지리로 나뉘며, 전자는 감정과 의견을 후자는 사실, 설명, 세부 사항과 관련되는 것으로 인식한다. 예를 들어, 한 학생인 사라(가명)는 지리를 사람과 장소들에 대해 공부하는 것으로 묘사했고, 공간적 다양성(spatial variations)이라는 개념은 사라가 지리를 바라보는 중심에 있다. 예컨대, 지리를 통해 서로 다른 국가 간의 문화 차이에 대해 토론하면서 학생은 '자신의 문화와 다른' 문화를 배울 수 있다고 말한다. 이러한 차이들은 극명한 방식으로 표현된다: "세계의 다른 곳에서, 사람들이 사는 방식... 그곳은 다른 곳이고 그들은 우리가 하는 것과는 완전히 다르게 생각한다"(p. 192). 사라의 *완전히 다르게*라는 표현은 주목할 만하다[역자주: 이 말에는 타문화를 낯설고 동떨어진 존재로 인식하는 학생의 거리감이 고스란히 담겨 있다].

세계에 대한 어린이들의 인식 연구에서 나온 또 다른 대비는 '자연환경'과 '인공환경'의 구분이다. 예를 들어, 왈쉬(Walshe, 2021)는 생태 역량(eco-capabilities) 연구에서 프로젝트에 참여한 아이들(예술가, 교사, 연구자 또한 포함)이 '자연 속에서' 시간을 보낼 때와 나머지 '일상적인 삶'을 보낼 때 느끼는 것이 확실히 다름을 보여준다. 오늘날 사람들과 자연의 단절에 대한 담론은 널리 확산되어 있으며, 스크린 사용의 증가나 바깥 활동을 위험하게 보는 인식 등이 그 이유로 자주 언급된다. 그러나 여기서 말하는 '우리'는 과연 누구인가? 자연과 멀어졌다는 이 경험은 인종, 젠더, 계급에 따라 서로 다르게 느껴지고 경험된다. 이러한 차이를 보다 구체적으로 보여주는 사례가 바로 후스(Huth, 2013)의 『길 찾기의 잃어버린 기술』(*The Lost Art of Finding Our Way*)이다. 이 책은 현대 통근자와 3000년 전에 살았던 어부의 지식을 비교하는 질문으로 시작한다. 연구의 논의는 두 사람 모두 얼마나 많은 정보를 가지고 있는지 그리고 이러한 정보는 어디에서 기인한 것인지에 관한 것이다. 후스는 현대 통근자는 정보의 대부분을 스마트폰으로부터 얻지만, 어부의 경우는 체화된 것에서 비롯된 것이라고 보았다. 그는 현대 통근자들에 대해 다소 비판적으로 평가하면서 "기기에 중독된 통근자는 자신을 둘러싼 주위 환경에 대해 의식하지 못하거나 전혀 알지 못하는 반면, 자신의 조상은 미묘한 환경적 단서들을 충분히 흡수하여 자신을 길을 찾을 수 있음을 증명하고 있다"(p. 2)라고 결론짓는다. 이 이야기에서 어부의 친밀하고 확신에 찬 기후 지식은 통근자의 지식과 대비된다. 이는 히칭스(Hitchings, 2010)의 계절별 기후변화와 전문 사무직원들에 대한 연구와 유사한 그림을 그려낸다. 즉, 히칭스는 런던의 추운 밤이 지나 자신의 집에서 남쪽으로 3마일 떨어져 있는 도심 사무실로 통근하는 한 법률가의 아침 일과를 묘사한다. 밤새 북극에서 내려온 차가운 공기가 런던 시내에 내려 앉아 기온이 떨어졌고, 이로 인해 지표와 차도는 서리가 내려앉았다. 기온은 영하로 떨어져 물(H_2O)은 액체에서 고체로 상태가 바뀌었다. 새로 만들어진 저마찰의 표면은 도시 인도를 덮고 있다. 하지만, 이러한 변화를 그 통근자는 즉각적으로 알아차리지 못한다. 우리가 상상하는 이 통근자는 중앙집중식 난방과 이중창으로 된 단열이 잘되는 아파트에 살고 있다. 그(녀)는 비즈니스에 몰두한 나머지-문자 그대로이자 상징적으로도-밤새 일어난 날씨의 변화로부터 단절되어 있다. 이 변호사는:

> 이미 직장에서 특정한 방식으로 자신을 표현해야 한다는 기대를 감당하고 있었고, 이는 그의 옷차림을 통해 변화된 날씨에 반응할 수 있는 범위를 제한했다... 그는 일상적인 아침 패턴을 따르고 있었기 때문에 이러한 갑작스러운 계절적 한파에 대해 초기에는 인식조차 하지 못했다(p. 282).

히칭스가 '자동 조종 상태'(being on autopilot)라고 말하는 아침 루틴은 셔츠를 다리고, 아침을 먹고 그리고, 계단을 내려가 지하철로 걸어가는 것으로 구성되며, 이는 기본적으로 기후로부터 차단되어 있는 공간에서 이루어진다. 하지만 이러한 루틴은 그가 신은 가죽 구두와 빙판 도로 간의 상호 작용, 즉 지표면의 변화에 의해서 중단된다. "그제서야 그는 이 짧은 야외 경험을 처리하기 위한 자신의 표준 시스템이 전날

밤의 흔적을 다루기에는 충분히 견고하지 않음을 깨닫게 된다"(p. 282).

그렇다면 이 통근자는 지리학자였을까? 우리는 우리의 지리교육이 이 통근자의 아침 루틴을 어떻게 변화시키고 새롭게 상상하도록 할 수 있다고 보는가? 이 장의 말미에 있는 활동 중 하나는 이 통근자의 사례에서, 즉 지리교육이 어떻게 인간과 환경과의 관계를 변화시킬 수 있는가라는 질문에서 영감을 받아 만들어진 것이며, 이 활동을 통해, (서리로 뒤덮인) 구체적인 사례(빙판)를 통해 지리 교과의 목적과 목표에 대한 논의를 촉진하는 데 기여하고자 한다.

이 장과 이 책 전체를 관통하는 주장은 지리교육은 우리들로 하여금 세계와의 관계를 새롭게 상상하도록 하는 잠재력을 가지고 있다는 것이다. 즉, 지리교육은 일상의 마법을 다시 불러와 아침 통근조차도 하나의 모험으로 변화시킬 수 있다는 것이다. 이 말은 아마도 우리가 이전보다 더 많이 알고, 더 호기심을 가지며, 더 깨어있게 됨을 의미할지도 모른다. 또한, 이는 아마도 우리는 보다 많은 질문을 하는 것을, 세계에 대해 단지 더 많은 정보를 아는 것보다는, 세계에 대한 우리의 관계맺기를 더 깊이 그리고 더 풍부하게 하는 것을 말할 수도 있다. 아는 것, 존재하는 것, 살아가는 것 그리고 숨쉬는 것은 자동 조정 상태로부터 벗어나 능동적으로 전환하는 것을 요구한다. 이러한 탐험은 총체적(holistic)이다. 즉, 이 탐험은 기후와 도시에 대한 지식에 관한 것도, 기후와 도시에 대한 경험에 관한 것도 아니다. 이는 신체적이고, 물리적이며, 감정적이며, 동시에 개념적이고 이론적인 것이다. 이 책에서 제안하는 실천적인 이론화(practical theorising)라고 하는 아이디어는 지리교육의 맥락 속에서 실천과 이론이 어떤 관계를 가질 수 있는지를 이해할 수 있는 하나의 통찰을 제공한다.

실천적 이론화(Practical theorising)

교사 교육 연구자들은 실천과 이론 사이의 관계에 대하여 끊임없이 질문하고 씨름해 왔다. 때때로 이 양자 간의 관계는 상호 간 대립하는 관계로 논쟁적으로 표현되기도 한다. 이러한 논쟁의 대중적인 버전은 영국의 전 교육부장관 마이클 고브(Michael Gove)에 의해 제기되었는데, 그는 신문 『데일리 메일』(Daily Mail)의 기고문에서 '우리 학교를 파괴하는 데 혈안이 되어 있는 마르크스주의 교사들에게 굴복하지 않겠다'고 밝혔다**(주12)**. 그의 기고문에 따르면, '이론'(특히 마르크스주의 이론)과 이론을 생산하는 사람(특히 대학의 연구자와 '마르크스주의 교사들')은 부정적으로 묘사되는 반면, '정치적인 동기'가 전혀 없이 순수하게 실천하는 사람들은 긍정적으로 표현된다. 이후 고브는 유럽 연합의 탈퇴를 결정하는 국민투표 당시 법무부 장관으로서 이러한 논지를 다시 꺼내 영국은 '전문가들에게 지쳤다'라는 악명 높은 발언을 남겼다. 그에 따르면, 이론은 일상의 사람들이 겪는 실천적 현실과 동떨어진 것으로 간주된다. 이런 관점에서 실천적 이론화(practical theorising)는 실천과 이론 간의 관계를 긴밀하게 연결된 상호작용적 접근으로 새롭게 제시함으로써 이러한 단순한 대립 구도를 거부하고 도전한다. 실천적 이론화는 다양한 유형의 증거들-이때 증거들은 이 책에서 필자가 제안하고 있는 지리학과의 관계 맺기 모델로 확장되는-에 대해 교사가 비판적이고 지적인 방식으로 관계 맺기함으로써 성장하는 과정을 설명하는 개념이다. 실천적 이론화라는 개념을 통해, 교사들은 교수법적 그리고 학문적 지식들이 서로 얽혀 있는 도전적이고 멋진 공간 속에 위치할 수 있다. 이러한 비전은 교사가 가진 지식과 기능을 깊이 존중한다. 이 모델에서 교사의 교수행위는 역동적이고 복잡한 것으로 간주되는데, 즉 교사들에게 어떻게 가르치라고 단순히 말하는 것, 나아가 무엇을 가르칠 것인지를 단순히 처방하는 것은 불가능한 것으로 본다. 이는 개인, 학급, 관계 및 상황의 고유성과 맥락성 때문이며, 동일한 내용을 교육해도 학습 결과는 매번 다르기 때문이다. 또한, 교과 자체의 특성도 이유가 된다. 즉, 지리학적 지식은 본질적으로 손에 잡히지 않고 흐르며, 끊임없이 변화하고, 논쟁적이다. 이 말은 지리적 지식은 단순히 전달될 수 있는 것이 아니라, '탐험'이 필요한 존재이다. 지리 지식에 들어가는 것은 일종의 모험인 것이다.

실천적 이론화는 옥스퍼드대학교의 예비 교사 교육 과정에서 핵심적인 역할을 해왔으며, 이 교육 과정은 '옥스퍼드 인턴십 스킴'(Oxford Internship Scheme)으로 불린다. 이 책에서 다루는 실천적 이론화에 대한 논의 중 일부는, 이 모델이 운영되어 온 제도적 구조와 교육적 맥락에 뿌리를 두고 있으며, 그에 따른 고유한 도전과 기회를 함께 반영하고 있음을 밝힌다. 실천적 이론화에서 이상(ideal)으로 삼는 것은 교사의 주체성, 즉 교사의 지적 자유라는 가치를 최대한 인정하는 것이다. 또한, 교사들이 다양한 증거를 바탕으로 실험하고, 재맥락화하며, 비판적으로 관계 맺기할 잠재력에 대해 높이 평가한다. 하지만, 비판 또한 존재한다. 그중 하나는 이러한 교사의 자유가 신규 교사들에게 과도한 부담을 줄 수 있다는 것이다. 단순히, 신규 교사들에게 무엇을 할지를 말하는 것이 보다 쉬운 것은(공정한 것은) 아닐까? 즉, 신규 교사들에게 배울 필요가 있고, 수행할 필요가 있는 리스트를 제공하고, 실천의 표준화를 생성해 주는 것이 그들이 마주할 복잡한 상황 속에서 스스로 결정할 수고를 덜어주는 것은 아닐까? 이에 대해, 번, 뮤턴 및 톰슨(Burn, Mutton, & Thompson, 2023)은 "실천보다 이론 속에서 훨씬 쉬운데, 왜 실천적 이론화를 고집하는가?"라고 묻는다. 필자의 이 책은 지리교육을 교사와 교육에 대해 상당히 높이 평가하는 '모험'으로 재개념화하고 있다는 점에서 이러한 비판은 극복해야 할 도전임을 인정한다. 실천적 이론화는 교육을 일종의 '번역 행위'로 간주한다. 지리학적인 맥락에서, 우리는 지리 교사들이 어떤 방식으로 경관, 과정(프로세스), 개념, 장소를 번역하는지에 대해 생각해 볼 수 있다. 지리 교사는 매우 복잡한 것을 이해 가능하고, 다룰 수 있으며, 인식할 수 있도록 만들 수 있다. 하지만, 필자가 주장하는 지리교육, 즉 모험을 향한 열망은 쉽게 번역될 수 없는 복잡성과 광대함 또한 포용하는 것을 의미한다. 자질(Jazeel, 2019)의 말처럼, 우리는 아마도 '번역 불가능성'(untranslatability)을 수용할 수 있어야 한다. 그는, "번역 불가능의 순간은 사실 비교 불가능성(incommensurability)과의 생산적인 마주함"임을 강조한다(p. 215). 교사 교육에서 실천적 이론화 개념을 지지하는 핵심은 바로 교육의 복잡성에 대한 인식이며, 이는 비교 불가능성의 수용을 요구하는 자질의 주장과 매우 유사하다. 현실, 심지어 평범한 일상조차도 단순한 유목화나 설명으로는 포착할 수 없을 만큼 믿을 수 없고, 매우 놀라우며, 경외심을 불러일으키며, 복잡하고, 그리고 반직관적이다. 한 교사가 "이 마을은..."이라는 말이 채 입 밖으로 나오기도 전에 이 마을은 언어에서 사라진다. 비유적으로 표현하면, 손가락 사이로 물이 빠져나가는 것처럼, 우리가 그것을 움켜쥐려 할수록 빠져나가 버린다. 카스트리(Castree, 2005)의 말을 차용한다면, "지리학자들이 연구하는(용어의 온전한 의미에서) 자연은 그 용어가 지칭하는 사물들과 혼동해서는 안 된다". 오히려, 자연은 "실재하는 개체 종, 지형, 신체의 세계가 아닌 개념이나 아이디어이다... [우리는 절대로] 이러한 지식을 그 자연 세계를 있는 그대로 '투영하는' 것으로 취급해서는 안 된다..."(pp. 42-43). 실천적 이론화에서 교사들에게 '어떻게 가르칠 것인가'에 대한 단순한 리스트를 줄 수 없는 것과 마찬가지로 이론과 모델의 인식론적 한계를 인식할 필요가 있다. 이를 통해, 학생들이 공간, 장소, 사람은 "분류체계나 유목화를 통해서 파악할 수 *없다*"는 것을 깨닫도록 도와야 한다(Jazeel, 2019, pp. 215-216). '인식론적 한계'라고 하는 아이디어는 지식이 특정한 방식으로 생산되고 위치되어진다는 것, 그로 인해 특정한 함의를 가진다는 점을 인식하는 것이다. 지식은 고정된 객체가 아니라, 사회적, 관계적 그리고 일시적인 것이다. 지리적 지식에 대한 탈식민 그리고 포스트식민적 비판들은 지리적 지식이 기존에 전제하고 있는 것만큼 확실하지도 또한 강력하지도 않음을 보여주며, 나아가 특정한 지식이 엄청난 권력을 지닌다는 점을 함께 지적해 왔다. 헤이만(Heyman, 2000, p. 301)의 설명처럼, 여기서 핵심은 지리 지식을 '탈객관화'(deobjectify)하여 "교실을 정치적 관계 맺기의 실천적 장소로" 드러내는 것이고 "이론과 실천의 경계를 허무는 것이다". 헤이만은 분명한 사회적 용어를 통해, 교실은 우리가 살아가는 장소에 대한 지식과 의미를 함께 만들어 가는 공간으로 묘사한다:

> 지식은 세계를 더 잘 관리하려는 기술 관료적 합리성의 도구로 사용되는 단순한 객체가 아니다. 오히려, 지식은 그 자체로 역동적인 교수법적인 만남이다. 이에, 지식은 지배보다는 자율성을 높이는 가능성을 가지고 있다(p. 301).

헤이만의 주장에 따르면, 학문적 지리학의 맥락에서, 지리 지식은 여전히 무비판적으로 확산되고 순환될 수 있는 도구로 간주되고 있다. 예를 들어, 핵심 요점 다섯 가지가 잘 요약된 PDF 보고서를 생각해 보자. 이러한 방식의 재현은 지식을 완성된 객체로 표현하는데, 이는 작업 중인 워드 문서에서 지저분한 교정 과정(줄을 그어 제거하기, 밑줄 긋기,

형광펜으로 표시하기, 집필 중인 텍스트에 주석 달기)을 갖춘다. 그리고 이 문서는 지식을 생산한 저자들의 생각, 감정, 갈등, 편향을 온전히 담아 내지 못한다. 결국 저자들조차도 자신이 연구하는 움직이고, 살아 있는 그리고 숨 쉬는 세계를 충분히 분석하고, 느끼고, 냄새 맡고, 측정하고, 듣고, 보는 것에 실패한다. 헤이만이 말하는 '지식의 탈객관화하기'(deobjectifying knowledge)는 이러한 겹겹의 층위를 벗겨 내어 지식을 "책값, 컨설팅 이용료 혹은 대학 등록금으로 쉽게 변환될 수 있는 상품으로 다루는 관행"에 도전하고자 하는 것이다(p. 299). 헤이만은 이러한 상품화에 반대하여, "지식 생산의 과업은 종이 위에 적한 텍스트로 끝나지 *않는다*"고 주장한다(p. 299). 이를 통해 도출할 수 있는 한 가지 교수법적 함의는 교수 방법(how to teach)과 관련된 기존의 문헌에 직관적으로 반하면서 도전을 하는 것이다. 이와 관련하여, 헤이만은 "지식을 쉽게 전수 가능한 정보로 환원하지 않는, 보다 정교한 교수법 개발"을 요구한다(p. 299). 이러한 종류의 교육, 즉 '지리교육의 모험'은 다음을 수용하는 것이다:

> 교수법적 만남이 가진 역동적, 상호적, 그리고 정치적인 본질을 인정하는 일은, 교실을 단지 정보 전달의 매개로 축소하려는 상품화의 논리에 맞서는 중대한 공적 공간으로 재정의하는 것을 의미한다. 급진적 교수법은 지식의 폐쇄성을 거부하며 동시에 학생을 고객으로 전락시키는 것을 거부한다(p. 301).

하지만, 필자가 여기에서 주장하고 있는 관점은 이러한 성격을 단지 '수용'하는 것이 아니다. 오히려, 역동적이고, 상호적이고, 불가피한 정치적 특징을 가진 교수법적 마주함을 적극적으로 씨름하고, 즐기고, 그리고 포용하는-실천하고 탐구하는[저자]-것이다. 세계와 지리에 대해 들은 이야기들은 결코 중립적이지도 정치적 맥락에서 자유롭지도 않다. 탐험의 되찾기(재조명)는 이 이야기들을 다시 들려주는 일이기도 하다.

결론

이 장에서 우리는 지리교육을 모험으로 바라보는 이 책의 핵심 주제들을 간략히 개관하였다. 여기에는 다음과 같은 내용이 포함된다: 경이로움과 탐험에 대한 어린이의 감각; 실천적 이론화를 통해 이해되는 교육의 복잡성과 도전, 그리고 가능성; 그리고 경이로움을 지속시키는 일. 지리교육의 모험은 지리학자들이 세계, 그리고 세계와 우리의 관계를 새롭게 이해해 온 방식을 통해 떠올려지는 흥분과 탁월함을 다시 발견하고 새롭게 상상하는 것을 목표로 한다. 여기에서, *다시* 발견하고 *새롭게* 상상한다는 것은 제국주의 및 자원 수탈과 관련된 식민주의 어젠다와 복잡하게 얽혀 온 지리학을 비판적으로 성찰하는 과정을 포함한다. 이러한 얽힘을, 2장에서는 지리학자들이 탐험과 모험에 어떻게 참여해 왔는지를 자세히 논의하고, 이후 3장에서는 '*제국의 층리(흔적)*'라는 은유를 통해 분석한다. 이 책의 각 장 말미에는 '질문과 활동'이 있다. 이를 통해, 독자들은 추가 토론을 이어가거나 교육 실천을 위한 함의를 탐색하고, 개인이나 집단 차원에서 비판적으로 성찰할 수 있는 계기를 가질 수 있을 것이다.

질문과 활동

- 모험. 이 단어는 당신에게 어떤 의미인가? 이 단어를 들었을 때, 어떤 아이디어, 이미지, 감정이 떠오르는가? 당신은 지리교육이 어느 정도까지 모험이 되어야 한다고 보는가? 반대로, 모험이 지리교육에 적합하지 않다고 생각하는 이유는 무엇인가? 모험이라는 아이디어로 지리를 가르칠 때 어떤 도전에 직면할 수 있을까?
- 히칭스(Hitchings)가 묘사하는 런던 통근 변호사의 사례에서는, 자동 조정 상태로 반복되는 일상적 루틴과 그 변호사가 마주하는 날씨 변화 사이의 단절이 강조되었다. 앞서 언급된 히칭스의 설명을 다시 읽어보거나, 시간이 된다면, 원문 전체를 읽어보는 것도 좋다. 이 통근자는 어떤 지리를 공부했을까? 나아가 변호사의 지리적 이해가 자신이 살아가고, 출퇴근하고, 일하는 과정 속에서 경험하는 기후변화에 대해 예상하고, 경험하고, 반응하는 데 있어 어떻게 연결되어 있을까? 당신의 지리 수업과 추구하는 지리교육의 목표 관점에서 이 질문들을 다시 생각해 보자. 당신의 지리 수업은 이 통근자의 아침 일상을 어떻게 변화시킬 수 있을까? 어떠한 지리 지식과 기능을 제공해야 이 변호사가 자신의 통근을 새롭게 상상하도록 만들 수 있을까?
- '지식을 탈객관화하기'(deobjectifying knowledge)에 대한 논의에서, 필자는 지식의 '폐쇄성'을 비판한 헤이만(Heyman)의 지적을 인용했다. 이러한 은유를 확장해서, 학생들에게 지식을 '연다'는 것은 무엇을 의미하는가? 학교지리에서 '객체'로 표현되고 있는 지식의 예가 있다면 무엇이 떠오르는가? 이러한 지식 재현은 어떤 함의를 가지는가? 그리고 이러한 지식을 어떻게 '탈객관화'할 수 있을까?

주

1. 볼(Ball, 2003)은 성과중심주의(수행성)(performativity)를 다음과 같이 설명한다. "성과중심주의란, 하나의 기술이자 문화이며 규율 방식이다. 즉, 판단, 비교, 그리고 전시를 보상과 제재(물질적 · 상징적 모두)에 기반한 인센티브, 통제, 소모, 변화의 수단으로 활용한다"(p. 216).
2. 예를 들어, 커언스(Kearns, 2009, 2021), 해밀턴(Hamilton, 2020), 노컵(Norcup, 2015), 에슨(Esson, 2020)의 연구는 좋은 참고자료이다.
3. 이러한 사상은 웨스트(West, 2009)가 제안한 다음과 같은 주장과도 맞닿아 있다: 그는 "일상의 평범한 사람들의 삶에 존엄성과 위대함, 그리고 비극성을 부여하고, 호기심과 경이로움, 우연성, 모험, 위험, 그리고 무엇보다도 즉흥성을 강조하는 실험적인 삶의 형태"를 추구할 것을 요청한다(p. xi).
4. 콘래드(Conrad, 1924), 그리고 이에 대한 더 깊은 논의를 위해 드라이버(Driver, 1992)도 참조하라.
5. 특히 영(Young, 2013)이 제시한 '일상적 지식'과 '힘 있는 지식' 간의 이분법을 통해 이러한 논의를 살펴볼 수 있다. 이는 그의 오랜 사유의 연장선에 놓여 있다. 예를 들어, 20여 년 전 '포스트식민주의', '페미니즘', '포스트모더니즘'에 반응하며, 영은 "전문성, 과학 또는 기타 전문적 지식 체계의 지식 주장에 맞서 경험을 내세우는 것이 위험하다는" 것을 경고한 바 있다(2000, p. 530).
6. 자질(Jazeel, 2019)
7. 맥키트릭(McKittrick, 2021)
8. 유소프(Yusoff, 2018)
9. 사이드(Said, 1978)

10. 차크라바르티(Chakrabarty, 2000)
11. 예를 들어, 리빙스턴(Livingstone, 2019)이 주목한 '지리의 지리'(geography of geography)를 참조할 수 있으며, 기후변화 사례를 통해서는 마호니와 헐름(Mahony & Hulme, 2018)이 논의한 '인식론의 지리'(epistemic geographies), 즉 지식의 생산과 유통에 관한 지리를 살펴볼 수 있다.
12. https://www.dailymail.co.uk/debate/article-2298146/I-refuse-surrender-Marxistteachers-hell-bent-destroying-schools-Education-Secretary-berates-new-enemiespromise-opposing-plans.html

참고문헌

Ball, S. J. (2003). The teachers soul and the terrors of performativity. *Journal of Education Policy, 18*, 215–228.

Burn, K., Mutton, T., & Thompson, I. (Eds.). (2023). *Practical Theorising in Teacher Education: Holding Theory and Practice Together.* London: Routledge.

Castree, N. (2005). *Nature*. New York: Routledge.

Chakrabarty, D. (2000). *Provincializing Europe.* Oxford: Princeton University Press.

Conrad, J. (1924). Geography and some explorers. *National Geographic*.

Driver, F. (1992). Geography's empire: Histories of geographical knowledge. *Environment and Planning D: Society and Space, 10*(1), 23–40.

Esson, J. (2020). "The why and the white": Racism and curriculum reform in British geography. *Area, 52*, 708–715. doi:10.1111/area.12475

Hamilton, A. R. (2020). The white unseen: On white supremacy and dangerous entanglements in geography. *Dialogues in Human Geography, 10*(3), 299–303. doi:10.1177/2043820620966489

Hammond, L., Biddulph, M., Catling, S., & McKendrick, J. H. (Eds.). (2022). *Children, Education and Geography: Rethinking Intersections*. London: Routledge.

Heyman, R. (2000). Research, pedagogy, and instrumental geography. *Antipode, 32*(3), 292–307. doi:10.1111/1467-8330.00136

Hitchings, R. (2010). Seasonal climate change and the indoor city worker. *Transaction of the Institute of British Geographers, 35*, 282–298.

Hopwood, N. (2009). UK high school pupils' conceptions of geography: research fndings and methodological implications. *International Research in Geographical and Environmental Education*, 18(3), 185–197.

Huth, J. E. (2013). *The Lost Art of Finding Our Way*. London: The Belknap Press of Harvard University Press.

Jazeel, T. (2019). *Postcolonialism*. Abingdon: Routledge.

Kearns, G. (2009). *Geopolitics and Empire: The Legacy of Halford Mackinder.*

Oxford: Oxford University Press.

Kearns, G. (2021). Topple the racists 2: Decolonising the space and the institutional memory of geography. *Geography, 106*(1), 4–15. doi:10.1080/00167487.2020.1862575

Livingstone, D. N. (2019). The geographical tradition and the challenges of geography geographised. *Transactions of the Institute of British Geographers, 44*(3), 458–462. doi:10.1111/tran.12299

Mahony, M., & Hulme, M. (2018). Epistemic geographies of climate change: Science, space and politics. *Progress in Human Geography, 42*(3), 395–424. doi:10.1177/0309132516681485

McKittrick, K. (2021). *Dear Science and Other Stories.* Durham: Duke University Press.

Norcup, J. (2015). *Awkward geographies? An historical and cultural geography of the journal Contemporary Issues in Geography and Education (CIGE) (1983-1991).* (PhD). University of Glasgow.

Said, E. (1978). *Orientalism.* London: Penguin.

Walshe, N. (2021). *"It Was Like I Was Not a Person, It Was Like I Was the Nature": Exploring Children's Perceptions of Nature and Wellbeing Through Eco-Capabilities.* Paper presented at the Qual Hub, University of Oxford, Department of Education.

West, C. (2009). *Keeping Faith.* Abingdon: Routledge.

Young, M. (2013). Powerful knowledge: an analytically useful concept or just a 'sexy sounding term'? A response to John Beck's 'Powerful knowledge, esoteric knowledge, curriculum knowledge'. *Cambridge Journal of Education, 43*(2), 195–198.

Young, M. F. D. (2000). Rescuing the Sociology of Educational Knowledge from the Extremes of Voice Discourse: Towards a new theoretical basis for the sociology of the curriculum. *British Journal of Sociology of Education, 21*(4), 523–536. doi:10.1080/713655366

Yusoff, K. (2018). *A Billion Black Anthropocenes or None*. Minneapolis: University of Minnesota Press.

제2장 탐험과 지리

서론

지리학의 기원을 다룬 이야기들은 종종 고전적인 식민주의 모험담을 되풀이하는 것으로 시작된다. 즉, 유럽의 개척자들이 먼 미지의 세계를 향해 용감하게 나아갔고, 다시 고향으로 돌아오지 못할 가능성이 크다는 식의 이야기다. 이러한 이야기는 차크라바르티(Chakrabarty)가 '초현실적 유럽'(hypereal Europe)이라 부른 신화 구성의 일부로, 상상 속에서 창조된 유럽이라는 허구를 이들 남성들의 놀라운 노력과 전 지구적 지배라는 성취를 통해 정당화한다. "지식은 권력이고, 지리학적 지식은 세계 권력이다"라는 말처럼**(주1)**, 지리학에 관한 이 이야기들은 제국 건설의 권력과 긴밀하게 얽혀 있다. 이러한 학문적 신화는 지리학적 정신의 진정한 본질을 바로 이 남성들의 행적 속에 담아낸다. 그 결과, 이 남성들이 엄밀한 의미에서 지리학적 분석을 수행하거나 오늘날 우리가 쉽게 지리학이라 인식할 만한 글을 쓰지 않았음에도, 그들의 활동은 지리학의 기원을 구성하는 일부로 간주된다. 리빙스턴(Livingstone, 1992)은 『지리학의 전통』(*The Geographical Tradition*)에서 역사, 서사, 학문적 신화에 대해 비판적이고 성찰적인 논의를 통해, 모든 역사는 특정한 관점으로부터 서술되며, 따라서 언제나 불완전한 설명이 될 수밖에 없음을 분명히 한다. 하지만, 리빙스턴의 책 역시 결국 특정 유럽인의 개인적 영웅담을 반복하게 되며, 그들의 기술과 결단력을 칭송하는 한편, 이들이 전적으로 의존했던 다양한 비유럽 전문성과 지식들은 지워버린다.

거의 무의식적으로, 지리학의 학문적 역사는 유럽 중심의 지리학으로 축소된다. 실제로 리빙스턴은 "포르투갈의 항해 활동이 출발점으로 가장 자연스럽다"고 썼다. 그런데 여기서 '자연스럽다'는 말은 무엇을 의미하는가?(Castree, 2005) 유럽으로부터 이야기를 시작하는 것이 '자연스럽다'는 생각은 우리가 지리학에 대해 이야기를 구성하는 방식 속에 깊이 뿌리내려 있으며, 이는 6장 '*우리는 어디에서 시작해야 할까*' 논의에서 문제로 제기된다. 이 장에서는 지리학 내부에 있는 모험의 서사를 비판적으로 해체하기 위해, (비록 매우 간략하고 부분적으로나마) 모험과 지리학의 역사에 대한 몇 가지 측면을 살펴본다. 특히, 지리학 안에서 탐험이 어떻게 실천되었는지, 그리고 모험과 탐험이라는 개념이 어떻게 정의되고 사용되었는지를 중심으로 지리학이 어떻게 시작되고 진보해 왔는지에 대한 이야기들을 비판적으로 고찰한다. 이 장은 지리학이 제국의 정치와 실천에 있어 어떻게 기여해 왔는지를 비판적으로 조망함으로써, 식민주의의 인종적 논리와 자원 수탈의 논리와 관련된 핵심 개념들을 소개한다. 나아가, 이러한 개념들이 여전히 오늘날 학교 지리교육을 통해 어떻게 작동하고 재생산되고 있는지를 묻는다. 이러한 논의를 통해, 지리학은 '빛과 그늘' 모두를 가진 복잡한 학문임을 보여준다. 즉, 지리적 탐험은 제국의 지배와 긴밀하게 얽혀 있지만, 동시에 우리가 사람과 장소를 이해하고 설명하며, 관계 맺는 방식에 있어 기존의 것을 멈추고 새롭게 상상하게 하는 도구 또한 제공한다는 것이다. 지리 교사는 이러한 지리적 지식들을 재맥락화함으로써 이러한 복잡성을 헤쳐 나가는 데 핵심적인 역할을 한다. 하지만, 지금은 그 '자연스러운' 시작점인 포르투갈과 바스코 다 가마(Vasco Da Gama) 이야기로 되돌아가 보자.

지리학의 기원과 바스코 다 가마(Vasco Da Gama)

1487년 7월, 유럽에서 인도로 항해하는 최초의 인물이 되겠다는 희망을 안고, 바르톨로뮤 디아스(Bartholomeu Dias)의 작은 선단은 리스본을 출발한다. 8개월이 지나, 그는 아프리카 최남단-디아스가 명명한 것은 아니지만, 오늘날 희망봉(Cape of Good Hope)으로 알려진 지점-을 돌아간 최초의 유럽인이 된다. 하지만, 희망봉을 돌고 난 후, 식량은 고갈되고, 선원들은 지쳤으며, 배는 수리가 필요했다. 게다가, 폭풍우까지 겹쳐 결국 배를 되돌리게 된다. 리빙스턴(Livingstone)의 표현을 빌리자면, 디아스 선단은 "풍파에 시달린 채 리스본으로 절뚝이며 돌아왔다"(p. 4). 디아스는 이 지점을 폭풍의 곶(Cabo das Tormentas)이라 불렀다. 이후, 조앙 2세(Joao II)가 인도 항로 개척에 대한 희망을 담아 이곳을 '희망봉'으로 개명한다. 10년후, 포루투갈은:

> 인도 항로 개척의 전면에 불굴의 바스코 다 가마(Vasco Da Gama)를 내세운다. 당시 왕은 마누엘 1세(Mauel I)였다. 다 가마는 1498년 5월 22일 인도 남서부 해안에 도착함으로써 이 임무를 완수한다. 희망봉을 돌아 아라비아해와 인도양을 가로지르는 멋진 항해술을 보여주면서 인도에 도착한 것이다(p. 4).

그런데 이러한 기원의 이야기들-지리학의 참된 본질이 이 용감한 개척자들에서 발견된다는-은 신화에 불과하다. 왜냐하면, 초기 항해 기록을 살펴보면, 이들 인물들에 대한 설명, 그들이 의존했던 현지인의 지식과 전문성, 그리고 그들이 실제로 이룬 성과에 대해 전혀 다른 이야기가 담겨져 있기 때문이다. 바스코 다 가마의 경우, 항해 일지는 이 모험과 발견의 시대가 얼마나 복잡했는지 매우 잘 보여준다.

다 가마의 인도 여행은 아프리카 서부 해안을 따라 남쪽으로 내려간다. 그리고 희망봉을 돌아 아프리카의 동부 해안을 따라 북상하는 경로로 시작했다. 항해 일지에는 그가 아프리카 해안을 돌아 이동하면서 반복되는 패턴이 기록되어 있다. 즉, 선원들은 병들고, 식량과 물이 필요하고, 정보와 지식, 특히 위치와 항해 전문 지식이 절실했다. 이들은 이것들을 구하기 위해, 세인트 헬레나(St Helena), 모잠비크(Mozambique), 몸바사(Mombasa), 말린디(Malindi) 등 여러 항구에 정박한다. 그들은 이들 항구에서 매번 현지인들이 어떤 반응을 보일지를 가늠하려 하였으며(주로 현지인들이 무어인이나 기독교인인지를 기준으로 판단하여), 아픈 선원들의 상처를 치유하고, 보급품을 확보하며, 다음 항해를 도와줄 조타수들을 구했다. 이들은 또한 기념 기둥을 세우는 일에도 집착한 듯하다. 어떤 경우에는 현지 추장에게 동의를 구하기도 했지만, 무단으로 바로 세우기도 했다. 하지만, 이 기념비는 항상 환영받은 것은 아니었다. 예를 들어, 샘 브라스만(Sam Brás)에서도 십자가 기둥을 세웠다고 기록되어 있다: "십자가는 배의 맨 마지막 돛대(mizzen-mast)로 만들어졌고 높이도 매우 높았다"(Velho, 1500, p. 13)**(주2)**. 하지만, 그들이 떠나기도 전에, '10명에서 12명'의 현지인들이 와서 십자가와 기둥을 파괴해 버렸다. 어떤 기둥들은 더 오래 남아 있거나, 최근에 재건되기도 했다. 다 가마가 다녀간 케냐의 항구 말린디(Malindi)에는 다 가마를 기념하는 다 가마 기둥(the Da Gama pillar)이 여전히 남아 있다. 구글 지도에는 그 기념비에 대한 무미건조한 댓글들이 있으며, 그 글귀에는 이 기둥이 어떻게 인식되고 있는지를 잘 보여준다: "이것은 기둥이에요. 큰 기대는 하지 마세요. 하지만 풍광은 좋아요". 현지 안내판에는 "바스코 다 가마와 인도 항로의 발견"이라고 적혀 있다. 케냐 국립 박물관에 있는 또

다른 안내문에는 다음과 같이 기록하고 있다:

> 1498년 4월 7일, 원정대는 몸바사에 도착했고, 13일에는 말린디에 닻을 내렸다. 이곳에서 다 가마는 말린디의 셰이크(Sheikh)[역자주: 무슬림 도시 국가의 통치자]와 우호적인 관계를 맺었다. 1498년 5월 20일, 아흐메드 빈 마지드의 안내에 따라, 다 가마는 항해를 시작한 지 23일이 지나 캘커타(캘리컷-인도)-Calcutta(Calicut-India)-에 도착했다.
>
> 발견과 지배의 표시로 다 가마는 말린디의 셰이크 궁전 근처에 기둥을 세웠다. 그러나 그 기둥의 기독교적 상징성은 무슬림들의 반감을 불러일으켰고, 곧 철거되었다. 이후 포르투갈 측의 강한 요구에 따라 16세기에 현재의 위치에 다시 세워졌다.

이 문장에서 어떤 오류를 발견하였는가? 다 가마가 자신의 '지배'를 표시하는 기둥을 세우는 잘못뿐만 아니라, 그가 도착한 인도 항구를 캘커타(Calcutta)로 잘못 표기한 관광 안내의 오류 말이다. 괄호 안에 Calcutta(Calicut-India)라고 병기한 것은 종종 영국 식민지의 현재 이름을 보여주기 위해 사용되는 방식이지만, 캘리컷(Calicut)과 캘커타(Calcutta)는 사실 동일한 도시가 아니다. 두 도시는 약 2000km 이상 떨어져 있는 서로 다른 장소이다. 캘리컷은 인도 남부의 케랄라 주(Kerala)의 말라바르(Malabar) 해안에 위치해 있으며 코지코드(Kozhikode)라는 이름으로 알려져 있다. 캘커타(지금의 Kolkata)는 서벵골 주의 주도이다. 이러한 혼동은 다 가마에 관한 영국『인디펜던트』(Independent)의 최근 기사에서도 반복된다**(주3)**. 지리학과 모험에 관한 이야기에서 장소에 부여된 이름은 중요한 부분이다. 다 가마가 지배의 상징으로 기둥을 세웠듯이, 그의 항해일지에는 원정대가 항구를 떠날 때마다 장소에 새로운 이름을 붙이는 관행들이 기록되어 있다: 예를 들어, 모잠비크 남부에 있는 인함바네(Inhambane)를 떠날 때, "우리는 이곳을 좋은 사람들의 땅(*Terra do Boa Gentle*), 저 강은 구리 강(*Rio do Cobre*)이라고 불렀다"(p. 18), 마치 그 땅과 강은 이름이 없었던 것처럼 말이다.

작명하는 관행이 거꾸로 진행된 것처럼(당연히, 첫 질문은 이 장소의 원래 이름은 무엇인가여야 하지 않은가?), '초현실적 유럽'에 대한 이야기 또한-재정(finances)과 관련하여-거꾸로 제시된다. 당시, 세계의 부는 유럽이 아니라 인도에 있었다. 유럽의 부와 진보가 인도의 문명화와 기술적 진보를 가져다 준 것은 아니었다는 의미이다. 다 가마가 가져온 선물에 대한 캘리컷의 왕의 반응은 이러한 관계의 실상을 잘 보여준다. 항해일지에는 다 가마가 포르투갈에서 인도로 가져온 선물 목록이 기록되어 있다: "다홍색 두건 4개, 모자 6개, 산호 목걸이 4줄, 세숫대야 6개를 담은 보관함, 설탕 상자 1개, 기름통 2개, 꿀 2통"(p. 60). 다 가마는 이를 측근을 통해 왕에게 전달해 달라고 요청했다:

> [하지만] 그들이 다가와 그 선물을 보고서는 웃으면서 말하기를, 메카나 인도의 어떤 지역에 있는 상인도 이보다는 더 좋은 것을 준비하므로, 이 선물들은 왕에게 줄 정도의 것이 아님을 강조하였다. 결국, 왕은 이 선물을 받지 않을 것이기 때문에 만약 선물을 하고 싶다면 금으로 해야 함을 강조했다(p. 61).

이후, 다 가마에게는 당혹스러운 일들이 일어난다. 왕의 측근들은 자신들이 곧 다시 돌아와 왕에게 데려갈 것이니 다 가마에게 기다리라고 말했다. 하지만, 결국 돌아오지 않았다. 다 가마는 왕에게 직접 찾아갈까도 고민했지만 결국 포기한다. 그 사이, 다 가마의 선원들은 즐거운 시간을 가진다: '나팔 소리에 맞춰 노래하고 춤추며 흥겹게 시간을 보냈다!' 다음날, 왕의 측근들은 다가마 앞에 나타나 그를 데려가지만, 이번에는 4시간을 기다리게 한다. 궁전에 들어가자마자, 왕의 첫 번째 반응은 전날 왜 만나러 오지 않았느냐는 질책이었다! 그리고 나선, 부유한 왕국으로부터 왔다고 전해 들었는데, 왜 아무 것도 가져오지 않은 것인지 질문했다. 다 가마는 자신이 온 목적이 '순수하게 발견'에 있음을 강조했다. 이에 대해 왕은 날카롭게 되묻기를, '무엇을 발견하러 왔느냐? 사람이냐? 돌이냐?' 그리고 '만약 사람을 찾고자 했다면 왜 아무것도 가져오지 않았느냐?'고 반문했다. 다 가마의 선물에 실망한 것은 국왕뿐만이 아니었다. 다 가마 일행은 '좋은 징조의 강'(Rio dos Bons Signaes)에서 두 명의 신사를 만난 일화를 묘사한다: "그들은 매우 거만했으며, 우리가 준 어떤 것도 가치 있게 여기지 않았다. 그들 중 한 명은 비단 자수가 있는 프린지 *모자*(touca)를, 나머지는 초록색의 새틴 모자를 쓰고 있었다"(p. 20). 이처럼, 가난하고, 교양 없는 야만인으로 가득 찬 땅을 부유하고, 교양 있고, 선진화된 유럽인들이 발견했다는 선입견은 이 항해 기록 전반을 통해 계속해서 해체된다. 하지만, 이러한 기록은 대부분 사라지고, 이 평범한 사람들은 신화 만들기 과정을 통해 위대한 영웅으로 재탄생한다.

이제, 바스코 다 가마가 만든 신화, 나아가 보다 넓게는 지리학의 기원과 본질에 대한 신화-리빙스턴(Livingstone)의 설명에서 재생산된 것들을 포함해서-로 돌아가 보자. 우리는 다음 질문을 해 볼 수 있다: 바스코 다 가마는 어느 정도까지 지리학자인가? 어떤 방식으로 그의 항해는 지리적 지식에 기여했는가? 왜 그는 '멋진 항해술'을 지녔다고 평가받는가? '인도에서 영토를 주장한다'는 것은 무엇을 의미하는가? 누가 혹은 무엇이 이런 주장에 정당성을 부여하는가? 만약 '그'가 '그들'로 교체된다면 이야기는 어떻게 전개될까? 다시 말해, 만약 실질적으로 아라비아해와 인도양 항해를 책임 진 구자라트 항해사의 역할이 이 이야기에 포함된다면, 이야기는 어떻게 달라질까?

첫 번째 질문-다 가마가 어느 정도 지리학자이고, 그의 항해에서 그가 수행한 지리학적 과업의 성격이 무엇인지에 대한 질문-에 대한 한 가지 대답은 지리학을 세계를 경험하는 행위와 결합시키는 움직임 속에서 찾을 수 있다. 예를 들어, 리빙스턴(Livingstone)의 설명에서도 '경험'은 이론에 대비되는 지리학의 핵심으로 부각되며, 현실 세계를 만지고 느끼는 경험은 현대 지리학의 '지적 위기'에 대한 하나의 해답으로 제시된다. 그는 다음과 같이 강조한다:

> 실세계의 경험이 그리스 철학자들의 '권위'보다 근원적으로 더 중요하다. 남쪽에 광활한 대륙이 있는지 없는지, 지구는 평평한지 어떤지, 혹은 대서양은 항해가 가능한가 등에 대한 질문들은 아리스토텔레스의 저작을 읽어서 해결할 수 있는 것이 아니다. 이 질문들은 참 경험(honest-to-goodness experience)을 통해서만 답할 수 있는 것이다. 지리학은 항상 실천적인 과학이었다는 사실은 지리학사 속에서 중심을 차지하며, 특히 경험이 권위를 이긴다는 점은 서양에서 실험 과학이 등장한 핵심 요소로 여겨진다(Livingstone, 1992, p. 33).

지리학의 본질과 기원에 관한 질문들은 인식론, 즉 지식에 관한 질문이다. 지리 지식은 어떻게 생산되는 것인가? 지리학자들은 어떤 질문을 하고 어떤 답을 구하는가? 어떤 종류의 지식이 지리학에서 유효하고 정당한 것으로 간주되는가? 지리학은 인간이 세계를 이해하는 데 어떤 기여를 하는가? 지리학사에서 이러한 질문들에 대한 초기 답변은 주로 경험적 지식에 우위를 둔다: 즉, 보고, 만지고, 무게를 재고, 측정하는 것 말이다. 이러한 '참 경험'은 무엇보다 우선시되며, 리빙스턴은 이를 '권위'로부터 오는 지식과 대조한다. 하지만, 여기에서 중요한 질문은 '누가' 보고, 만지고, 무게를 재고, 또 측정하는가이다. 그 대답은 자주 '홀로 있는 용감한 남성 탐험가'라는 영웅적 인물로 수렴되며, 그가 만든 지리 지식은 일종의 황금 표준이 된다. 하지만, *누가* 지식을 생산하는지를 탐구해 들어가면, 권위와 경험 간의 구분이 처음 생각한 것보다는 명확하지 않다는 점이 드러난다. 지리학의 기원을 다룬 이야기들은 종종 고독한 영웅의 서사를 만들어 낸다: 뱃머리에 서서 이마의 땀을 닦으며 먼 수평선을 응시하고 있는 남성의 모습. 이야기 속에서, 이 남자는 선과 문명, 정의와 평화라고 하는 고귀한 목적을 갖고 승리하며 돌아온다. 이와 함께 국왕과 자신에게 경제적 부를 가져온다.

> 이러한 역사는 유럽과 미국의 남성들이 놀라운 여정을 떠나는 이야기, 즉 역경을 딛고 살아남거나 순교자가 되는 이야기로 이어져 있다. 예컨대 '리빙스턴 박사님이시겠죠?'[역자주: 1871년 아프리카에서 실종된 리빙스턴 박사를 스탠리가 처음 발견했을 때 했던 것으로, 단순한 인사를 넘어 유럽중심의 탐험가 서사를 상징하는 대표 문구가 되었다]라는 말처럼 말이다(Driver, 2013, p. 420).

실패, 수치, 인간적 복잡성은 이들 이야기에서 종종 삭제된다. 다른 종류의 지식, 특히 증언을 통해 얻은 지식과 토착민의 지식 또한 삭제된다. 예를 들어, 위의 간략한 사례에서 본 것처럼, 역사에 기록되어 찬양

받는 전문 지식은 다 가마가 말린디에서 캘리컷으로 가도록 실제 안내해 준 구자라트 항해사의 것이 아니라, 다 가마의 '멋진 항해술'이다. 지리적 지식이 순수하게 합리적이고 '참 경험'에 기반한다는 전제와, 실제로는 다른 유형의 지식에 의존하고 영향을 받았다는, 그래서 서양 탐험가들에게 깊은 영향을 미친다는 사실 사이에는 흥미로운 긴장이 존재한다. 포르투갈의 탐험은 다양한 이해 관계에 의해 추진되었고, 그들의 기록은 항해의 성공 징후에 대해 얼마나 많은 의미를 부여했는지를 보여준다. 디아스가 마주했던 폭풍은 '너무나 상서로운 길조'였고, 프레스터 존(Prester John)의 존재와 관련된 이야기는 디아스 선단이 기쁨의 눈물을 흘리도록 하기에 충분했다:

> 우리는 프레스터 존(Prester John)이 이 근방에 있다는 말을 들었다: 프레스터 존은 해안을 따라 많은 도시를 갖고 있고, 이들 도시에 살고 있는 거주자들은 대단한 상인이며 큰 배들을 소유하고 있다는 이야기 말이다. 그의 거처는 내륙 깊숙한 곳에 있으며, 오직 낙타를 타고서만 도달할 수 있다고 한다. 이 무어인들은 인도에서 온 2명의 기독교 포로를 여기에 데려 왔는데, 이러한 정보는 우리가 들은 많은 다른 정보와 함께 우리를 너무 기쁘게 만들었고, 그 결과 우리는 기쁨의 눈물을 흘렸다. 우리는 그토록 간절히 원하던 것을 이룰 때까지 건강하게 살아남게 해 달라고 신에게 기도했다(p. 24).

프레스터 존을 찾는 여정은 당시 여행기 곳곳에 등장한다. 프레스터 존은 상상에 의한 가상의 인물이었다: 그는 전설 속의 기독교 왕으로 동양의 '이교도들과 무슬림들'에 의해 둘러싸인 고립된 기독교 국가들을 지배했다. 그는 세 동방박사의 후손인가? 아니면, 에티오피아의 지배자인가? 1221년 아크레(Acre)의 대주교에 의해 전해지는 또 다른 이야기에 따르면, 그의 손자가 페르시아를 정복하고 예루살렘을 재건했던 인도의 다윗 왕이었다. 흥미롭게도, 이러한 기록은 일부 사실인데, 페르시아를 정복했던 지배자는 분명하게 존재했기 때문이다. 하지만, 이 지배자는 전설의 기독교 왕의 손자가 아닌 칭기즈칸이었다. 이러한 정보의 지리들이 시공간을 가로지르는 여행은 지리학적 탐험의 중요한 주제가 되며, 이는 이 책의 6장에서 다시 다루어질 것이다.

조지프 콘래드(Joseph Conrad)

1889년, 폴란드 선원 콘래드 코르제니오프스키(Konrad Korzeniowski)는 콩고로 향하는 배에 몸을 실었다. 왜냐하면, 3년 동안 콩고강에서 증기선을 지휘하며 보낼 계획이었기 때문이다. 하지만, 킨샤사에서 키상가니에 이르는 단 한 번의 항해에서, “콩고에서 자행되는 형편없는 탐욕, 폭력, 그리고 위선이 지배하는 유럽식 체제를 목도하고, 그는 심리적, 도덕적인 절망 상태에서 아프리카를 떠났다”(Jasanoff, 2017, p. 3). 그로부터 10년 후인 1899년, 그는 영국식 이름 조지프 콘래드라는 이름으로 잉글랜드에 거주하면서 저술, 『어둠의 심연』(*Heart of Darkness*)을 출판한다. 이 소설은 역대 최고의 소설 100선에 꾸준히 이름을 올린다**(주4)**. 그의 소설은 어니스트 헤밍웨이, 스콧 피츠제럴드 등 많은 소설가들에게 영감을 주었다. 자사노프(Jasanoff)는 “이민자이자 여행가, 그리고, 영어가 모국어가 아닌 외국인으로서 콘래드는 단번에 포스트식민주의 작가들인 아체베부터 V. S. 나이폴까지의 모델이자 동시에 혐오의 대상이 되었다”라고 평가한다(p. 314). 우리는 잠시 뒤, 아체베로 돌아갈 것이다. 어린 시절, 콘래드는 전형적인 지리학자의 모습을 보여준다. 그는, '육지와 바다의 지도를 들여다보는 데에서 느끼는 전율을 발견하는 순간을 회상하며' 흥분을 감추지 못했다. 그는 1924년 『내셔널 지오그래픽』(*The National Geographic*)에 기고한 글에서, 맥클린톡(McClintock)의 책 『북극해에서의 여우호 항해기』(*The Voyage of the Fox in the Arctic Seas*)를 읽고 매료된 기억을 기술한다. 이 책은 '위대한 이야기의 비극적 결말을 남성적 단순함으로 서술한 기록'이며, 에레버스호(HMS Erebus)와 테러호(HMS Terror)의 탐험에 대한 이야기이다. 고전적인 지리적 모험 신화에서는 탐험을 이끄는 '좋은 남자'는 '그가 발견한 것뿐만 아니라, 전문가적 명망 및 고귀한 인격에 기반한 명성을 가진다. 즉, 고향으로 살아 돌아오지 못한 이 위대한 항해자는 자신의 명성으로 인해 죽음마저도 지리학에 봉사한 셈이었다'. 콘래드는 이러한 '북극 탐험의 엄숙한 낭만에' 깊이 매료되었고, '이 이야기의 현실에서 뿜어져 나오는 위대한 정신에 이끌려 자신의 내면을 탐구하도록 만들었다. 그 과정에서 그는 육지와 바다의 지도를 탐구하는 취향을 발견하게 되었다'고 고백했다. 콘래드는 아프리카 대륙 중심부의 '하얀 공백'에 의해 매료되었고, 비록 그의 친구들이 놀렸음에도 불구하고 하얀 공백에 손가락을 얹고는 그곳에 가고 싶다고 말했다. 이 장면은 그의 소설 속 인물인 마를로(Marlow)의 다음 말과 겹친다:

> 어린 시절, 나는 지도에 집착했다. 난 몇 시간이고 남아메리카, 아프리카, 오스트레일리아를 들여다보며 탐험의 영광에 빠져들어 나 자신을 잊을 지경이었지. 당시에는 지구상에는 텅 빈 공간들이 많았고, 특히 마음을 끄는 텅 빈 공간을 보면(모두가 다 그랬겠지만) 손가락을 얹곤 '난 자라서 여기를 갈 거야'라고 말하곤 했어(『어둠의 심연』(*Heart of Darkness*), p. 10).

그가 본 옛 지도는 1852년에 출판된 것으로, 아프리카 대호수(Great Lakes)에 대한 언급조차 없었다: 그 대신, '아프리카의 중심은 희고 큰' 장소로 재현되어 있었다(Conrad, 1924). 콘래드/마를로의 어린 시절 이후, 지도상의 그 공백은 다음으로 채워졌다: 강에 이름이 붙고, 경계가 생기고, 나라 이름이 표시되었다. 유럽 제국주의는 탐험과 착취 모드로 완전히 전환된 상태였다. "그곳은 더 이상 소년에게 기쁨을 주는 신비로운 빈칸이 아니었다. 이제 그곳은 어둠의 장소가 되었다"(『어둠의 심연』(*Heart of Darkness*), p. 11). 이제, 표상과 실재의 경계가 사라지고, 표상이 실재를 대체해 버렸다. 지도와 땅은 이제 하나로 융합되었고 지도 자체가 세계를 구성해 버렸다. 백인의 시선은 흑인들의 삶을 지워 버렸다. 주체와 객체의 위치는 조정되고, 어린이의 시선 속에서 대륙 전체는 놀이의 도구처럼 다뤄진다. 아프리카 중심부에 서서, 지도 위의 빈 공간을 언젠가 채우겠다는 꿈을 선언했던 콘래드/말로는 그들이 마주한 현실에 경악한다. 이는 감정적 허탈감이자 백인 취약성의 한 단면이며, 영웅적 탐험가의 개인 서사를 중심에 두는 방식이다. 마침내 콩고 상류에 도달해, '스탠리 폭포의 억눌린 천둥 같은 웅얼거림이 무거운 밤공기 속에 감돌고 있는' 소리를 들으며:

> 나는 경외심 속에 중얼거렸다. "이곳은 어린 시절 내가 자랑했던 바로 그 장소다." 큰 슬픔이 나에게 밀려왔다. 그래, 여기가 바로 그곳이었다. 그러나 거대한 황야의 밤, 내 곁을 지켜줄 그림자 같은 친구도, 위대한 기억처럼 나를 사로잡는 환영도 없었다. 남은 것은 단지 언론의 주목을 끌기 위해 꾸며진 감동 없는 쇼를 떠올리게 하는 부도덕한 기억과, 인간의 양심과 지리 탐사의 역사를 더럽힌 가장 추악한 약탈극에 대한 혐오스러운 자각뿐이었다. 어린 시절의 이상적

> 인 공상들이 이렇게 끝나다니, 정말로 허망한 결말 아닌가!(Conrad, 1924).

콘래드에게 있어 지리 탐험은 본래 고귀한 것이었다. 하지만, 이러한 인식은 폭력적인 식민주의와 결합되어 심하게 훼손되었다. 콘래드의 인식 속에, 참된 지리학은 존재한다. 하지만, 흥미롭게도, 이러한 '이상적인' 비전의 지리학은 콘래드가 자신의 학창 시절로부터 비롯된 것이 아니었다:

> 불행히도, 학교 교육과정에서 지리에 배정된 시간과 점수는 매우 적었다. 지리를 가르치던 사람들은 현실에 대한 낭만적 감각과 활동적인 삶의 위대한 가능성에 대해 알지 못했다. 그들은 삶에 대한 도전도, 세계의 광활함에 대한 개념도 없는, 젊은 시절이 없었던 것 같은 중년의 지루한 교수들에 불과했다. 그들의 지리는 정말 그들처럼, 핏기 없는 피부 아래의 흥미 없는 뼈대만 드러난 혐오스러운 형상이었다(Conrad, 1924).

참으로 가혹한 표현이 아닐 수 없다. 학교에서 지리 교사로부터 지리의 본질을 배우지 못했다면, 도대체 누가 콘래드에게 그것을 가르쳤단 말인가? 그는 진정한 탐험가의 서사 형식으로:

> 자신이 어떻게 직접 '광활한 공간과 탁 트인 지평선의 지리'를 발견하게 되었는지를 묘사한다. 그것은 야외에서 헌신적으로 일한 이들의 노력 위에 구축된 지리였으며, 여전히 투쟁적 성격을 지니고 있었지만, 마지막 위대한 탐험가의 죽음과 함께 다가오는 종말을 이미 자각하고 있는 지리이기도 했다. 그 대립은 근본적인 것이었다[역자주:

> 여기서 말하는 '대립'은, 19세기 말~20세기 초에 걸쳐 지리학 내에서 벌어진 탐험 중심의 실천적 지리학과, 제도화되고 이론 중심으로 전환되는 현대 지리학 사이의 근본적인 학문적 · 철학적 충돌을 의미한다].

콘래드는 지리학을 '행동에서 그 기원을 찾는' 학문으로 간주한다(1924). 하지만, 그 행위란 어떤 종류인가? 콘래드 시대의 지리학은 제국의 건설과 깊이 얽혀 있었다. 1850년대 말이 되면, "왕립지리학회(the Royal Geographical Society)는 영국 내 다른 어떤 기관보다도 대영제국의 팽창주의를 완벽하게 대표하게 된다"(Stafford, 1989, pp. 211-212). 하지만, 콘래드는 유럽 제국주의에 대해 신랄한 비판을 가한다. 많은 지점에서, 콘래드는 제국의 팽창을 찬양하기보다는, 제국의 수탈을 맹렬히 비난하는 윤리적 입장을 취한다. 위 발췌문에서 그는 제국주의를 '인간의 양심과 지리 탐사의 역사를 더럽힌 가장 추악한 약탈극'으로 간주한다. 이러한 콘래드를 아체베(Achebe)가 매우 '철저한 인종차별주의자'로 묘사하는 것은 어쩌면 놀랍게도 느껴진다. 그렇다면 아체베는 왜 콘래드가 인종차별주의자라고 판단한 것인가?

치누아 아체베는 현대 아프리카 문학에서 *가장* 중요한 인물로 평가받고 있다. 그는 미국 브라운대학교의 아프리카학 교수였고, 2007년에는 맨부커상을 수상하기도 했다. 이러한 그의 배경은 아체베가 콘래드를 비판할 때 그 발언의 무게감을 보여준다. 1975년 강연, '아프리카의 이미지: 콘래드의 『어둠의 심연』에 나타난 인종차별주의(*An Image of Africa: Racism in Conrad's Heart of Darkness*)에서, 아체베는 다음과 같은 주장을 펼친다:

> 서구 심리 속에는 아프리카를 유럽의 대비물로 설정하려는 욕망-어쩌면 그것은 욕망이라기보다 필요라고도 할 수 있을 것이다-이 존재한다. 이는 아프리카를 어떤 부정적 속성들의 장소, 멀리 떨어져 있으면서도 어딘가 익숙한 공간으로 만들어 놓음으로써, 유럽을 영적 은총의 상태에 있는 곳으로 드러내기 위한 것이다(강의 후 전사한 부분의 일부 발췌; Achebe, 2016, p. 15).

아프리카를 유럽의 반대항으로, 콩고강을 템스강의 반대항으로, 흑인 여성('야성적이고 장엄하며, 광기어린 눈을 가지고 웅장한')을 유럽의 여성('창백한 머리, 나를 향해 다가오는... 신의, 믿음, 고통을 감내할 줄 아는 성숙한 능력')의 반대항으로, 야만적 식인종을 유럽의 예절과 대조시킨다고 지적한다. 아체베의 주장에 따르면, 콘래드는 아프리카인을 수 대에 걸쳐 전해져 내려오는 전통적인 지식이 전무한 원시적인 존재로 재현한다. 예를 들어, 『어둠의 심연』에서, 콩고강을 따라 진행된 6개월의 항해 여정 동안 흑인 선원들에 대해 마를로/콘래드는 다음과 같이 말한다:

> 내 생각에 이들 중 그 누구도 우리가 아는 시간 개념을 갖고 있다고 생각되지 않는다. 이들은 여전히 태초의 시간에 속해 있었고 마치 전승된 경험이 전혀 없는 듯 했다(Conrad, 1899, p. 66)**(주5)**.

아프리카는 단지 "배경과 무대로만 사용되어, 그 안에 사는 아프리카인은 인간으로서 존재하지 않는다. 그것은 모든 인간성이 지워진 형이상학적 전장이며, 방랑하는 유럽인은 그곳에 들어가며 위험에 처하게 된다"(Achebe, 2016, p. 21). 아체베는 아프리카와 아프리카인들에 대한 이러한 탈인간화(dehumanisation)를 『어둠의 심연』에서 읽어내며, 콘래드를 "철저한 인종차별주의자"라고 결론짓는다(p. 21). 그리고 다음과 같이 덧붙인다. "콘래드는 오랫동안 제국주의 수탈을 악으로 보았고 비난하였지만, 이상하게도 그 수탈의 송곳니를 더욱 날카롭고 강하게 하는 인종차별주의에는 무감각했다"(p. 26). 아체베의 주장 가운데 특히 탐험과 모험에 대한 논의와 관련이 깊은 부분은 '보기'(seeing)와 여행자들의 '맹목'(blindness)에 관한 것이다. 콘래드는(정확히는 그의 이야기 속 화자인 말로우는) 콩고강을 따라 있는 '야만인들'에 대해 매우 부정적으로 묘사한다. 그는 다음과 같은 장면을 그려낸다:

> 손뼉을 치고, 발을 구르고, 몸을 흔들고, 눈을 굴리는 모습... 검고 알 수 없는 광란. 선사시대의 인간이 우리를 저주하고, 우리에게 기도하고, 우리를 환영하고 있었다-누가 알 수 있었겠는가?... 그들은 울부짖고, 뛰어오르고, 빙글빙글 돌며, 끔찍한 얼굴을 만들어 냈다. 하지만 당신을 전율하게 만든 것은 바로 그들의 인간성에 대한 생각-당신과 다르지 않은-즉, 그 격렬하고도 난폭한 소란 속에 존재하는 당신의 먼 친족성에 대한 생각 말이다(p. 17).

마치 교통사고 현장을 구경하듯, 시선을 떼지 못하게 하는 병적인 매혹이 구경꾼을 전율케 한다. 이 아프리카인들을, 유럽인과 가깝지만 그보다 아래의 존재로 격하시키는 것-즉, 그들의 인간성은 '닮았지만 동일하지 않고', '혈연관계' 측면에서는 '멀리 떨어진'-이 바로, 아체베가 제기한 인종주의적 비판의 핵심이다. 일부 학자들은 마를로가 콘래드 자신은 아니며, 마를로의 서사가 유럽 제국주의에 대한 콘래드의 비판을 담고 있다고 주장한다. 하지만, 아체베는 마를로와 콘래드의 경력

간에 있어 존재하는 유사성에 주목하여, 마를로가 제시하는 '진보적이고 인간적인 시각'-즉, "도덕을 갖춘 영국의 신사라면, 불가리아나 벨기에 왕 레오폴드의 지배하에서, 콩고에서 벌어진 잔혹 행위들에 대해 당연히 깊은 충격을 받아야 한다는 영국 자유주의 전통에 부합하는 관점"-을 지적한다(p. 20). 제국주의에 대한 이러한 자유주의적 비판은 "사람에 따라 다양한 형태로 나타나지만, 거의 항상 백인과 흑인 간 평등이라는 궁극적 질문에 대해서는 회피하는 경향이 있다"(p. 20). 콘래드의 작품 『어둠의 심연』은 유럽 제국주의를 겨냥한 것이지만, 여러 비평가들이 지적하는 바와 같이, 이 책을 단순히 '반제국주의적' 혹은 탈식민주의적인 것으로 보기는 어렵다. 여행자는 자신이 만나는 사람과 장소를 구성하고 재현하는 데 있어, 제국의 논리와 짐을 짊어진 채 움직인다[역자주: 여행자는 현지인을 있는 그대로 보지 못하고, 자신이 속한 제국의 시선으로 사람과 장소를 해석하고 말함으로써, 결국 편견 어린 시선으로 세계를 구성하고 소비한다는 비판이다]. 콘래드/말로우는 엘도라도 탐험대의 '고상한 사명'에 대해 매우 비판적이기는 하다. 예를 들어, 그 탐험대의 목적을 다음과 같이 숨김없이 묘사하며 신랄하게 폭로한다. "그들이 바랐던 것은 땅의 심장에서 보물을 뜯어내는 것이었고, 그 뒤에 숨겨진 도덕적 목적은 금고를 터는 도둑과 다를 바 없었다"(pp. 31-32). 그러나 이러한 비판적 태도에도 불구하고, 그가 아프리카에서 마주한 사람들의 평등성, 존엄성, 인간성-더 나아가 창의성, 발명력, 정교함-에 대해서는 전적으로 눈이 멀어 있다. 아체베는 이 지점에서 마르코 폴로와의 유사성을 지적한다. 그는, 콘래드를 글쓰기 재능 측면에서 칭송한 것처럼, 마르코 폴로를 "당대의 가장 위대하고 용감한 여행가 중 한명으로"(p. 24) 칭송한 뒤, 마르코 폴로의 '기록에서 비정상적으로 누락'된 두 가지 부재와 관련하여 언급한다. 하나는, 인류 역사상 가장 큰 영향을 끼쳤다고 해도 과언이 아닐 만큼 중대한 것이었던 인쇄술로, 당시 중국에서는 널리 퍼져 있었던 기술이었으나 유럽에는 존재하지 않았다. 하지만, 마르코 폴로는 그것을 전혀 '보지 못했다'. 또 하나는, 물질적인 것으로, 중국의 만리장성이다. 이것은 마르코 폴로가 방문했을 당시 이미 천 년이 넘었고, 유럽에서 지어진 그 어떤 구조물보다 훨씬 뛰어넘는 4,500마일의 길이였다(비록 아체베가 믿었던 것처럼 달에서는 보이지 않는다 하더라도)**(주6)**. 하지만, 마르코 폴로의 기록에는 이에 대하여 어떠한 언급조차 없다. 마르코폴로는 그곳을 보지 못한 것이다. 그렇다면, 콘래드는 무엇을 보지 못했는가?

콘래드/마를로가 콩고강을 따라 내려가며 강둑에서 야만인들을 '목격하는' 그 시기에, 예술계에서는 큰 사건이 일어나고 있었다. 피카소(Picasso), 마티스(Matisse) 등은 한 조각 가면을 접한 뒤, '말문이 막히고', '충격'을 받는다. 미술 사학자 프랭크 윌렛(Frank Willett)의 표현을 빌리자면, "20세기 미술 혁명이 시작된 것이다!"(Willett, 1981, p. 36). 이 마스크는 큐비즘과 유럽 미술의 혁명**(주7)**을 촉발시킨 작품으로, 콘래드가 묘사한 콩고강 바로 북쪽 지역에 살던 팡족(Fang)이 만든 것이었다**(주8)**. 결국 이 모든 논의의 요점은:

> 콘래드가 그려낸 콩고인의 모습이-벨기에 레오폴드 2세의 '중앙아프리카 문명화 국제협회'라는 이름 아래 그들이 가장 극심한 억압을 받고 있던 시기조차도-심각하게 왜곡되고 부정확하게 그려졌다는 점이다(Achebe, 2016, p. 24).

맹목적이고 '닫힌 사고'를 가진 여행자는 제대로 '보는 것이' 불가능하며, 이는 결국 상상 속의 아프리카와 유럽을 구성하는 데 기여한다. 차크라바르티(Chakrabarty)가 말한 '초현실적 유럽'은 콘래드가 만든 비실재하는 아프리카라고 하는 대조적 허구와 함께 서로를 통해 정의되는 허상으로 자리 잡는다.

전쟁을 통한 탐험

'전쟁을 통한 탐험'이라는 문구는 드라이버(Driver, 1991)가 스탠리(Stanley)의 아프리카 탐험을 묘사하면서 사용된 것이다. 특히 '붐비레에서 자행된 대학살'(Bumbireh slaughter)과 빅토리아호(Victoria Nyanza)[역자주: Nyanza는 스와힐리어로 호수]에서의 그의 행위들을 일컫는다. 이와 같은 탐험은 어떤 수단을 동원해서라도 자원을 추출하는 데 목적을 두고 진행되었으며, 그 본질은 약탈에 있었다. 스탠리는 빅토리아 호수 근처에 있는 카게히(Kagehyi) 마을에서 신문, 『데일리 텔레그래프』(Daily Telegraph)와 『뉴욕 해럴드』(New York Herald)에 편지를 보내 원정의 현황을 실시간으로 전달했다. 이 편지들은 왕립지리학회(RGS)의 회보에도 다시 실렸다(Stanley, 1875-1876):

> 우리는 너무도 많은 일을 보았고, 경험했으며, 또한 많은 고통을 겪었다. 따라서, 필자는 이 길고 고된 여정-빅토리아호까지의 그 극적인 행군-의 주요 사건들에 대한 기억을 되살리기 위해 마음속으로 조심스럽게 되짚어보고, 자주 공책을 펼쳐야 했다.

이 편지는 여러 통 중 하나였으며, 독자가 이야기의 흐름을 따라갈 수 있도록 서사들 간에는 상호 연결되도록 구성되어 있었다:

> 지난 편지에서 필자는, 잘 알려진 우냔옘베(Unyanyembe)로 가는 옛 경로를 최대한 빨리 벗어나, 선지자인 리빙스턴(Livingstone)처럼, 새로운 미지의 땅으로 향하겠다고 약속했다. 그리고 실제로 필자는 그렇게 했다. 북쪽으로 향한 우리의 모험같은 여정은 우리의 원정을 위태롭게 하였고, 거의 실패에 이를 뻔했으나, 다행히, 나, 당신, 지리학자를 위해 신의 섭리로 이를 피할 수 있었다(p. 134).

이 서사에는 극적인 긴장감이 가득하다. 말 그대로 생사를 오가는 이야기이며, 신화화의 수위는 극대화된다. 여기서 스탠리는 자신이 동경하고 열정적으로 옹호했던 선지자 리빙스턴과 자신을 나란히 놓는다. 위험, 모험, 미지의 땅으로의 개척, 이 모든 요소를 통해 스탠리는 이 탐험이 얼마나 인종화되고, 계급화되고, 젠더화된 성격을 보이는지를 분명히 드러낸다:

> 백인 남성들, 비록 평범한 영국 계층에서 차출된 사람들이지만, 그들은 용감하게 아니, 영웅적으로 자신의 역할을 다했다. 비록 열병과 이질에 고통 받았고, 원주민에게 모욕을 당했지만, 적도의 폭풍우와 열기 아래에 행진하면서 그들은 항상 고결하고 남성적인 본성-단단한 마음을 가진, 용감한-을 가진 진정한 기독교인이다(p. 135).

지도 제작, 장소 간 방향과 거리 파악, 지명 부여, 경계선 설정, 공간의 분할 등은 세계의 구조 자체를 형성할 수 있는 강력한 행위들이다. 그렇기 때문에 지리학은 이러한 국가적 팽창과 지배 프로젝트의 핵심에 자리잡게 되었다.

> 당시 고급 수준의 지리학 연구와 교육은, 적어도 부분적으로는, 아니 어쩌면 주로 제국주의의 이익을 뒷받침하기 위해 강력히 장려되었다. 이때, 이익이란 영토 획득, 경제적 착취, 군국주의, 계급 및 인종 지배의 실천을 포함한다(Driver, 1992, p. 141).

지리학은 제국주의의 이익에 봉사하는 데 있어 매우 효과적이었으며, 리빙스턴(1992)은 지리학이 제국주의에 기여한 두 가지에 주목한다. 첫째는 세계와 그 안에 있는 사람들을 인종주의적이고 위계화된 측면에서 이해하게 만든다는 것이다. 그가 말한, "기후에 대한 도덕적 담론"(p. 241)이란, 온도와 습도 같은 기후 요인이 인간의 지능과 문명 발달 수준과 관련된다는 인종차별적 사고를 전제로 삼아, 인간 사회의 '자연스러운' 질서를 정당화하는 데 활용되는 담론을 말한다. 지리학은 이러한 사상들을 형성하는 데 중요한 역할을 했으며, 매킨더(Mackinder)의 환경결정론은 이의 대표적인 예이다. 이는 제3장 '학교지리에 있는 제국의 층리(흔적)'(striations of Empire in school geography)에서 더 자세히 논의될 것이다. 리빙스턴이 지적한 두 번째 기여는 전쟁 및 군사 전략에 대한 실질적인 훈련 도구로서 지리학의 활용이다. 역사적으로 왕립지리학회와 영국 군대 간에는 상호 공생적 관계에 있었고, 이를 통해 양측 모두는 성장할 수 있었다. 현대 지리학은 그 시작부터-적어도 현대적 형태로는 1870년대부터-식민주의와 제국주의와 밀접하게 연결되어 있었을 뿐만 아니라, 그 후에도 오랫동안 식민주의에 봉사하는 역할을 계속해 왔다. 지리의 목적은 제국주의 팽창과 분명하게 연결되어 있었고, 지리 지식, 탐험 그리고 전쟁 사이의 긴밀한 공모관계를 보여주는 사례는 매우 많다. 예를 들어:

> 반들뢰르(Vandeleur)는 지리 지식과 군사 행동을 결합했다. '나는 그가 각도 측정 기구를 통해 방향을 측정하거나, 맥심 기관총의 총구 너머로 조준하는 일을 단 한 순간도 멈추는 걸 본 적이 없었다'라고 그 식민회사의 총독은 1905년 골디(Goldie)가 회장으로 선출된 왕립지리학회에서 말했다(Hicks, 2020, pp. 107-108).

영국에서는 지리교육에 투자하고 이를 장려하려는 동기가, "심각하게 뒤처지고 있다"는 국가적 우려와 관련되어 있었다(Holdich, 1916, p. 180). 홀디치(Holdich)-공식 직함은 토마스 홀디치 대령 경(Thomas H. Holdich)으로 군과의 긴밀한 연결을 드러냄-는 당시 왕립지리학회의 부총장이었고, 이 '뒤처짐'은 특히 군사적인 열세로 인해 국가의 취약성이 드러나는 것으로 인식하였다. 이와 관련하여, 허드슨(Hudson, 1972)은 다음과 같이 주장한다:

> 군은 왕립지리학회를 통해 활동하면서, 대학의 지리학과 지리교육을 가장 열성적으로 추진한 주체들 중 하나였다. 19세기 후반부터 20세기 초까지 왕립지리학회 내에서 군과 해군의 영향력이 얼마나 강했는지는, 그 시기 평의회 위원 34명 중 통상적으로 3분의 1에서 절반가량이 육군 또는 해군 장교였다는 사실만으로도 잘 알 수 있다(p. 143).

양과 정교함 측면에서, 더 나은 지리적 지식과 기술을 가진 국가는 "국가의 영토 분할, 영향권 협상에서 있어 큰 이점"을 가질 수 있었다(p. 144). 수많은 영토분할 사례들 중에서 펀자브 지역의 분할, 즉 인도와 파키스탄/방글라데시 사이에 지도를 그려 선을 긋는 행위는 참혹한 사례 중 하나이다**(주9)**. 또한, 이러한 지리와 역사들이 영국에서 종종 어떻게 미화된 방식으로 제시되어 왔는지도 함께 고려해 볼 가치가 있다. 예를 들어, BBC의 어린이 뉴스 프로그램인 '뉴스라운드'(Newsround)는 인도 분할을 '역사적으로 매우 중요한 순간'으로 소개하면서, '영국령인 인도가 영국으로부터 독립하고, 스스로를 통치하는 두 개의 국가로 분리된 사건'으로 묘사한다**(주10)**. 이 뉴스는 다음과 같이 단언한다: '뉴스라운드는 이 사건에서 정확히 무슨 일이 있었고, 그곳에 살고 있는 사람들에게 어떤 영향을 미쳤는지를 자세히 살펴본다'. 과연, *정확히* 무슨 일이 있었는가? 비디오 영상의 설명 자료는 인도를 영국 식민지 시절 다문화적 유토피아처럼 묘사한다: '분할 이전: 다양한 종교와 배경을 가진 많은 사람들이 함께 어울려 살았다'. 활짝 웃고 있는 만화 캐릭터들이 다양한 복장을 입고-힌두교도, 무슬림, 시크교도, 남성과 여성이 모두-함께 서 있는데, 그들 뒤에는 인도 아대륙이 영국 국기인 유니언잭의 색으로 뚜렷하게 칠해진 지도가 펼쳐져 있다. 이어 음성 내레이션은 이 행복한 다문화적 공동체가 독립을 하면서 내부 긴장으로 인해 분열되었음을 설명한다. 그리고 텍스트로 다음을 덧붙인다: '현재도 여전히 긴장과 분열이 존재한다... 진전이 있긴 했지만, 70년 전 그 나라가 분할되었던 것처럼, 오늘날까지도 분열은 여전히 남아 있다'. 여기서 단수형 표현인 '그 나라'(the country)[역자주: 인도, 파키스탄, 방글라데시로 분리된 복수 국가 현실을 무시하고, 마치 하나의 '나라'로 뭉뚱그려 서술한 점]의 사용은 설명이 필요하다. '정확히...'라는 식의 절대적이고 권위적인 서술 방식은 오해를 불러일으키며, 인도 아대륙 전반과 특히 분할에 대한 영국의 영향력을 미화하는 방식은 거의 터무니없는 수준에 가깝다**(주11)**.

결론

탐험은 지리학에서 중요한 역할을 해 왔다. 하지만, 종종 한 명의 남성 탐험가가 지구 주위를 대담하게 누비며 영토와 부를 확보하는 것을 문명화라는 임무로 신화화하였다. 이 장에서 간략하게 살펴본 서사들은 탐험이라는 아이디어를 비판적으로 재구성할 필요가 있음을 보여준다. 바스코 다 가마와 조지프 콘래드의 사례는 이러한 이야기들이 어떻게 형성되어 왔는지에 대한 통찰을 제공한다. 특히, 필자는 이 여정들에 대해 다른 이야기들을 전면에 드러내고자 했다. 즉, 이들이 얼마나 로컬의 정보와 지식에 깊이 의존했는지를 보여주는 이야기들이다. 이는 이 남성들을 독창적이고 위대한 개인으로 신화화해 온 대중적 믿음을 다시 생각해 보게 만든다. 지리학의 역사는 여전히 그들의 '항해술'에 대한 찬사로 가득하지만, 실제 로컬의 항법사들에 대한 의존은 이러한 서사에 큰 도전이 된다. 이 이야기들 속에 스며든 자원 수탈의 목적, 어설픈 지명 변경, 그리고 지극히 인간적인 실수들 역시, 이 여정들을 깔끔하게 다듬어진 신화가 아니라 더 복잡하고 문제적인 이야기들로 재조명하는 데 기여한다. 이러한 이야기들 속에는-특히 지리학의 역사에 관한 서사들 속에는-지리학의 본질과 연결된 요소들이 얽혀 있다. 어떤 경우에는 (예: 스탠리와의 짧은 연관) 왕립지리학회(RGS)와의 연결이 강조되며, 다른 경우에는(예: 콘래드가 자신의 학창 시절 지리학 경험을 회고하는 장면) 지리학이란 과연 무엇인가에 대한 지속적인 질문이 제기된다: 즉, 지리학은 실제 세계의 경험을 다루는가? 아니면 이론적 주장에 관한 것인가? 1800년대와 1900년대 초의 기록들은 대개 '현장에 직접 가서 보고 느끼는 것'을 중시했으며, 이 때문에 '안락의자 속 지리학자들' (armchair geographers)은 낮은 평가를 받곤 했다. 그러나 이 초기 탐험 서사들을 면밀히 들여다보면, 이야기는 훨씬 더 복잡해진다. 지식이 실제로 구성되는 과정에서 활용된 자료는, 일반적으로 가정되는 경험적 데이터에 국한되지 않고 훨씬 더 다양한 종류의 지식에 기반하고 있기 때문이다. 필자는 탐험과 지리학에 대한 논의를 통해, 이러한 서사들이 얼마나 공고하게 인종차별적 구조를 가지고 있는지를 강조하고자 했다. 콘래드의 사례는 특히 강력하다. 그의 논의에는 제국주의에 대한 비판적 결이 분명히 존재하지만, 그의 세계관에는 인종차별적 전제가 너무도 깊이 뿌리내려 있어, 정작 본인은 그것을 인식조차 하지 못하는 듯 보인다. 그렇다면, 이러한 전제들이 지리학에서는 어떻게 잘 드러날 수 있을까? 다음 장에서는 제국의 유산이 학교 지리교육에 어떤 방식으로 지속적으로 영향을 미치고 있는지를 살펴볼 것이다.

질문과 활동

- 당신은 지리학의 기원을 어떻게 이야기하겠는가? 지리학은 어디에서 비롯되었을까?
- 이 역사에서 중요한 역할을 한 인물들은 누구였나?
- 탐험과 지리에 관한 이야기들이 지리학이라는 학문에 대해 우리가 이해하는 방식에 어떤 영향을 미쳐왔는가? 자원 수탈이라는 식민주의적 논리가 지리학의 실천과 교육에 어떤 방식으로 영향을 미쳤을까?
- 지리학의 기원에 대한 전통적(유럽중심주의)인 관점에 도전하는 대안적 서사에는 어떤 것들이 있을까?
- 아체베의 논의 중에서 특히 탐험, 모험과 관련하여 중요한 부분은 '보기'(seeing)와 여행자들의 '맹목'(blindness)에 대한 것이다(예: 마르코 폴로와 콘래드의 사례 분석). 이 논의를 통해, 이전해 '보지' 못한 것이 있는가? 개인적으로나 지리학과 내에서 의도적으로 맹점(blind spot)을 찾기 위해 할 수 있는 실천은 무엇일까?
- 다른 이들-당신이 읽고, 듣고, 그리고 '그들을 통해 바라보는' 이들-은 스스로 무엇을 보고 있을까? 그들은 무엇을 보지 못하고 있을까?[역자주: 당신의 세계 인식에 매개 역할을 하는 사람들, 예를 들어 기자, 앵커, 감독, 저자 등]. 유럽 제국주의를 비판하는 묘사들 속에서도, 모든 인간의 평등에 대한 근본적인 존중이 존재하는가? 최근 읽은 책이나 논문 혹은 시청한 영화나 프로그램에 대해 비판적으로 다시 살펴보자: 무엇을 보지 못하고 있는가? 아니면 다른 사람들이 보지 못하도록 숨기고 있는가?
- 비유럽 지역의 관점에서 식민주의 모험 이야기를 조사하고 분석해 보자. 그러한 이야기들이 탐험과 지리에 대한 전통적 서사에 대해 어떻게 도전하거나 강화하고 있나?

- 지리학과 자신과의 관계를 되돌아보면서, 당신 개인의 경험과 편견이 교육 실천에 어떤 영향을 미칠 수 있는지 성찰해 보자? 당신의 수업에서 성찰적 태도를 활성화시킬 수 있는 전략을 구상해 보자.

주

1. 리빙스턴(Livingstone, 1992, p. 249)에 인용된 펜크(Penck, 1916, p. 227) 참조
2. 비록 원고에는 저자명이 명시되어 있지 않지만, 알바로 벨류(Álvaro Velho)에게 저작권이 귀속된 것으로 보인다. 보다 자세한 논의는 다음을 참조하라: https://www.loc.gov/item/2021667835
3. https://www.independent.co.uk/voices/mea-culpa-vasco-da-gama-didn-t-go-thatfar-a8235591.html
4. 100대 최고의 소설: 32위-조지프 콘래드의 『어둠의 심연』(*Heart of Darkness*)(1899), 『가디언』(The Guardian)
5. 『어둠의 심연』(*Heart of Darkness*)에 대한 인용은 다음 전자 파일을 기준으로 함: https://www.ibiblio.org/ebooks/Conrad/Heart_Darkness.pdf
6. https://www.scientifcamerican.com/article/is-chinas-great-wall-visible-from-space/
7. 『가디언』(The Guardian)에 기고한 글에서 닐 맥그리거(Neil MacGregor)는 다음과 같이 주장했다: "베닌 브론즈(Benin bronzes)는 어떤 시대를 통틀어 보아도 가장 위대한 조각 예술의 성취 중 하나이다. 황동 부조들은 베닌 왕국의 왕인 오바(Oba)의 궁전에 겹겹이 고정되도록 제작되었으며,

이는 기술적 정교함과 순수한 부의 과시로, 궁전을 찾는 모든 이들을 압도하기 위한 것이었다. 19세기 말, 궁전 재건을 위해 이 부조들은 철거되어 보관되었다. 그러나 신성한 계절의 절기에 베닌을 방문한 대영제국의 원정대가 (오바의 명령은 아니었지만) 살해당했고, 이에 대한 보복으로 대영제국은 징벌적 원정을 단행했다. 이로 인해 치안이 무너졌고(마치 바그다드를 연상케 한다), 베닌 브론즈와 기타 유물들이 약탈되어 런던, 베를린, 파리, 뉴욕의 박물관들로 흘러들어 갔다. 이 유물들은 서구 예술가들과 학자들, 그리고 대중에게 커다란 충격을 안겨주었으며, 16세기 아프리카에서 이토록 정교한 금속 예술이 존재했다는 사실은 하나의 충격과 같았다. 1897년의 비극적 약탈을 통해, 아프리카와 아프리카 문화에 대한 보다 정당한 인식이 새롭게 형성될 수 있었다"
(https://www.theguardian.com/artanddesign/2004/jul/24/heritage.art).

8. 북미 토착민 사회에서 진행된 유사한 예술적 발전에 대한 논의는 다음 참조: https://www.theguardian.com/artanddesign/2023/mar/10/empowering-artreview-indigenous-masterworks-full-of-wonder-and-sorrow
9. https://www.newyorker.com/magazine/2015/06/29/the-great-divide-books-dalrymple
10. 인도의 분할: 무슨 일이 있었을까? - CBBC '뉴스라운드' (CBBC Newsround)
11. 예를 들어, 퓨어월과 뉴비긴(Purewal & Newbigin, 2022)이 영국령 인도 분할에 관한 다섯 가지 신화를 해체한 논의를 참조하라: https://theconversation.com/five-myths-about-the-partition-of-british-india-and-what-really-happened-187131

참고문헌

Achebe, C. (2016). An image of Africa: Racism in Conrad's heart of darkness. *The Massachusetts Review, 57*(1), 14-27. doi:10.1353/mar.2016.0003

Castree, N. (2005). *Nature*. New York: Routledge.

Conrad, J. (1899). *Heart of Darkness*. Edinburgh: Blackwood's.

Conrad, J. (1924). Geography and some explorers. *National Geographic*.

Driver, F. (1991). Henry Morton Stanley and his critics: Geography, exploration and empire. *Past & Present, 133*, 134-166.

Driver, F. (1992). Geography's empire: Histories of geographical knowledge. *Environment and Planning D: Society and Space, 10*(1), 23-40.

Driver, F. (2013). Hidden histories made visible? Refections on a geographical exhibition. *Transactions of the Institute of British Geographers, 38*(3), 420-435. doi:10.1111/j.1475-5661.2012.00529.x

Hicks, D. (2020). *The Brutish Museums: The Benin Bronzes, Colonial Violence and Cultural Restitution*. London: Pluto Press.

Holdich, T. (1916). *Political Frontiers and Boundary Making*. London: Macmillan.

Hudson, B. (1972). The new geography and the new imperialism: 1870-1918. *Antipode, 9*(2), 140-153.

Jasanoff, M. (2017). *The Dawn Watch: Joseph Conrad in a Global World*. London: William Collins.

Livingstone, D. N. (1992). *The Geographical Tradition: Episodes in the History of a Contested Enterprise*. Oxford: Blackwell.

Penck, A. (1916). *Der Krieg un das Stadium der Geographie* (pp. 158-248). Zeitschrift der Gellschaft fur Erdkunde zu Berlin.

Stafford, R. A. (1989). *Scientist of Empire: Sir Roderick Murchinson, Scientifc Exploration and Victorian Imperialism*. Cambridge: Cambridge University Press.

Stanley, H. M. (1875-1876). Letters of Mr. H. M. Stanely on his journey to Victoria Nyanza, and circumnavigation of the lake. *Proceedings of the Royal Geographical Society of London, 20*(2), 134-159.

Velho, A. (1500). *Journal of the First Voyage of Vasco da Gama to India, 1497-1499*. London: Hakluyt Society.

Willett, F. (1981). *African Art*. New York: Praeger.

제3장

학교지리에 있는 제국의 층리(흔적)

서론

지층의 층리(striations)는 강력한 힘이 작용한 증거이다. 이는 땅을 깎고, 긁어 내면서 형성한 자취이며, 지형과 질감을 통해 남겨진 이전 시대의 발자국이다. 지층은 단층 운동, 빙하 운동, 그리고 지각 운동에 의해 형성된다. 변형된 암석들은 자신들에게 작용했던 힘을 가리키는 이정표처럼 존재한다. 자질(Jazeel, 2019, p. 181)은 이와 관련하여, "식민주의 기록 보관소에 새겨진 권력으로 가득한 층리"를 언급하며, 표상의 주체와 표상의 객체 사이의 일방향적 권력 관계가 "오늘날 세계화되고 관계적으로 연결되어 있으며, 동시에 상호 의존적인 이 세계 속에서도 여전히 지속되고 있는 식민주의적 층리와 권력 관계를 드러낸다"고 주장한다(p. 199). 마치, 빙하가 지표를 지나가면서 거대한 상처를 남기고 지표 자체의 지형을 바꾸듯이, 자질은 이러한 은유를 통해 식민주의가 가진 강력한 힘이 오늘날의 정치·경제·사회적 경관 자체를 통해 여전히 느껴진다고 말한다.

> 기본적으로 포스트식민주의(postcolonial) 연구는 다양한 흐름들이 존재함에도 불구하고, 공통적으로는, 식민주의와 제국주의의 역사적 사실과 그 불평등한 영향에 대해 사회 전체가 어떻게 책임질지를 논

> 의한다. 따라서 포스트식민주의적 지리 지식의 생산은 식민주의의 잔재들과 마주하고 그것들을 성찰적으로 다뤄야 함을 의미한다. 즉, 우리가 식민주의에 의해 층층이 세겨져 있는 행성적 맥락 속에서 작업하고 있다는 점에서, 포스트식민주의적 지리 지식을 만들어 내는 행위는 우리가 생산하는 지리 지식이 초래하는 식민주의적·제국주의적 영향에 대해 책임을 져야 한다는 것을 내포하고 있다(p. 197).

자질(Jazeel)이 제기한 질문들은, 포스트식민주의(postcolonialism)가 지식 생산의 방식에 대해 우리가 사고하고 탐색하도록 영감을 주는 방식에서 비롯된다. 이는 "우리가 식민주의에 의해 층층이 세겨져 있는 행성적 맥락 속에서 작업하고 있다는 점에서"(p. 197) 필수적이다. 맥키트릭(McKittrick, 2006)은 이를 다음과 같이 설명한다. "우리가 알고 있듯이, 지리학은 언제나 지식에 관한 것이다. 그리고 오늘날 우리가 지리학을 인식하고 배우는 방식은 식민주의, 탐험, 정복이라는 역사적 과정들과 강력하게 연결되어 있다"(p. 61). 래드클리프(Radcliffe, 2017)의 주장에 따르면, 이러한 연결은 지리학의 범위를 넘어, 식민주의와 근대성 사이의 내재적 관계, 다시 말해 '공동-발생'이라는 개념으로 확장된다. 이러한 관계의 긴밀성에 대한 인식은, 식민주의적 권력과 식민주의적 현재를 단순히 예외적인 것이나 '다른 곳'에 위치한 것으로 간주하기보다는, 다양한 지형과 규모에 걸쳐 전개되는 사회-공간적 관계의 핵심적이고 불가분한 일부로서 분석하게 만든다(p. 330).

우리의 문화는 식민주의의 흔적들을 고스란히 담고 있으며, 학교 교과 역시 예외가 아니다. 이 장은 다음과 같은 질문을 던진다: 우리는 학교지리에서 어떤 종류의 층리(흔적)를 발견할 수 있을까? 자질(Jazeel)이 이야기하는 포스트식민주의 이론은 우리가 당연하게 생각해 온 학교 지리교육의 모습을 완전히 새로운 방식으로 읽고 해석하는 데 도움을 준다. 예를 들어, 마치 학생이 빙하에 대해 공부한 후, 빙곡 지형을 답사하면, 그 지형을 완전히 다른 시선으로 '보게' 되는 것처럼, 포스트식민주의는 지리 교과와 관련하여 당연하게 생각했던 요소들을 전혀 새로운 시선으로 '보게' 만든다. 학생들은 상상 속에서 거대한 빙하의 흐름을 떠 올리고, 로슈 무통네(Roche Moutonnée)-[역자주: 빙하암]-를 발견하고 새로운 질문을 던지며, 새로운 증거를 찾기 시작한다. 필자는 우리가 식민주의의 거대한 흐름이 학문과 교과 영역에 어떻게 지나갔는지를 밝혀낼 때 이와 비슷한 일이 일어난다고 생각한다**(주1)**. 우리가 딛고 서 있는 토대의 많은 부분은 식민주의에 의해 형성되었고, 지금도 여전히 식민주의적 질감을 간직하고 있다. 우리가 나아가는 방향조차, 그 경로를 가능하게 만든 전제들, 개념들, 그리고 이동의 방식들 모두가, 이 강력한 권력들의 발자취를 담고 있는 것이다. 그렇다면, 제국의 그림자 같은 존재가 여전히 드리워져 있는 현실에서 학교 지리교육에 새겨진 이 층리(흔적)는 우리에게 무엇이라고 말하고 있는가?

이와 관련하여, 필자는 렉스 월포드(Rex Walford, 2001)의 저서『1850-2000년 영국의 학교 지리교육: 세상을 다르게 만들기』(*Geography in British Schools 1850-2000: Making a World of Difference*)를 중심으로 논의를 전개하고자 한다. 이 책이 중요한 이유는, 학교 지리교육에 대해 특정한 이해를 만들어내는 방식에 있다. 그의 책은 특정한 시간과 공간 속에서 구성되고 또 그 시간-공간을 구성하는 하나의 '재현'을 만들어낸다. 즉, 이 책이 그려내는 학교 지리교육의 모습과, 그 모습을 구성해 가는 과정은 단순히 정보를 전달하는 것을 넘어, 교육적 형성력(formative) [역자주: 특정한 사고방식, 관점, 교육 실천을 유도하는] 또한 지닌다. 포스트식민주의의 관점에서 바라본다면, 제국의 '부재하는 존재'(absent-presence)와 그것의 영향력을 월포드의 책과 학교 지리교육 속에서 새로운 방식으로 확인할 수 있다. 잘 알려진 바와 같이, 월포드는 영국은 물론 국제적으로도 학교 지리교육 분야에서 중요한 인물이다. 그 결과, 월포드는 여전히 다음과 같은 통로를 통해 기념되고 있다: 해마다 영국 지리교육협회(Geographical Association) 연례학술회의에서 렉스 월포드 기념 기조강연(Rex Walford Memorial Keynote Lecture)이 열리고 있으며, 왕립지리학회(RGS-IBG)에서는 신규 지리 교사들의 뛰어난 교육 실천 사례를 발굴하여 렉스 월포드 상을 주고 있다. 왕립지리학회 웹사이트에는 이 상을 다음과 같이 소개한다: '이 상은 지리를 통해 학생들에게 영감을 줄 수 있는 지리 교사 교육에 헌신했던 렉스 월포드의 열정을 기리는 상으로, 최고의 교수학습 계획서, 수업자료, 수업안에 수여된다'. 또한, 월포드를 다음과 같이 설명하고 있다: '[월포드는] 교사이자 타고난 열정가이며, 지리교육 분야의 국제적인 선도 인물이자 왕립지리학회의 오랜 펠로우로서, 공인 지리학자(Chartered Geographers) 1세대 중 한 사람이다'[역자주: 공인 지리학자는 지리학 분야에서 유일하게 국제적으로 공인된 전문 자격으로 왕립지리학회에서 수여한다. 본 자격은 지리 지식과 역량의 실무 적용 능력, 지속적인 전문성 개발에 대한 헌신을 공식적으로 인정하는 제도이다](**주2**). 월포드에 대해 이렇게 길게 언급하는 데에는 두 가지 이유가 있다. 첫째, 렉스 월포드가 지리교육에 끼친 기여가 매우 큰 것을 강조하기 위함이다. 월포드와 그의 유산은 지리 교과가 발전하고 실천되는 방식에서 중요한 역할을 해왔으며, 그렇기 때문에 우리는 그것을 비판적이면서도 엄밀한 태도로 다루는 것이 특히 중요하다. 둘째는, 월포드의 책을 비판적으로 분석하는 이유가, 그의 핵심 과업과 유산이 가진 중요성을 평가절하하거나 묵살하고자 하는 것-'취소'는 말할 필요도 없고-이 아니라는 점을 명확히 하기 위함이다.

사실, 지금까지 월포드의 주장에 대해 비판적으로 접근한 경우는 매우 드물다. 필자는 이 장을 지리학과 제국주의의 관계에 대해 더 넓은 차원에서 언급한 드라이버(Driver, 1992)의 다음 취지에 따라 바라봐 주었으면 한다:

> 지리학과 제국주의에 대해 지속적인 비판과 성찰이 부족하다는 사실은, 식민주의적 사고방식이 이 학문을 여전히 강하게 지배하고 있다는 신호로 받아들여질 수 있다. 적어도 영국은 그렇다. 마치 우리가 계승해 온 선배 학자들의 저작들이 식민주의와 제국주의의 주제들로 가득찬 상태로 있어, 그들의 역할을 문제 삼는다는 것은 곧 현대 지리학이라는 학문 자체의 정당성을 의심하게 되는 일처럼 느껴지는 것이다. 그러나 어쩌면 바로 그렇기 때문에, 지리학자들이 오늘날의 지적·정치적 가능성을 제대로 활용하기 위해서라도, 이러한 문제 제기가 반드시 필요할지도 모른다. 이러한 비판은 결코 단순한 자기 반성이나 자책으로 끝날 필요는 없다. 오히려, 이러한 비판을 통해 지리학자들이 감당할 수 있는 다른 역할들을 향해 앞으로 나아가는 길을 열어줄 수 있다(p. 26).

이 책에서는 이러한 분석과 비판의 공간을 마련한다. 이를 통해, 필자는 우리가 지리라는 교과에 관한 여러 측면들과 이를 구성하는 이야기 중 다시 되찾아야 할 필요가 있는 것들이 무엇인지를 새롭게 조명하고자 한다.

'세상을 변화시키는' 학교지리

렉스 월포드는 케임브리지대학교의 중등교사 양성 프로그램을 통해 잉글랜드를 넘어 지리교사 교육에 있어 지대한 역할을 했다. 지리교사 교육에 대한 그의 영향력은 지리교육 관련 학회와 전문 기관들을 통해 매년 기념되고 있다. 그의 주요 연구 관심사는 학교지리의 역사, 그리고 지리의 본질에 대한 예비 교사들이 신념과 관련된 것이다. 수십 년 동안 월포드는 예비교사들에게 '지리는 무엇인가?'라는 단순하면서도 근본적인 질문을 했다. 그가 받은 응답들과, 이를 분석한 연구는 교육과정과 교육정책이 큰 폭으로 바뀌는 상황 속에서도, 지리라는 교과에 대한 인식이 크게 변화하지 않았다는 흥미로운 통찰을 보여준다. 이 연구는 이후 다양한 후속 연구들을 촉진했으며, 그중에는 필자도 참여한 공동 연구들이 포함되어 있다. 이들 연구는 지리를 가르치기 위해 훈련받는 예비 교사들의 인식을 통해 '지리란 무엇인가'라는 근본적인 질문을 탐구하고자 하였다(Puttick, Paramore, & Gee, 2018). 월포드(Walford, 2001)는 『영국의 학교 지리교육』(*Geography in British Schools*)이라는 책을 통해, 역사적 관점에서 이 질문을 탐구하였다. 이 책의 뒷표지 설명에 따르면: "이 책은 지리가 지난 150년 동안 어떻게 영국 학교 교육과정에서 주요 과목으로 성장할 수 있었는지에 대한 흥미로운 이야기를 최초로 탐구한 것이다"라고 적혀있다. 이 책은 매우 흥미로운 이야기를 하고 있으며, 월포드는 그 이야기를 특정한 방식으로 전개하여 현재까지도 계속되고 있는 지리 서사의 구성에 크게 일조하고 있다. 이 책의 소제목에서 암시하듯, 그의 책은 분명하고 강한 규범적인 요소를 내포하고 있다. 즉, 지리교과는 *세상을 변화시켰고*, 지금도 그러한 역할을 하고 있다는 것이다.

그렇다면, 이 책에서 드러나는 *변화*는 어떤 종류의 것인가? 월포드는

'변화'라는 개념을 어떻게 이해하고 있으며, 어떤 전제에 기반하고 있는가? '세상에 기여하는 것'의 중요성은 책 전반에 강하게 드러나며, 지리는 세상에 선한 영향을 미치는 힘으로 제시된다. 이 책은 월포드의 학생들인 예비 지리교사들에게 바친다고 되어 있다: "지리를 가르치는 일을 자신의 사명으로 여기고, 그 일이 지닌 교육적 가치를 굳게 믿는 학생들의 이상주의는 언제나 나에게 깊은 감동과 격려를 주는 경험이었다"(p. xii). *언제나* 깊은 감동과 격려를 주는 경험 말이다! 비록, 필자는 월포드가 케임브리지대학교에 재직했던 기간보다는 길지 않게 옥스퍼드대학교에서 지리교사교육을 이끌어 왔다. 하지만, 그보다 짧은 기간 동안 경험한 것이지만, 이 일이 *항상* 힘이 되는 경험만은 아니었다! 필자는 정말로 필자의 직업을 사랑하고, 함께 하는 많은 예비교사들은 놀라울 정도로 유능하다. 깊이 있는 전문 지식을 갖추고, 사회 정의에 대한 확고한 신념을 지니며, 지리를 통해 청소년들에게 힘을 실어주고자(empower) 하는 열망을 가진, 헌신적이고 영감을 주는 교사들-이들은 세상을 변화시키고자 하는 열망을 품은 이들이다. 하지만, 모든 예비교사들이 이 과정을 끝마치는 것은 아니다. 교사양성 프로그램에서 학교현장 멘토와 교육과정 담당 강사들은 경우에 따라 수료시키지 않기로 하는 어려운 결정을 내려야 하기도 한다. 인종, 백인성(whiteness), 그리고 교사 교육에 관한 폭넓은 연구들(Bhopal & Rhamie, 2014; Lander, 2011; Lewis, 2018)은 우리에게 숙고의 여지를 제공한다. 이 연구들은, 어느 교육기관에서도 *항상* 감동적이고 이상적인 경험만 하고, 이상적인 교사만을 만난다는 것이 사실은 불가능하다는 점을 직시하도록 해 준다. 좌절, 게으름, 속임수, 오만 같은 요소는 인간이라면 피할 수 없는 현실의 일부이며, 이는 예비 지리교사라고 해서 예외는 아니다. 아라티 스리프라카시와 그의 동료들(Arathi Sriprakash et al., 2022)의 책, 『백인성 배우기』(*Learning Whiteness*)에서 고등교육이 어떻게 다양한 차원에서 백인성을 유지하고 재생산하고 있는지를 분명하게 드러낸다. 그리고 이 비판은 교사교육 역시 예외가 아님을 강조한다. 예비 지리 교사들을 보편적이고 언제나 긍정적인 모습으로 묘사하는 이 작은 사례는 겉보기에는 사소해 보일 수 있지만, 지리학이 어떻게 백인 중심적으로 미화되어 왔는지를 보여주는 한 단적인 예다. 지리교육을 세상에 선한 영향만을 주는 힘으로 제시하는 것은, 그 안에는 식민주의 시절 '자비로운 통치'를 연상시키는 서사의 메아리가 담겨 있는 것이다. 즉, 이러한 서사는 학교 지리교육의 지형 위에 '좋은 일을 한다고 믿는 좋은 사람들에 의해 운영되는 좋은 것'이라는 규범적 층리(흔적)를 새겨 넣는다.

우리는 또한, 책 표지 이미지에 드러나는 보다 명백한 백인성(whiteness)을 비판적으로 해체해 볼 수도 있다. 표지에는 지리 수업을 담은 두 장의 사진이 제시되고 있는데, 하나는 월포드 책에서 다루는 가장 초기 시기인 1850년경의 지리수업이고, 다른 하나는 2000년경의 지리수업 장면이다. 첫 번째 오래된 사진에는 한 백인 남성 교사가 교실 앞에 서서 30명 이상으로 보이는 학생들(모두 다 백인으로 보이며, 열 살 정도의 남자)을 내려다보고 있다. 학생들은 계단식으로 배열된 책상에 앉아 팔짱을 낀 채 정자세로 앉아 있다. 그중 두 명의 학생은 교실 앞에 나와 책상 앞에 서 있는데, 돛단배와 노 젓는 배 모형 옆에 놓인 모래처럼 보이는 무언가에 손을 담그고 있다. 칠판에는 분필로 쓴 지리 용어들이 깔끔하게 연결된 서체로 쓰여 있고, 반듯하게 밑줄이 그어져 있다: '땅과 물; 언덕; 지협; 바다; 강; 항구'. 이 사진은 책 후반부에 다시 소개되는데 "19세기 지리 수업-앞에 있는 책상 위에 있는 모형에 주목하라-"이라는 설명이 덧붙어 있다(p. 69). 책 표지에 실린 다른 사진은 최근의 것으로 금발의 백인 학생 세 명이 등장한다(두 명은 남학생이고 한 명은 여학생으로 보이며, 첫 번째 사진에 있는 학생보다는 나이가 많아 보이는 것으로 보아, 아마도 A레벨에서 공부하는 17-18세 학생쯤으로 추정된다)[역자주:A Level(Advanced Level)은 영국 중등교육과정의 마지막 단계에서 16-18세 학생들이 대학 입학을 목적으로 2년에 걸쳐 이수하는 고급 과정이다]. 이 학생들은 야외에 있으며 지도 교사는 보이지 않는다. 두 명의 학생은 하천이나 호수 가장자리에 쪼그려 앉아 물속에 측정 장비를 넣고 있고, 나머지 한 학생은 서서 전자 태블릿에 무언가를 입력하고 있다. 월포드의 책 표지에 있는 이 두 장의 사진은 나란히 제시되어 있으며, 이는 마치 '지리교육의 발전'이라는 은유를 전달하고 있는 것 같다: 즉, 현대의 학생들은 교실을 넘어 실제 세계를 탐험하며, 교사는 지리교육의 중심이 아니라 학생들이 실세계를 직접적으로 경험하도록 촉진하는 역할로 변하게 되었다. 또한 현대의 지리교육에는 여학생도 포함되었고, 남성 중심적인 학문으로 재현되던 방식도 완화되었다.

『영국의 학교 지리교육』(*Geography in British Schools*)에는 다양한 사진들이 수록되어 있는데, 그중 일부는 지리학의 '위대한 남성들'에 전면을 할애하고 있다. 또한, 교사와 지리 수업 장면들이 여러 장 수록되어 있는데, 사진 속 인물은 모두 백인으로 보인다. 사실, 유일하게 등장하는 흑인은 "거의 옷을 입지 않는 오스트레일리아의 토착민"으로 묘사된 인물로, 『콜린스 대안 지리학 독본』(*Alternative Geography Reader*)에 대한 논의 중 등장한다(pp. 55-56). 월포드는 오스트레일리아에 관한 섹션이 '정착민과 탐험가'(Settlers and Explorers)라는 장에서 어떻게 시작되는지 나아가, 실용주의적이고 식민주의적인 관점이 어떻게 즉각적으로 드러나는지를 묘사한다: 즉, "*쿡(Cook)은 거의 사람이 살지 않던 대륙을 대영제국에 선물했고, 그다음으로 결정해야 할 일은 그 땅을 어떤 용도로 사용할 것인가였다*"는 것이다(p. 55). 그런데 이 구절을 '실용적이고,

식민주의적 관점'으로 묘사하고 있는 점은 문제가 있다. 월포드는 왜 *실용적*이라는 말을 붙였을까? 아마도 그 문장에서 제기된 '결정' 때문일 것이다: '그다음으로 결정해야 할 일은...'. 하지만, 어떤 한 사람이 한 나라를 다른 나라에 '선물'로 바쳤다고 말하는 오만함은 충격적이며, 오스트레일리아를 '거의 사람이 살지 않는' 곳으로 묘사하는 방식은 당시 그곳에 이미 살고 있는 사람들에 대한 비판적 논의를 완전히 회피하고 있는 것이다. 이는 바로 식민주의 서사에서 자주 등장하는 담론, 즉 '사람이 살지 않는 텅빈 장소'라는 이야기의 핵심 요소이다. 이어서 월포드는 서오스트레일리아 토착민에 대한 워버턴(Warburton) 대령[역자주: 워버턴 대령(Peter Egerton-Warburton, 1813-1889)은 영국 체셔 출신의 군인 겸 탐험가로, 인도에서 군 복무 후 오스트레일리아 내륙을 횡단하는 탐험을 수행한 인물이다]의 충격적인 발언도 인용한다: "이들은 인류의 서열 중에서 가장 낮으며, 나는 그보다 더 낮아질 수 있는 존재를 상상할 수 없다"(p. 55). 이러한 탈인간화된 인종차별주의적 표현-여기에서 인간(humans)에서 존재(things)로 범주가 바뀌는 점에도 주목-은 지리학의 역사에서 하나의 오점이다. 하지만, 이는 단순한 오점 그 이상이다. 이 층리(흔적)의 결은, 지리학이라는 학문을 여전히 구성하고 있는 식민주의적 전제를 잘 말해주고 있다. 예를 들어, 월포드는 이러한 인종차별적 인용문에 대해 곧바로 다음과 같은 옹호의 글을 덧붙인다: "이러한 표현들은 아마도 해당 지역을 잘 묘사하기 위해 독본의 저자가 개인적이고 시사적인 관점을 더하여 삽입한 것으로 보인다"(p. 55). 즉, 이러한 교재를 만든 지리학자들은 선한 교육학적 의도가 있었기 때문에 용납될 수 있다는 논리가 전제되어 있다. 한편, 월포드의 책에서 특별히 두드러지게 다뤄지는 지리학자 중 한 명은 할퍼드 매킨더(Halford Mackinder)로, 그는 옥스퍼드대학교에서 지리학과를 만든 학자로도 유명하다.

제국의 인종주의적 지리

월포드는 매킨더에 대해 지나칠 정도로 긍정적인 평가를 한다. 그는 매킨더(1887)의 논문 『지리학의 범위와 방법에 대하여』(*On the Scope and Methods of Geography*)를 언급하면서, 다음과 같이 평가한다:

> 매킨더가 지리학 내에서 자연지리와 정치지리(오늘날의 인문지리)의 통합을 옹호하고 이를 시연한 것은 (영국 남동부의 사례를 통해 설명하였으며) 신흥 학문으로서의 지리학 역사에서 하나의 결정적 순간이었고, 그 발표를 들은 이들에게 강한 인상을 남겼다. 그의 탁월한 설명은, 발표 시기의 완벽함과 나란히 비교될 수 있을 만큼 뛰어났다 (p. 65).

이 문장들은 매우 강렬한 표현들이다! '결정적인 순간', '발표 시기의 완벽함과 나란히 비교될 수 있을 만큼의 뛰어난 설명'. 정말로 과도한 찬사가 아닐 수 없다. 이 논문은 1887년 1월 31일 왕립지리학회 저녁 모임에서 발표되었다. 이는 지금까지도 여전히 중대한 영향력을 미치고 있는데, 여러 방식으로 *세상을 변화시키는* 결과를 낳았다. 예를 들어, 최근 잉글랜드 교육표준청[역자주: 약자로 Ofsted는 영국 정부 산하 비장관급 기관으로, 잉글랜드 내 학교 교육, 훈련, 보육, 아동복지 서비스 전반에 대해 평가·감독하는 역할을 수행한다]은 지리학 연구에 대한 검토에 있어 이 논문을 매우 적극적으로 인용하였다(Ofsted, 2021). 교육표준청은 이 논문을 20세기 초의 지리학 연구를 대표하는 것으로, '지리학을 관계적 성격(relational nature)을 가진 학문으로의 초점 전환을 이끌었으며, 이는 현재까지도 지리학자들의 기본 관점으로 이어지고 있다'

고 평가한다. 130년이 지난 논문을 여전히 인용한다는 것은 이 논문에 큰 명예를 부여하는 것이며, 오늘날까지도 학계 내의 중요한 위치를 인정해 주는 행위이다. 더 나아가 이 논문의 주장-즉 '지리학의 관계적 성격'-이 오늘날까지도 지리학자들의 일반적인 관점으로 이어지고 있다고 말하는 것은, 그 내용 전체에 대한 한층 더 강력한 지지 표현이다. 요컨대, 현대 지리학은 여전히 매킨더의 지리학을 기념하고 존중하는 방식으로 구성되고 있는 것이다. 하지만, 여기에서 묻지 않을 수 없는 질문은 '매킨더의 논문이 실제로 말하고 있는 것은 무엇인가?', '이 논문이 말하고 있는 '관계적 지리학'의 본질은 무엇인가?'. 다음에서 필자는 매킨더가 실제로 말하고 있는 것은 근본적으로 '인종차별주의'임을 주장한다. 표면적으로 매킨더의 주장은 오늘날 지리학에서 인문지리와 자연지리의 통합을 요구하는 시대적 흐름과 유사해 보인다. 하지만, 실제로는 제국주의적 논리가 작동하는 환경결정론이며, 그 논리는 인종주의적 어젠다와 명시적으로 연결된다. 이와 관련하여, 커언스(Kearns, 2021)는: "그의 지리적 탐험에서, 맥킨더는 자신의 지리학적 영광을 추구하는 데 있어 흑인들의 삶을 자신의 발 아래 두었고, 학계에서 그의 명성을 찬양하는 이들은 가장 잔인하게 얻어진 [식민주의의] 영광을 미화하고 있다"라고 말한다(p. 4). 학교지리에서 매킨더의 업적을 무비판적으로 기념하고 찬양하는 것은 매우 심각한 문제이다. 매킨더가 열정적으로 추진했던 제국주의 속에서, '탐험'은 지배와 정복을 정당화하는 데 이용되어 왔다. 이제 우리는 그런 식민주의적 역할로부터 '탐험'의 의미를 되찾고, 그 가치를 다시 정의할 필요가 있다.

월포드가 그렇게 열렬히 찬양하는 매킨더의 실제 작업 내용을 고려할 때, 그를 '논쟁적인 인물'이라고 간단히 미주(footnote)에 적어놓은 것은 지나치게 과소평가된 표현이다. 월포드는 "매킨더의 저서 중 두 권은 흥미로우면서 논쟁적인 지정학 이론을 제시했다"고 언급한다(p. 66). 하지만 여기서 '논쟁적인'이라는 표현은 그 모든 문제점을 지나치게 가볍게 포장하고 있는 느낌을 준다. 미주를 보면, 매킨더가 『역사의 지리적 중심축』(*The Geographical Pivot of History*)에서 제시한 주장들이 나치 독일과 『나의 투쟁』(Mein Kampf)으로 직접 이어질 수 있다는 점을 매우 가볍게 언급해 놓은 표현들과 마주하게 된다:

> H. J. 매킨더(H. J. Mackinder)의 대표적인 지정학 저서 두 권은 『영국과 영국의 바다들』(*Britain and the British Seas*)과 『민주주의 이상과 현실: 재건 정치에 대한 연구』(*Democratic Ideals and Reality: A Study in the Politics of Reconstruction*)이다. 후자는 제1차 세계대전 이후 집필된 책으로, 유라시아의 심장부를 지배하는 자가 세계 패권을 차지하게 될 것이라는 이론을 제시한다. 이 책은 아돌프 히틀러가 읽은 것으로 알려져 있으며, 그의 전략적 사고에 영향을 주었다고 알려져 있다. '심장부'(heartland)가 세계 지배의 열쇠라는 발상은 두 세계대전 사이 시기 지정학을 공부했던 학생이자 선도적인 학술적 전략가인 카를 하우스호퍼(Karl Haushofer) 장군의 사유와 저작에서 핵심적인 개념으로 등장한다. 하우스호퍼는 자신의 강의와 저술에서 매킨더의 이론을 자주 인용했으며, 매킨더가 1904년 발표한 논문 『역사의 지리적 중심축』(*The Geographical Pivot of History*)을 "모든 지리적 세계관 중 가장 위대한 것... 지정학의 걸작"이라 부르기도 했다. 또한, 나치당 부당수였던 루돌프 헤스(Rudolf Hess)는 하우스호퍼의 제자로, 히틀러의 저서 『나의 투쟁』(*Mein Kampf*)에 담긴 핵심 사상 일부를 제공한 인물이다(Walford, 2001, p. 71).

이러한 언급이 단지 미주의 곁가지 정도로만 존재한다는 사실은 지리학의 '위대한 인물들'에 대한 비판이 거의 불가능했다는 점을 암시한다. 이는 식민주의적 상상력이 지리학이라는 학문을 이끌었으며, 동시에 탈식민주의적 혹은 반인종차별주의적 사고가 부재했다는 점을 엿보게 해준다. 이처럼 실제 나치와 관련된 논의가 아무렇지 않게 다뤄지고 있다는 점-말투, 옹호적 서술, 비판적 표현의 부재까지 포함해서-은, 이 책 후반부에서 한 여성인 돈 질(Dawn Gill)의 반인종차별주의적 생각에 대해 월포드가 다루는 방식과 극명하게 대비된다. 이 책의 뒷부분에서는 월포드가 돈 질의 글을 다루면서, 그녀의 주장 자체보다 '말투'에 초점을 맞춰 그녀가 주장한 반인종차별주의 지리교육을 폄하하는 방식을 다시 살펴볼 것이다. 하지만 여기에서는 이중적인 자세를 취한다. 즉, 『나의 투쟁』에 대해 '핵심 아이디어'라는 표현을 쓰고, 실제 나치 인물들에게는 '장군', '부당수' 같은 정중한 직함과 '선도적인 학술적 전략가' 같은 칭찬까지 덧붙이고 있다. 이러한 차별적 해석은 필자를 당혹스럽게 한다. 왜 어떠한 비판도 존재하지 않는 것인가? 이와 관련하여, 그 배경에는 제국의 '부재하는 존재'(absent-presence)가 무겁게 드리워져 있다. 즉, 이 층리(흔적)들에는 환경결정론, 인종적 위계와 얽혀 있는 잔혹한 식민주의 논리의 흔적이 깊게 새겨져 있는 것이다. 물론, 이 모든 것을 두고, 월포드가 나치즘이나 인종차별주의를 지지했다고 말하고자 하는 것은 아니다. 하지만, 필자가 말하고자 하는 것은, 학교 지리교육의 내용과 구조가 어떻게 특정하게 만들어지게 되었는지를 보여주는 분명한 증거들이 이런 '경관'과 '결' 속에 남아 있다는 것이다. 그 속에는 '위대한 인물'로 불리는 사람들이 어떤 영향을 미쳤는지, 그리고 그들이 지금까지도 제대로 된 비판 없이 존중받고 있다는 점도 포함된다. 이러한 인물들-존과 세바스찬 캐벗(John and Sebastian Cabot), 프랜시스 드레이크(Francis Drake), 월터 롤리 경(Sir Walter Raleigh), 크리스토퍼 콜럼버스(Christopher Columbus), 바스코 다 가마(Vasco da Gama), 페르디난드 마젤란(Ferdinand Magellan) 등-은 비판의 대상이라기보다 '국민 영웅'이자 '개척 탐험가'로 묘사된다:

> 제임스 쿡 선장과 다른 개척 탐험가들의 여행과 모험은 흥미진진한 이야기가 되어 어린 아이들에게 큰 감동을 주었고, 아이들 중 일부는 세상을 탐험하고 '외국'을 방문하는 꿈을 꾸게 만들었다(p. 18).

앞서 간략히 언급했던 매킨더에 대한 비판적 주장을 한 단계 더 발전시키기 위해, 아래에서는 매킨더의 논문『지리학의 범위와 방법에 관하여』(*On the Scope and Methods of Geography*)를 간략히 분석해 본다. 이 논문은 월포드 나아가, 최근에는 영국 교육표준청(Ofsted)에 의해 강한 지지를 받았다. 이 논문은 지리학의 여러 하위 분야들이 어떻게 서로 연결되어 있는지를 간략히 설명하면서 시작되고, 뒤 이어서 지리학이 다른 어떤 학문보다도 중요하다는 주장을 펼친다. 이후 매킨더는 잉글랜드 주변의 지형, 패턴, 과정들을 은유적 방식을 통해 설명한다:

> 해수가 부드러운 점토층을 침식하면서, 템스강 하구의 거대한 만이 형성되었고, 훨씬 더 좁지만 복잡하게 얽힌 해협들이 풀 하버(Poole Harbour)에서 솔렌트 해협(Solent)을 거쳐 스핏헤드(Spithead)까지 뻗어 나왔다. 이 해협들은 다시 사우스햄튼 워터(Southampton Water), 포츠머스(Portsmouth), 랭스톤(Langstone), 치체스터(Chichester) 항만으로 분기된다(pp. 149-150).

매킨더는 다양한 하천들을 묘사하고 분류한 뒤, 다음과 같은 질문을

한다: “일반적인 땅의 해부학적 구조라는 점에서, 이것은 인간에게 어떤 영향을 미쳤는가?”(p. 151). 필자에게 있어 이 질문이 전제하는 땅의 구조와 사람 간 관계의 본질은 결정론적이다: 즉, 자연환경이 특정한 성격이나 특징을 지닌 인간 집단의 등장을 유도한다. 이와 관련하여, 첫 번째 예시는 ‘고립되거나 갇힌’ 지역들에 관한 것이다. “펜(Fens) 지역은 노퍽(Norfolk)을 고립시켰고, 위올드(Weald) 숲은 켄트(Kent)를 가두었다”는 식이다. 이로 인해 “노퍽 사람들과 켄트 사람들은 유난히 반항적인 기질을 가지게 되었다”는 주장을 한다(p. 151). 매킨더는 런던의 성장에 대해서도 “지리적 조건이 이 대도시의 위대함을 결정지었다”라고 하며, 환경결정론적 사고를 매우 노골적으로 드러낸다(p. 152). 인종과 장소 사이의 관계가 매우 밀접하다는 설정은, 매킨더가 집단을 동질적인 것으로 바라보는 방식과 연결된다. 그는 공동체를 “특정한 공통 특성을 가진 사람들의 집단”으로 정의하고(pp. 156-157), 이러한 공동체는 “서로 다른 순위-인종, 국가, 지방, 도시”로 나뉜다고 본다(p. 157). 매킨더의 관심은 ‘인종’과 ‘환경’ 사이의 관계에 있으며, 각 인종이 노출된 서로 다른 환경이 그들의 특성, 성공 여부 등에 있어 어떤 차이를 만들어 내는가를 묻는다. 예컨대 매킨더는 다음과 같은 질문을 던진다: “지리적 조건은 영국, 미국, 오스트레일리아의 서로 다른 세 환경에서 영국인의 특성을 어떻게 다르게 만들었는가?”(p. 157). 필자는 이 장의 말미에서 이 질문을 비판적으로 해체하는 방법과, ‘인종’과 ‘환경’에 대한 본질주의적 사고가 오늘날의 지리교육 자료에도 어떻게 여전히 반영되고 있는지를 살펴볼 수 있는 관점을 제시할 것이다. 이러한 질문을 분석함으로써, 매킨더가 전제한 동질적이고 구별 가능한 인종과 환경이라는 개념이 어떻게 식민주의 제국의 논리-즉, 사람들을 구별 가능한 ‘집단’으로 나누고, 그 위계에 따라 자연스럽게 서열화할 수 있다는 전제-를 뒷받

침해 왔는지를 드러낼 수 있을 것이다. 매킨더에게 있어, 인종 간의 구분은 단순한 은유가 아니라, 실제로는 생물학에 뿌리를 둔 개념이다. 예를 들어, 그는 '영국 혈통'과 같은 것이 실제로 존재한다고 믿었다. 그리고 이러한 혈통은 '홈 카운티스'[역자주: Home Counties는 런던과 접한 여섯 개 주를 말하며, 그중에서 버킹엄셔, 서리, 버크셔 등이 가장 널리 인식된다. 일반적으로 런던 외곽의 중산층 거주 지역을 뜻하는 비공식 용어이다]에서 형성되었다고 보았다:

> 이 자연적인 지역 안에는 영국인의 피가 흐르고 있으며, 그 피는 하나의 동일한 유체로서 수 세기 동안 변하지 않았고, 지금은 단지 현 세대인 4천만 개의 개별 몸속을 잠시 빌려 있을 뿐이다(Mackinder, 1931, p. 326).

여기에는 분명 많은 문제점들이 있다. '영국인의 피'라는 것은 존재하지 않는다는 점은 차치하더라도, 지역이든 인종이든 이러한 종류의 '자연스러운' 범주의 존재를 주장하는 것 자체가 식민주의적 기만과 환상-어떤 집단이 더 발달되었거나, 더 지능적이거나, 더 도덕적이거나, 더 문명화되었다는 식-을 조장한다. 하지만, 이러한 범주의 그 어떤 것도 당연한 것은 없다. 이러한 본질주의적 분류에 대한 비판은 차크라바르티(Chakrabarty)의 책, 『유럽을 지방화하기』(*Provincializing Europe*)에서 잘 나타난다. 유럽의 '다수자'와 그 외의 '소수자' 간의 구도를 문제 삼고, 그들 사이에 존재한다고 주장되는 위계질서를 비판하면서, 차크라바르티는 다음과 같이 주장한다:

> 소수자와 다수자는 우리가 알고 있듯이 자연적인 실체가 아니라 사회적으로 구성된 개념이다. 일반적으로 '다수자'와 '소수자'라는 단어는 통계적 의미로 이해되지만, 이 단어들이 내포하는 의미 영역에는 또 다른 관념이 있다. 바로 어떤 맥락에서 '주요한 인물'인지, 혹은 '하위의 인물'인지에 대한 구분이다. 예를 들어, 유럽인은 수적으로 보자면 오늘날 전 인류 가운데 소수에 해당하며, 이는 오랜 시간 동안 그래왔다. 하지만, 19세기 유럽 식민주의는 '주요함'과 '하위성'에 대한 특정한 인식에 기반하고 있었다. 유럽인들은 자신들의 역사가 다른 모든 사회가 지향해야 할 규범들을 가장 많이 담고 있다고 여겼으며, 이에 비해 타자들은 아직 '미성숙한 존재'로 간주하였고, 유럽인 자신들이 세계의 '어른'으로서 비유럽인들을 인도해야 한다고 믿었던 것이다(p. 100).

매킨더는 영국인이 세계의 어른이며, 따라서 다른 이들을 책임져야 할 도덕적 의무가 있다는 이 허구를 전적으로 신봉하였고 이를 적극적으로 전파하였다. 차크라바르티가 잘 지적한 바와 같이, 그는 인간들 사이의 범주와 위계에 크게 기대면서 그 속에 있는 다양한 사물과 인간 집단의 자연스러움을 강조했다. 매킨더는 특히, 여러 중심지의 위치가 가진 '자연스러움'을 강조하였는데, 히말라야 산기슭을 따라 형성된 북인도의 교역로 사례를 통해 이를 설명한다. 그는 이 지역을 다음과 같이 묘사한다:

> 이곳은 자연스러운 상업의 중심지이다. 동시에 여기는 아시아 정복자들에게 자연스러운 작전 기지이기도 하다. 좌측에는 산맥이, 우측에는 사막이 위치해 있으며, 후방으로는 통신선이 안전하게 확보되어 있다. 이러한 전략적 중요성을 영국인들 역시 간파하지 못한 것은

> 아니다. 이곳에 인도의 하계 수도였던 심라[역자주: Simla는 1864년부터 인도 독립 이전까지 영국령 인도의 하계 수도로 사용된 고산 도시로, 여름철 동안 총독부를 비롯한 식민 행정기구가 이곳으로 이전해 운영되었다]가 자리하고 있는 것도 그 때문이다(p. 159).

지리적 위치를 '자연스러운' 것으로 본 것과 더불어, 매킨더의 세계관에서 시간에 따른 진보라는 개념 또한 중요한 위치를 차지한다. 그의 연구 전반에는 '개발'에 대한 선형적인 가정이 깔려 있다. 즉, 문명은 각기 다른 속도로 경주하듯 앞으로 나아가고 있다는 관점이다. 월포드(2001)는 이러한 진보의 개념이 교육과정의 순서 결정에 어떤 영향을 미쳤는지 무비판적으로 서술한다:

> 남반구에 위치한 대륙들(아프리카, 남아메리카, 오스트레일리아)은 1학년에 먼저 다뤄졌는데, 이는 이 지역들이 상대적으로 더 비어 있다는 전제하에, 한 학기 안에 각각을 '다룰 수 있다'고 여겨졌기 때문이다. 이후 학년에서는 아시아, 북아메리카, 유럽, 그리고 영국 제도를 다양한 조합으로 배우게 되었는데, 그 이유는 국가가 더 발달했을수록 이해하기 더 어렵다는 전제 때문이다. 세계에서 보다 복잡하고 발달된 지역은 교육과정의 후반부에서 다루도록 구성되었으며, 모든 지역에 동일한 지역 중심 접근법이 적용되었다(p. 142).

놀랍게도, 여기에 대한 비판은 차치하고서라도, 학교지리가 이러한 담론에 기반하여 만들어지는 것에 대한 인식조차 하지 못하는 것 같다. 이는 지리학적 사유에 있어 오랜 전통 중 하나로, 그 전통은 "흑인 집단과 그들이 속한 지리들을 '비지리적(ungeographic)'이거나 철학적으로 미발달한 것으로 잘못 간주하는" 것이다(McKittrick, 2006, p. xiii). '개발'

을 '복잡성'과 동일시하는 것은 이러한 관점이 얼마나 편향되어 있는지를 드러낸다. 이는 남반구 대륙에 존재하는 사람들에 대한 무지를 보여줄 뿐만 아니라, '가치'와 관련된 다음 질문들을 외면한다: 도대체 누가 '복잡성'을 정의하는가? '개발'은 누구에 의해, 어떤 기준으로 정의되는가? 이러한 지리교육은:

> 피상적이긴 하지만 완결되어 있는 기반 지식을 제공하는 것이다. 그러나 문제는, 교과서 집필자들이 아무리 정성스럽고 세련되게 내용을 구성하더라도, 그것이 3C[역자주: 중등 3학년(Year 9) 학생 중 C반]나 4X반[역자주: 중등 4학년(Year 10) 학생 중 X반] 학생들의 공책과 머릿속에 도달했을 때에는 파편적인 문구들의 집합에 불과하게 된다는 점이다. 그중 일부는 '고우리 평야[역자주: Carse of Gowrie는 스코틀랜드 퍼스와 던디 사이 테이만 북안에 위치한 길이 약 24km, 너비 3~6km의 비옥한 충적 평야]에서 잼 만들기', '짧고 강렬한 여름과 따뜻하고 습한 겨울'과 같은 식으로 평생 기억에 남기도 하지만, 대부분은 시험이 끝나자마자 금세 잊혀진다(Walford, 2001, p. 143).

토머스 피클스(Thomas Pickles), 프리스(Preece), 우드(Wood)가 집필한 또 다른 교재 시리즈는 "깔끔한 지도와 다이어그램을 바탕으로 잘 편집"되었다는 이유로 월포드에게 호평을 받는다. 하지만, 그에 의하면 이 시리즈는 다음과 같은 한계도 있다:

> 제시된 사실적 지식을 보완하기 위해 구체적인 사례들을 제공하려는 시도를 했지만, 각 지역을 모두 다루려는 포괄성을 목표로 했기 때문에 그러한 사례들은 간단히 언급하는 수준에 그쳤고, 깊이 있는 설명은 부족했다. 그러나 되돌아보면, 당시의 지리교육에는 기쁨, 경이로

> 움, 상상력, 자극이 거의 없었던 듯하다. 시험에 나오는 내용에 대한 매몰, 당시 시대의 경제적 침체로 인해, 교육 내용의 성격과 학생들의 기대마저 어둡게 물들였던 것이다(p. 143).

여기서 비판의 대상으로 삼는 것-상상력 부족 등-과 비교하여, 필자가 앞서(그리고 이어서) 논의하는 인종차별적 사례들에는 전혀 비판이 이루어지지 않는다. 이 모든 사례들에 공통적으로 나타나는 점은 지리 지식보다는 교수법에 우선 순위가 주어진다는 점이다. 그런데 이는 매우 중요한 문제다. 왜냐하면 매킨더가 다룬 내용 자체가 인종적 편견이 강하고, 인종차별적 요소를 담고 있기 때문이다. 이러한 지리 담론의 중심에는 '진보'에 대한 관념과 국가 간의 경쟁이라는 개념이 자리하고 있다. 즉, 이 경쟁에서 승리하려면 타국을 정복하는 것이 필수적인 것이다. 앞서 언급한 '아시아 정복자'(Asiatic conqueror)의 예로 돌아가 보면, 다음과 같은 서술이 등장한다:

> 경제적으로 부유하고 문명화된 공동체는 정복자에게 매혹적이다. 정복자는 두 종류가 있다: 육지의 늑대(land-wolves)와 바다의 늑대(sea-wolves). 이들은 각각 어떻게 갠지스 계곡에 있는 먹잇감에 접근할 수 있을까?(p. 158).

이러한 표현은 직설적이고 부끄러움이 결여되어 있다. 그리고 그것이 담고 있는 혐오스러운-정치적·도덕적·지리적-상상력에 대한 무지를 여실히 드러낸다. 이 글에서는 일부 집단을 '먹잇감'으로 묘사하고, 영국의 '정복자 늑대들'을 힘과 교활함, 그리고 심라(Simla)의 위치를 택한 지혜로운 존재로 찬양하고 있다. 이러한 글을 월포드는 아무런 비판

없이 찬양 일색의 어조로 평가하고, 나아가 영국 교육표준청(Ofsted)은 2021년 연구 보고서에서 매킨더의 논문에 영예로운 지위를 부여한다. 하지만, 이는 분명 재고해야 할 일이다. 즉, 이는 학교 지리교육에 깊게 새겨진 제국의 날카롭고 잔혹한 층리(흔적)이며, 이러한 지리적 세계관은 지리 과목에서 비판적으로 해체되어야 할 대상이지, 계속해서 찬양받아야 할 유산이 아니다.

지리학과 유럽중심주의

지금까지 우리는 매킨더가 구성한 제국의 지리학에 대해 간략히 살펴보았으며, 이제 다시 월포드가 서술한 학교 지리교육의 이야기로 돌아가 본다. 월포드는 지리학이라는 학문을 이국적인 것에 대한 '자연스러운 호기심'에서 비롯된 것이자, 유럽의 학문적 노력의 산물로 간주하면서 다음과 같이 말한다:

> 지리교육의 뿌리는 우리 모두가 가지고 있는, 자신과는 다른 장소와 그 속에서의 다른 삶의 방식에 대한 자연스러운 호기심에 있다. 아시아와 아프리카에서 이러한 뿌리가 어떻게 시작되었는지에 대해서는 거의 알려진 바 없지만, 유럽의 경험에 관해서라면 그 기원을 기원전 수 세기 전까지 확실히 거슬러 올라갈 수 있다. 호메로스의 『오디세이』(*Odyssey*)는 지리학의 공식적 텍스트는 아니더라도, 주로 여행을 주제로 한 최초의 책으로 간주될 수 있으며, 이는 지리학적 연구를 자극하는 주요한 계기가 되었다고 말할 수 있다(p. 3).

이 짧은 단락은 매우 많은 수사적 작업을 수행하고 있다. 무엇보다도, 지리적 지식이 어떻게 유럽중심주의(Eurocentrism)에 기반하여 생산되고 있는지를 잘 보여준다. 이 유럽중심주의는 다른 장소와 삶의 방식을 '타자화'하는 것을 당연한 전제로 간주하는 데에서 출발한다. 지리교육은 '우리'의 장소와 삶의 방식에서 비판적 탐구를 시작하지 않는다. 대신 지리교육은 항상 '타자'로부터 시작된다. 이처럼 '우리'는 유럽중심적인 세계 인식 속에 포섭되며, 이 세계에서는 '우리'의 철학과 지식이 '타자'를 이해하고 판단하는 기준 프리즘이 된다. 아프리카와 아시아의 지리학에 대해 거의 알려진 바가 없다는 언급은, 월포드의 책 전체에서 아프리카와 아시아의 지리 혹은 지리학자들이 배제됨으로써 사실상 '아무것도 없다'는 메시지로 전환된다. 심지어 아시아 출신인 예수가 유럽의 역사와 은근히 연결되면서, 아시아·아프리카·유럽 사이에 뚜렷한 경계가 있다는 환상을 은연중에 무너뜨리는 역설을 초래하기도 한다. *이러한* 유럽의 경험은 아무런 문제의식 없이 단일하고 명확한 범주로 제시된다. 월포드가 구성한 *유럽*은 차크라바르티(Chakrabarty, 2000)가 말한 '초현실적 유럽'(hyperreal Europe)의 전형적인 사례다. 문제는 이 *유럽*은 실제로 존재하지 않으며, 허구적인 구성물임에도 불구하고 여전히 사람, 국가, 역사, 학문, 학교 교과에 대한 이야기 속에서 중심적 위치를 차지하고 있다. 그리고 이 유럽은 "우리가 말하는 이야기 속에서 끊임없이 되돌아와 지배적인 위치를 점하게 될 것"이다(p. 39). 이러한 이론적 프레임으로서의 '유럽'이 계속해서 작동할 경우, 그 외의 지역들은 자연스럽게 '뒤처진' 곳으로 묘사되며, 그곳들은 유럽이 이미 가진 것을 가지지 못한 존재들로 그려진다. 그 결과 '근대'란 유럽의 "이미 *알려진*, *어딘가에서 일어난 역사*로 간주되고, 다른 지역들은 그 근대를 기계적으로든 아니든 현지 콘텐츠를 가지고 다시 복제해야 하는 대상으로만 이해된다(p. 39).

제국을 정당화하는 전략들

월포드(Walford)는 그의 저작에서 네 가지 주요 방식을 통해 대영제국에 존재하는 구체적인 사례와 식민주의에 대해 옹호한다. 이 각각은 학교 지리교육 속에서 제국의 유산이 여전히 어떻게 작동하고 있는지를 보여주는 통찰을 제공한다. 그 네 가지 전략은 다음과 같다: (1) 문제적인 측면을 회피하기 위한 수사적 전략 사용; (2) 제국을 긍정과 부정의 요소가 공존하는 '손익계산서'(balance sheet)식 관점으로 인식하기; (3) 제국과 식민주의는 '시대의 산물'이었다는 주장; (4) 제국에 대한 비판을 '어조'(tone) 문제로 폄훼하면서 공격하기.

전략 1: 문제적인 측면을 회피하는 수사 사용하기

월포드는 자신이 옹호하는 제국과 식민주의 인물들에 대해 상이한 비판이 존재함을 인지하고 있는 듯하다. 하지만, 이 지점들에서, 종종 그 비판을 정면으로 다루지 않기 위한 수사적 기법을 사용한다. 이러한 수사는 간단히 언급하거나, 완곡한 표현을 통해 인종주의와 제국주의의 문제에 대한 비판의 강도를 최소화한다. 월포드(2001)는 간단한 사례 두 가지를 제시하면서, 다음과 같이 서술하고 있다:

> 모든 지리 교사들이 *맹목적인 애국주의 정서*에 전적으로 매몰된 것은 아니라는 증거들도 또한 존재한다(p. 12).
>
> 1980년대에 이르러 많은 지리 교사들이 이러한 문제에 대해 인식하기 시작하면서, 과거에 일부 교실을 왜곡시켰던 *문화적 편향에 둔감했던 표현들*이 어느 정도 억제되는 데 기여했다(p. 195).

식민주의 폭력을 단순히 '맹목적인 애국주의 정서'로 표현하는 것은 인종차별주의와 식민주의의 참혹함을 축소하려는 수사적 기법이다: "과연 누가 감정에 반대하겠는가?" "'감정'이라는 것이 정말 그렇게 나쁠 수 있겠는가?"라는 식인 것이다. 마찬가지로, 무언가를 '둔감하게 표현했다'는 말도 이상적이지는 않지만, 그것을 인종차별적 행위와 같은 수준에서 다루기는 어렵다. 이처럼 표현의 수위를 낮추는 방식은, 다음 단계로 흔히 '모두 그런 것은 아니다'라는 방어 논리로 이어진다. 최근 '모든 그런 것은 아니라'라는 표현은 '모든 남성이 그런 것은 아니다'로 변용되어 미투(MeToo) 운동에 대한 방어적 반응으로 사용되었다. 이는 여성들의 피해 증언을-믿는 것은 차치하고서라도-진지하게 간주하고 듣는 것을 실패하도록 하는 표현이 되었다. 이 맥락에서 '모든 지리 교사가 그런 것은 아니었다', 혹은 '일부 교실에서만 그랬다'라는 표현도 마찬가지이다. 이들은-학교지리의 층리(흔적)에 있는-과거의 역사든 현재진행형이든 식민주의적 폭력에 대한 설명을 진지하게 받아들이거나, 경청하거나, 믿으려 하지 않는 태도를 정당화하는 수사이다. 1993년 『지오그래피』(*Geography*) 저널에 수록된 논문에서 월포드는 매킨더와 관련하여 매우 열정적인 찬사와 지지를 표현하였다: "할퍼드 매킨더 경은 지리학 저술로 가장 잘 알려져 있으나, 지리교육에 대한 그의 견해 또한 오늘날의 글로벌 접근과 놀라울 정도로 유사한 면모를 지닌다"(p. 177). 또한 본문 내 하위 절에서는 "매킨더의 오랜 경력", "시대를 앞선 통찰들", "과거의 가치를 되새기기" 등의 표현을 통해 지나치게 미화하며 찬양하고 있다. 여기서 사용되는 수사적 기법은, 매킨더의 '언어'가 문제적일 수 있다는 점을 반쯤 인정하는 듯 보이지만, 그것을 단지 표현 방식의 문제로 축소하여 문제의 본질을 흐리는 속임수에 불과한 것이다. 다음 문장은 이러한 전략을 잘 보여준다:

> … 비록 그 언어가 고풍스러운 울림처럼 들릴 수 있지만, 매킨더나 다른 '개척자들'의 지혜와 통찰을 단지 박물관의 전시물로만 여긴다면 그것은 근시안적인 태도가 될 수 있다(p. 122).

'고풍스러운 울림'이라는 표현은, 앞서 논의했던 노골적인 인종주의적 표현들을 완전히 무시한다. 인종주의는 수사적으로 회피되고 있으며, 오히려 이 위대한 남성을 제대로 평가하지 못하는 독자가 있다면 그들이 '근시안적'이라며 비난한다. 그의 표현에는 매우 해로운 계급적인 수사가 뚜렷하게 드러난다: 즉, '개척자들'(pioneers)의 '지혜와 통찰'은 '단지' 박물관에 전시된 유물로 전락해서는 안 된다로 묘사되며, 고급 문화를 이해하지 못하는 사람만이 그 가치를 알아보지 못할 것이라는 메시지를 내포하고 있다. 여기에서 '박물관 유물'이라는 표현은 여러 층위로 해석될 수 있다. 왜냐하면, '박물관 유물'이라는 표현은 단순한 폄하가 아니라, 고급 문화로서 추앙받는 어떤 존재에 대한 은근한 칭송일 수도 있다. 다시 말해, 식민지 시대 관료 계층에게 박물관에 전시된다는 것은 결코 '그저 그런 일'이 아닌 것이다.

문제가 되는 측면들을 회피하는 또 다른 수사 전략 사례로, 『클라이드의 학교지리』(*Clyde's School Geography*)를 논의하는 과정에서 월포드는 그 한계를 단순히 '호의적이지 않다' 정도로 부드럽게 표현하며 비판을 완화하고 있다:

> 저자는 여전히 다른 민족과 인종에 대해 호의적이지 않은 표현을 대담하게 던지는 태도를 보여준다. 이베리아(Iberia)를 다룬 절에서, 클라이드(Clyde)는 다음과 같이 언급한다: 예를 들어, 이베리아(스페인과 포르투갈)에 대한 부분에서 '스페인 사람처럼 포르투갈 사람도 게

> 으르다. 스페인인이 가진 자존심조차 포르투갈인은 없고, 그만큼 남자답지도 않다'(p. 41).

저자가 '대담하게 던지는'이라고 묘사하는 농담조의 표현을 통해, 클라이드를 단지 '좀 장난기 있는 사람', 즉 '웃긴 늙은 클라이드' 정도로 그려내며 가볍게 넘긴다. 그러나 '호의적이지 않다'라는 표현은, 한 국가 전체 사람들에 대한 고정관념을 재생산하는 발언에 대한 비판이라고 보기엔 많이 부족해 보인다. 이는 진지한 지리학적 분석이라고 보기 어렵고, 어떤 엄밀함에 기반한 비판이 없는 것이 너무 쉽게 용인되고 있는 상황이다. 하지만 국가와 지역 전체에 대한 이와 같은 일반화된 서술 방식은 식민지 담론을 구성하는 데 핵심적인 역할을 한다. 이는 힉스(Hicks, 2020)가 식민주의적 '극단적 폭력'(*ultraviolence*)이라 명명한 담론 구조와 보다 정확하게 연결된다. 윌포드(2001)가 재현한 식민주의 서사 또한 이러한 국가 단위의 일반화에 의존한다. 그리고 그 결과는 영국에 대해서는 정제된 이미지를 보여주는 반면, 타자들에 대해서는 비하하는 이미지를 그려내도록 한다. 예를 들어:

> 빅토리아 시대의 영국인들은 제국의 전례 없는 팽창과 영향력의 성장 속에서 도취되어 있었다. 지도는 빠르게 '붉게 칠해졌고', 무역과 이주가 국기를 따라 확장되었으며, 상인과 이민자들은 영국 탐험가들의 뒤를 따라 전 세계로 퍼져 나갔다. 19세기 중반, 캐나다와 오스트레일리아는 영국 이주민들로 인해 전례 없는 인구 성장을 경험했고, 인도에서는 수많은 소국들을 통합하는 강력한 세력으로서 영국령 인도 제국(British Raj)이 형성되고 있었다. '아프리카 식민지 쟁탈'의 결과, 유럽 국가들은 아프리카 대륙에서 많은 영토를 획득했고, 그중 영국과 프랑스가 대표적인 식민 열강으로 자리 잡았다(p. 49).

'도취되는'이라는 표현은, 마치 이러한 현상이 자연적으로 발생하고 있었던 것처럼 묘사하는 수동적인 표현이다. 즉, *해가 하늘로 솟아 올라감에 따라 사람들은 아침 햇살 속에 잠기는 것처럼* 묘사하고 있다. 제국의 전례 없는 팽창은 사실 적극적인-그리고 문자 그대로-싸움을 통해 얻은 결과임에도 불구하고, 여기에서는 단순히 자연스럽게 발생한 것처럼 그려지고 있다. 이후 나열되는 순서도 우스꽝스럽다: 국기, 상인, 이민자, 그리고 영국 탐험가들. 설명 어디에도 군대나 병사들이 명시적으로 포함되어 있지 않다. 왜 그럴까? 마찬가지로, 군사화된 민간 산업 세력, 특히 동인도 회사(East India Company) 같은 조직도 언급되지 않는다. 참고로 이들의 통치 방식을 잘 보여주는 책으로는 달림플(Dalrymple, 2019)의 『무정부 상태: 멈추지 않는 동인도 회사의 팽창』(*The Anarchy: The Relentless Rise of the East India Company*)이 있다. 이 책의 제목만 봐도, 그들이 어떠한 통치 방식을 채택했는지를 짐작할 수 있을 것이다. 달림플의 분석과 극명하게 대비되게, 월포드는 이 시기를 순진하고 미화된 서술, 즉 영국을 '수많은 소국들'에 맞서는 '통합 세력'으로 묘사한다. 하지만 이런 종류의 은유와 묘사 방식은 진정으로 탈-식민화되어야 할 대상이다. 이와 관련하여, 필자가 주장하는 '탐험'의 되찾기(재조명) 작업은, 기본적으로, 지리학의 역사가 어떻게 식민주의와 얽혀 왔는지를, 그리고 여전히 그러한 방식으로 학교 지리교육의 담론적 모습을 형성하고 있음을 더 정직하게 직시하고 재검토하는 것을 의미한다. 이것은 제국의 층리(흔적)를 식별하고 그에 대응하는 문제다. 여기서 말하는 층리(흔적)는, 전체 국가들을 하나의 고정된 성격으로 일반화함으로써, 영국과 그 역사를 '자연스럽게' 제국을 확장해 온 존재처럼 묘사하는 방식을 가리킨다.

"'아프리카 식민지 쟁탈' 과정에서는 유럽 열강들이 아프리카 대륙에서 수많은 영토를 획득하였다"는 문장에서 사용된 수동적 표현 '결과~하게 되었다'도 같은 수사적 방식으로 작동한다. 이는 '아프리카 분할'이라는 담론이 어떻게 지리적 상상을 만들어냈는지를 비판적으로 분석하지 않고, 마치 전혀 문제없는 '결과적으로 일어난' 역사적 사건처럼 표현한다. 그러나 이것은 결코 수동적 사건이나 과정도, '자연스러운 결과'도 아니었다. 심지어 토지, 사람, 재산을 무력을 사용해 약탈한 사실을 설명하는 방식 역시 공포와 폭력을 수사적으로 부드럽게 포장하는 패턴을 반복한다. 예를 들어, 부정적인 표현-'훔쳤다', '수탈했다', '강탈했다'-을 사용하는 대신, 식민주의적 극단적 폭력은 '많은 영토를 획득했다'는 식의 긍정적이고 생산적인 과정으로 포장된다. 전반적으로 이러한 긍정적인 서술 방식은, 우리가 충분히 느낄 수 있었을 불편함을 둔화시키는 효과를 낸다. 요컨대, 월포드의 학교 지리교육 서술에 은밀히 각인된 메시지는 영국 식민주의는 '좋고 자연스러운 것'이다.

전략 2: 손익계산서식 서술

'손익계산서'(balance sheet) 방식은 월포드가 영국 식민주의의 부정적 측면을 아주 약하게 언급할 때마다, 곧바로 긍정적인 요소를 내세워 상쇄하는 서술 전략이다. 이러한 방식은 약간의 정제된 형태로 비판을 소개한 뒤, 곧바로 '하지만...'이라는 전환 구절을 통해 긍정적인 논의로 화제를 전환하는 것이다. 예를 들어:

> 빅토리아 시대 사회는 분명 자신들의 사회적 우월성에 대한 강한 확신에 사로잡혀 있었으며, '원주민'이나 '야만인'에 대해 쏟아낸 표현들 중 일부는 공식적으로 내세운 기독교적 이상이나 식민 지배 계층의

> 선의와는 이질적인 면모를 보인다. 그러나 이러한 태도들 속에는 상당한 이타주의와 이상주의도 섞여 있었다. 아마도, 식민지 내에서 동료 인간을 위해 봉사한 이주민의 수(예: 보건과 교육 수준 향상 등)가, 그들을 억압하거나 그들의 문화를 '파괴'한 이들의 수와 맞먹었을지도 모른다(p. 53).

'아마도'라는 말 하나가 너무 많은 걸 떠맡고 있고, '파괴'라는 표현에 따옴표를 붙인 것도 흥미롭다. 이 표현은 정말 문화가 파괴되지 않았다는 암시인가? 아니면, '파괴'는 너무 과장된 표현이며, 사실상 제국에 편입된 것이 더 나은 결과였다는 주장인가? 그렇다면 40년이 넘는 기간 동안**(주3)** 영국 식민주의가 1억 명의 인도인을 죽였다는 결론은 단지 가짜 뉴스란 말인가? 그렇지 않다면, 그 과정이 오히려 그들에게 호의를 베푼 것이란 말인가? 영광스러운 제국에 편입되고 자유를 부여받았다는 사실이, 그 이전의 '문화'나 '삶'을 압도하며, 결국 그들은 이 긍정적인 관계를 통해 혜택만을 받은 셈이라는 주장인가? 방어적인 태도로의 전환은 너무도 빠르게 이루어지며, 이러한 주장을 하게 된 근거를 충분히 성찰하거나 이해할 여지를 주지 않는다. '식민 지배 계층의 선의'라는 표현은 도대체 누가 제시한 것인가? 이들 '지배 계층' 중 상당수를 두고 '선의'라는 표현을 사용하는 것이 정확하지 않음을 보여주는 방대한 증거들이 존재한다**(주4)**. 철도는 식민주의를 옹호하는 손익계산서식 접근에서 흔히 등장하는 '비장의 카드'이다. 즉, '자원 수탈, 살인, 약탈은 걱정 마세요, 철도를 보세요!'라는 식이다. 이러한 논리는 마치 모든 요소가 동일한 범주에 속하는 것처럼, 모든 것을 금전적 가치로 환산하여 '비용과 편익'을 단순 비교하고 계산할 수 있다는 전제에 기반한다[역자주: 식민주의적 폭력을 철도라는 '근대화의 혜택'으로 상쇄하려는 식민지 근대화론의 하나]. 계산의 결과-즉, 식민 통치가 전체적으로 이득을 가져왔는지 손해를 끼쳤는지-는 곧바로 그것이 '좋은 것'이었는지를 판단하는 근거로 사용된다. 이러한 긍정과 부정을 항목별로 나열하는 이른바 손익계산서적 접근 방식은 오늘날까지도 학교 지리교육에서 사용되고 있다. 로빈스(Robbins)가 쓴 『철도의 시대』(*The Railway Age*)를 인용하면서, 월포드는 다음과 같이 주장한다:

> 영국 기술자들이 건설한 철도는 새로운 식민지 영토에 속한 이질적인 공동체들을 결속시키는 '시멘트' 역할을 했다... 케이프타운에서 카이로까지 잇는 철도라는 구상은 실제 실현되지는 않았지만, 세실 로즈(Cecil Rhodes)에 의해 19세기 후반 영국 제국주의 정점의 상징으로 제안되었다... 19세기의 교통 혁명은 영국 제국을 탄생시키는-혹은 적어도 평범한 사람들이 접근할 수 있는 공간으로 바꾸는-촉매제가 되었다. 그리하여 이들은 제국을 방문하거나, 몇 년간 인도주의적 혹은 선교적 사명을 수행하기 위해 머물거나, 또는 새로운 삶을 개척하기 위해 이주할 수 있었다... 동일한 철도는 널리 흩어진 지역들을 오가는 행정관, 의사, 교사, 법집행관들에게 이동 수단을 제공했을 뿐 아니라, 예전에는 자기 마을을 거의 벗어나 본 적 없는 거주민들에게도 더 넓은 이동의 자유를 주었다(p. 52).

여기에서, '인도주의적 또는 선교적 사명'을 전면에 내세우는 방식은 시사하는 바가 크다. 이것은 제국주의를 '자애로운' 백인 구원자로 묘사하는 담론의 일부로, 월포드-이와 같은 형태의 학교 지리교육을 포함하여-가 적극적으로 재생산하고 있는 서사 구조다**(주5)**. 대영 제국은 자유를 가져다준다는 식의 서술은 식민지 주민들은 마치 이전까지는 정체된 삶에 갇혀 있었고, '자신의 마을에서 몇 마일 이상 벗어나 본' 적이 없는 존재들이었는데, 이제는 제국 덕분에 '자유'를 부여받았다는 식의 프레임이 형성된다. 여기서 '벗어나'라는 단어에 주목해 보자. 정말 그들이 문자 그대로 잠들어 있었다는 뜻인가? 만약 그렇다면, '게으른 원주민'이라는 식민주의적 고정관념이 다시 등장하게 된다. 마찬가지로, 행정관, 의사, 교사와 같은 인물들을 전면에 내세우는 방식 또한 제국주의적 사업 전체가 자비롭고 선의에 기반한 것이었다는 인식을 강화한다. '우리는 도움을 주기 위해 그곳에 있었다!'는 서사와 다르지 않다. 그러나 우리는 여기에서 다시 질문할 수 있다. '왜 군대의 이동에 대한 언급은 전혀 없는가?' '왜 철도가 자원 수탈을 극대화하는 데 사용된 기능은 언급되지 않는가?' 힉스(Hicks, 2020)의 표현을 빌리자면, 이러한 서술 방식은 "식민주의를 설명하기 어렵다고 느끼는 수준을 넘어서, 그 폭력과 환경 파괴, 그리고 인종적 사고의 규모와 관련된 핵심적인 질문들을 회피하는 경향을 계속해서" 이어가고 있는 것이다(p. 55).

전략 3: 시대의 산물 논리

월포드가 영국 제국과 식민주의 전반을 옹호하는 데 사용한 세 번째 전략으로 바로 당대의 규범에 호소하는 방식이다. 즉, *지금*은 인종차별주의로 들리지만, *그때*는 상황이 달랐다는 것이다. 이러한 주장은 노예무역상들을 옹호하는 논리의 핵심으로, 최근 영국에 있는 이들의 동상을 철거해야 할지 말지를 둘러싼 공론에서도 등장한다. '로즈 동상 철거' 운동[역자주: Rhodes Must Fall 운동은 2015년 남아공 케이프타운대에서 시작된 반식민주의 운동으로, 제국주의자 세실 로즈의 동상 철거를 계기로 고등교육 내 식민주의 유산 청산과 교육의 탈식민화를 요구하며 국제적으로 확산되었다] 관계자들은 로즈의 동상들, 특히 남아프리카와 옥스퍼드에 세워진 것을 제거해야 할 도덕적 책무가 우리에게 있다고 주장한다**(주6)**. 반면, 반대파들은 로즈가 단지 그 시대의 산물일 뿐이며, 따라서 그의 인종주의 역시 그냥 한쪽에 치워 두어야 한다고 주장한다. 이는 앞서 매킨더의 언어에 대해 월포드가 '고풍스러운 울림'이 있다고 언급한 것과 같은 논리에 기반한다고 본다. 즉, 지금의 기준으로 어제의 저자를 평가하지 말라는 말인 것이다. 이러한 옹호 논리가 가진 문제 중 하나는, 특정 문화의 '규범'이 무엇이든 간에, 어떤 행위들은 언제나 명백히 잘못된 것이라는 점이다. 흑인을 열등하거나 비인간적인 존재로 여기거나 그렇게 대우하는 것은 도덕적으로 잘못된 일이다. 그 당시에도, 지금에도 인종차별적인 신념과 행동은 정당화될 수 없으며, 그러한 생각을 공유한 친구들이 있었다고 해서 그것이 옳았던 것은 아니다. 이러한 신념들을 단지 '당대의 산물'이었다며 정당화하려는 주장이 직면하는 또 다른 문제는, 자세히 들여다보면, 그들이 살았던 '그 시대'는 그렇게 단순하지 않았다는 점이다. '당대의 산물'이라는 주장은, 필자가 앞서 비판했던 것과 같은 유형의 사고에 근거하고 있다. 즉, 어떤 집단 전체-혹은 한 시대 전체-가 명확하고 동질적인 특징, 신념을 가지고 있었다고 전제하는 사고방식 말이다. 물론 어떤 시대적 경향성이나, 그 시기에 널리 퍼져 있었던 전제들이 존재할 수도 있고, 어느 정도 이를 식별할 수도 있다. 하지만 이러한 전제는 가장 일반적이고 모호한 수준의 추상화를 통해서만 가능하다. 하지만 항상 반대 사례, 대항 담론, 그리고 독립적인 사고가 존재한다. 우리가 이야기하고 있는 대상은 결국 인간이기 때문이다. 이 책이 교사를 위한 책인 만큼, 필자는 다음을 굳이 길게 설득할 필요는 없을 것이라 생각한다: 당신이 무언가를 아무리 명확하게 설명했다고 생각하더라도, 사람들은 그 내용에 대해 저마다 다르게 생각할 수 있다는 점이다. 그것이 단순한 지시사항이든 혹은 복잡한 지리 개념에 대한 설명이든 간에, 학생들이 그것을 어떻게 이해하는지, 그 이해가 기존의 지식과 어떻게 상호작용하는지, 결국 무엇을 기억하게 되는지, 그리고 그 단편들이 자신의 경험과 어떻게 연결되는지에 따라, 제시된 정보가 향하는 방향은 얼마든지-그리고 실제로-놀라울 정도로 다양하게 갈라질 수 있으며, 당연히 전혀 다른 결과를 초래할 수 있다. 한 시대 전체가 사람들로 하여금 같은 생각을 하도록 강요하거나 그 생각에 가둘 수 있다고 믿는 것은 어쩌면 순진한 발상이다. 우리의 지리학적 분석은 사람들의 행위 능력(agency)이 실제로 존재하며 활발하게 작동한다는 점을 진지하게 받아들여야 한다. 로즈(Rhodes)와 매킨더(Mackinder)가 제시한 인종차별적 위계의 경우에도, 그 시대의 모든 사람들이 그런 인종차별적 신념을 공유했던 것이 아님을 분명하게 보여주는 반례들이 상당히 존재한다. 두 사람 모두 직접적으로 반인종주의적 주장들과 맞닥뜨렸으며, 동시대인들 중에는 제국의 착취적 팽창에 직면했을 때 전혀 다른 길을 선택한 이들도 있었다. 즉, 그들의 인종차별주의는 결코 불가피한 것이 아니었다. 이들을 단순히 시대 환경의 수동적 포로였다고 결론짓는 것은, 오히려 매킨더가 만들고 옹호했던 환경결정론을 그대로 영속화시키는 것이다. 지리학의 위대한 인물들을 찬양하고 경청해야 하며, 우리가 오늘날 문제시하고 있는 부분들-예로 인종차별적 시선-은 모두 당시의 환경 탓으로 돌려야 한다는 식의 논리가 여전히 작동하고 있는 것이다. '당대의 산물'이라는 논리를 사용하는 또 다른 예로, 월포드는 페어그리브(Fairgrieve)와 영(Young)의 입장에 대해 다음과 같이 언급한다:

> 그들의 입장은 대영제국이 평등한 영연방으로 바뀌기 약 30년 전의 것이었다. 상대적으로 진일보한 국제주의적 시각이 지리 교사들의

> 제국에 대한 정서 속에 어느 정도 스며들어 있었지만, 그중 일부는 불가피하게 그 시대의 지배적 분위기의 포로였던 것도 사실이다(p. 12).

1790년 이후 사용된 학교 교과서인 『지리와 역사』(*Geography and History*)를 논의하면서, 월포드는 아라비아(Arabia)에 관한 장에서 다음과 같은 구절을 인용한다:

> 아라비아 사람들은 중간 키에 마른 체격을 가지고 있으며, 피부는 거무스름하고, 머리카락과 눈은 검은색이다. 그들은 발이 빠르고, 뛰어난 기마병이며, 활과 창에 능숙하고, 사격 솜씨도 뛰어나며 매우 용감한 사람들로 알려져 있다... [하지만] 아라비아 사람들은 대체로 도둑이어서, 신앙심이나 호기심으로 이 지역을 찾는 여행자나 순례자들이 사막에 접근할 때 두려움을 느끼게 된다...(p. 22).

그리고 이에 대한 월포드의 반응은 다음과 같다:

> 이러한 묘사는 두려움 없는 보도와 놀라운 판단력이 뒤섞여 있어 보인다. 결코 진일보한 다문화적 접근이라고 보기는 어렵다. 하지만 이는 반드시 당시의 맥락 속에서 이해되어야 한다. 역사적으로 이 시기에는, 모든 민족이 서로를 '타자'이고 '낯섬'으로 인식했으며, 따라서, 21세기의 가치 체계를 무분별하게 적용하여 이러한 표현들을 본능적으로 악마화하는 것에는 한계가 있다. 대신, 이러한 발언들과 관련된 인식이 어디서 비롯되었는지를 탐구하고, 어떻게 만들어지게 되었는지를 이해하려는 시도를 통해 접근해야 한다. 이러한 서술은 당시 사람들의 사고가 대체로 얼마나 폐쇄적이었는지, 서로에 대해 얼마나 무지했는지를 보여주며, 그 시기 세계가 '지구촌'이란 개념과는 얼마나 괴리되어 있었는지를 보여준다...(p. 22).

월포드의 이러한 옹호는 다음을 바탕으로 시작된다: 지리 저자들은 본래 좋은 사람들이며, 학교 지리교육은 선한 의도를 갖고 세계에 좋은 영향을 주려 한다. 월포드는 이러한 전제를 바탕으로, 가벼운 비판을 하기는 하지만, 곧바로 다음과 같은 방어 논리를 보여준다: *그러나 이것은 반드시 그 시대의 맥락에서 이해되어야 한다.* 그리고 그 이후의 심층적인 비판은 '무분별한 악마화'로 치부되며 배제된다. 여기서 다시 반복되는 것은, 당시의 결정론적 사고이다. 본래 인종을 범주화하고 인종적 위계를 구축하는 데 사용되었던 그 결정론이, 이번에는 인종차별적 고정관념을 진지한 지리학적 분석인 양 포장하고, 그것에 책임이 없다는 식으로 정당화하는 데 활용되고 있는 것이다. 이런 서술은 우리에게 다음과 같은 암묵적 메시지를 던진다: 이러한 발언은 지리 저자 개인을 반영하는 것이 아니라, 그들이 속했던 *시대*를 반영하는 것이다. 즉, '당시 사람들의 사고가 대체로 얼마나 폐쇄적이었는지, 서로에 대해 얼마나 무지했는지...', 그러나 '대체로'라는 일반화로의 전환은 너무나 성급하며, 아무런 근거도 제시되지 않는다.

전략 4: 제국에 대한 비판을 '어조'(tone) 문제로 폄훼하기

어쩌면 우리는 월포드(Walford) 역시 당시의 지배적 분위기에 사로잡힌 포로였다고 말할 수도 있을 것이다. 그가 활동하던 당시에는 지금보다 제국, 인종, 탈식민주의 인식론과 같은 주제를 비판적으로 다루는 지리교육 연구가 *훨씬 적었기* 때문이다. 그러나 그렇게 말하는 것은, 당시에도 제국을 비판적으로 고찰하는 지리학 연구들의 존재를 부정하는 것이다. 특히, 제국주의, 인종차별주의, 식민주의와 전혀 다른 결론에 도달했던 글로벌 주류 학자들의 연구는-그리고 이들은 영국의 학교 지리교육에서 의도적으로 배제된-분명히 존재했다. 이와 관련하여, 월포드는 제국에 대한 비판과 맞닥뜨릴 때, 종종 '말투'(tone)를 무기화한다. 즉, 논의의 핵심 내용은 무시하고, 그 비판이 어떻게 말해졌는가에 초점을 맞추어 본질을 흐리는 방식이다. 이러한 패턴은 앞선 예들에서도 분명히 드러난다. 예컨대, 월포드는 인종차별적 묘사를 단순히 '두려움 없는 보도와 놀라운 판단력이 뒤섞인 것'이라고 정당화하고, 그에 대한 어떤 비판도 미리 '무분별한 악마'라고 특정하여 비판 자체를 선제적으로 차단해 버렸다. 비판을 *무분별한 악마화*로 특징짓는 것은 결국 말투에 초점을 맞추는 수사 전략이다. 물론 그 안에는 다음과 같은 암묵적인 전제가 기저에 놓여져 있다: '이 위대한 인물들에 대한 비판은, 결국 감정적인 악의를 가진 사람들만이 하는 것이다'. 여기서 '무분별한'이라는 표현은 비판하는 사람 자체가 분별력이 없으며, 모든 경우를 일반화하고, 전체 집단에 동일한 판단을 덧씌우는 사람으로 평가절하한다. 그러나 여기에는 심각한 역설이 존재한다. 왜냐하면 월포드가 옹호하는 바로 그 인물들이 쓴 글에서 수많은 예들이 있겠지만, 위에서 언급한, '아라비아인들'은 곧 도둑이라는 인종차별적 고정관념이 아무런 분별없이 사용되고 있으며, 이러한 묘사야말로 진정한 의미의 무분별한 악마화이다. 그럼에도, 월포드는 이런 묘사조차도 너무나 빠르게 옹호한다.

인종차별적이고 식민주의적인 지리학을 만들어낸 인물들에 대해서는 매우 신속하게 옹호하면서도, '급진적' 비판들에 대해서는 그 말투(tone)에 집착하는 월포드의 태도는 극명한 대조를 이룬다. 그의 저서 『영국 학교에서의 지리교육』(*Geography in British Schools*)에 있는 제9장 제목은 '급진적 반응들, 1975-1985'(*Radical Responses, 1975-1985*)이다. 이 장에서 월포드는 데이비드 하비(David Harvey)의 책, 『도시의 사회정의』

(*Social Justice in the City*)와 진보적 학술지인 『앤티포드』(*Antipode*)의 창간과 같은 당시 지리학계 내 최신 흐름을 먼저 개관한 뒤, 영국의 지리교육학자인 데이브 힉스(Dave Hicks)가 학교지리 교과서를 분석한 연구에 대해 논의한다. 이 분석에서 힉스는 영국의 교과서들을 X축에는 '인종차별적'에서 '반인종차별적'까지, Y축에는 '급진적'에서 '현상 유지'까지 배치된 그래프 위에 표시했다. 이러한 연구에 대해, 월포드는 다음과 같이 평하면서 자신의 불편한 심기를 분명하게 표현한다: "힉스의 연구는 철저했지만, 그 책들에 대한 전반적인 평가는, 당연히, 주관적인 것이라 할만한다. 어떤 저자들은 자신이 집필한 교과서가 부정적으로 분류되는 것을 알았지만, 인쇄물이기 때문에 이에 대해 반응하거나 해명할 기회조차 없었다"(p. 186). 이 역설은-또 한 번-참기 어려울 정도로 명백하다. 이들은 말 그대로 '저자들'이다. 인쇄물로 응답할 능력이 누구보다 충분한 사람들이다. 이 점이 역설적인 이유는, 이 저자들이 비판받고 있는 이유 자체가 바로 그들이 똑같은 일을 했기 때문이다: 즉, 세계에 존재하는 전체 민족이나 국가를 자신들의 교과서 속에서는 부정적으로 분류하면서도, 정작 그 대상들에게는 전혀 반론의 기회조차 주지 않았던 것 말이다.

이어서 월포드는 지리 교과서를 철저히 분석하고 이를 '인종차별적'에서 '반인종차별적'까지 분류하는 방식 자체가 문제라고 주장한다. 이와 관련하여 월포드는 다음과 같이 말한다: "무의식적으로, 이 접근은 이후의 논쟁들에 일종의 선례를 만들었다. 논의의 온도가 높아지면서-많은 이들은 이를 정당하다고 보겠지만-, 태도와 의도에 대한 판단이 아무 거리낌 없이 난무하는 상황이 되었기 때문이다"(p. 187). 여기서 말하는 '온도'는 곧 '말투'를 의미한다. 식민주의 게임에서 적절한 에티켓을 지키는 사람들에게는 인종차별과 폭력조차 쉽게 용인된다. 하지만, 이 게임을 따르지 않거나 따르기를 거부하는 이들-즉, 동일한 인종차별과 폭력에 대해 '올바르지 않은' 방식으로 분노를 표현하는 이들은-은 자신들의 주장이 감정적이고 비이성적인 것으로 치부되며 배제당하는 것을 보게 된다. '진정하세요, 선생님!' 이런 말투가 보여주듯, 월포드는 다음과 같이 말한다: "많은 교사들이 '비진학 청소년을 위한 지리 교육'[역자주: Geography for the Young School Leaver(GYSL)는 중등교육 이후 고등교육으로 진학하지 않고 사회로 진입하는 학생들을 위한 실용 중심의 지리 교육을 말한다] 논쟁이 너무 과열됐지만, 영국 지리교육협회(GA)의 문서가 이를 더 차분하게 만들었다고 생각했다"(p. 195). 하지만, 여기서 중요한 점은, 비판자들이 내용을 제대로 설명하거나 논리를 펴기도 전에, 그들의 말은 '감정적으로 마구 내뱉는 말'이라고 쉽게 평가절하되었다는 점이다. 즉, 이들은 이성적이지 않고, 교양이 없다는 식으로 묘사되고 배제되었다. 실제, 당시 GYSL 프로그램이 런던의 많은 학교에서 사용되었다는 이유로는 칭찬을 받았지만, 이를 비판한 사람들은 '이념적으로 복잡한 주장만 한다'는 이유로 무시되기 일쑤였다. 결국 비판하는 쪽만 '정치적, 이념적, 그리고 극단적'으로 보이고, 그에 맞서는 쪽은 객관적이고 중립적이며 이성적인 것처럼 간주되었다. 이와 관련하여, 월포드는 다음과 같이 덧붙인다:

> 질(Gill) 보고서를 둘러싼 정치적 부담과, 이후 비진학 청소년을 위한 지리 교육(GYSL) 진영과의 갈등은 오히려 즉각적인 교육 개혁을 가로막는 결과를 낳았다. 많은 교사들은 질의 비판 중 일부는 타당하다고 인정했지만, 보고서의 뒤따르는 급진적이거나 마르크스주의적인 해석에는 공감하지 않았다. 분위기가 매우 정치적으로 흐르자 일부는 지지를 보냈지만, 이후 비판이 공격적이고 무분별한 방향으로 흘

> 러가면서 다른 잠재적 지지자들을 멀어지게 했다. 원래 중요한 문제(지리 수업에서 다문화적 관점 함양의 필요성)에 대한 논의는 복잡한 이념 싸움 속에 묻혀, 결국 학교 현장에서의 실제 변화로 이어지지 못했다(p. 192).

여기서도 앞서 논의한 것과 같은 강한 역설이 존재한다. 즉, 월포드가 옹호하는 식민주의적 지리 서술 역시 정확히는 '공격적'이고 '무분별한' 표현으로 가득 차 있다. 하지만, 이러한 서술이 '말투'나 '정치색'이란 측면에서 비판을 받지는 않는다.

말투에 초점을 맞추는 수사 전략의 일환으로, 월포드는 질(Gill)**(주7)**을 고립된 인물로 만든다. 그 결과, 유사한 주장을 펼친 사람들조차도 질과는 선을 긋는 방식으로 묘사되어, 질의 입장을 평가절하시키는 방향으로 만든다. 예를 들어, 월포드는 이렇게 말한다: "허클(Huckle)은 오랫동안 지리교육 문제에 대해 좌파적 시각에서 통찰력 있는 논평을 해온 인물로, 학교 교실에서 일어나는 일에 대해 조사를 진행했지만 덜 공격적인 견해를 제시해 왔다"(p. 191). 또한, 질(Gill)이 이안 쿡(Ian Cook)과 공동으로 작성한 글에 대해서도, 월포드는 쿡을 단순히 공동저자가 아닌, "그 논쟁에 *휘말리게 된* 한 명의 지리학자"라고 묘사한다(p. 190, 이탤릭 원문). 질에 대한 월포드의 비판은 대부분 GYSL 프로젝트에서 제작된 교수학습 자료들에 대한 그녀의 비판에 집중되어 있다. 월포드는 GYSL을 다음과 같이 긍정적으로 묘사한다: "매우 성공적이었고... 이러한 잘 만들어진 자료들이 런던에 있는 학교에 널리 보급되었다"(p. 190). 나아가, 월포드는 심지어 다음과 같이 주장하기까지 한다: 이 프로젝트가 비판받고 무너진 이유는-자료에 담긴 유럽중심주의나 인종차별주의 때문이 아니라-그 프로젝트가 너무 성공적이었기 때문이다.

> 많은 경우, 지리 수업에 사용되는 자료들은 교사나 학교가 반드시 공유하지 않는 특정한 태도나 관점을 바탕으로 만들어진다(신문 기사들이 대표적인 예이다). 하지만, 유능한 교사들의 손에 들어가면 그러한 태도는 숨김없이 드러나고 토론되며, 자료는 평가를 거쳐 활용된다. 그러나 GYSL 프로그램이 지리 수업에서 광범위하게 성공을 거두면서 오히려, 그 프로젝트를 의심하던 이들로 하여금 대립적인 방식으로 행동하게 만들었다(p. 190).

월포드는 또한 GYSL 측의 공식 대응을 그대로 재생산하면서 다음을 소개한다:

> GYSL 측은 비판을 받았던 일부 자료를 결국 철회하긴 했지만, 다음과 같은 입장을 고수했다: '우리의 입장, 즉 교사들은 언제나 지적인 존재이며 이러한 자료들을 신중하게 활용할 능력이 있다는 점은 변함없다'. 그들은 초기의 학습지 일부에서 세련되지 못한 표현이나 언어적 결함이 있었다는 점은 인정하면서도, 인종차별주의에 대한 비판에는 강하게 저항했다(p. 190).

'세련되지 못한 표현'이나 '언어적 결함'이라는 말은, 앞서 언급한 것처럼 문제를 축소하고 부드럽게 만들기 위한 전형적인 수사 전략과 겹치는 범주다. GYSL 제작자들은 '강하게 저항했다'는 표현으로 묘사된 반면, 교수학습 자료에 담긴 인종주의적 전제를 비판한 이들은 급진적, 공격적, 무분별한, 혹은 심지어 극단적 급진주의자라고 꼬리표를 붙인다. 이에 대해, 월포드는 다음과 같이 말한다: "극단적 급진주의적 결론은 일반적으로 받아들여지지 않았지만, 그에 깔린 일반적인 분석은 종종 수용되었다"(p. 195). 즉, 사실에 기반한 분석이나 이성적인 주장은 *당연*

히 받아들이지만, 극단적 급진주의 결론은 받아들일 수 없다는 논리다. 이 말은 우리는 합리적이고 이성적인 사람들이며, 사실을 부정하지는 않으며, 그래서 당연히 그런 극단적 급진주의적 주장은 받아들일 수 없다는 말이다. 여기에서 극단적 급진주의적이라는 표현 구성은 흥미롭다: 극단적인 것도 모자라 급진적이라는 표현까지 쓴다. 예상되는 반응은: '영국 지리가 인종차별적이라고?' '뭐라고?' '감히 그런 말을 어떻게 할 수 있나?' '당신은 정말 극단적으로 급진적이군'. 흥미로운 점은, 월포드는 식민주의나 인종차별주의를 논리를 펼쳤던 매킨더(Mackinder)나 다른 인물들에 대해서는 절대 이런 식으로 말하지 않았다는 점이다.

결론

이 장에서 필자는 자질(Jazeel)이 제안한 '층리'라는 은유를 따라, 학교 지리교육 속에 제국주의의 흔적이 어떻게 새겨져 있는지를 탐구하고자 했다. 이를 위해, 좀 더 확장하여, 렉스 월포드(Rex Walford)의 대표 저술인 『영국의 학교 지리교육』(*Geography in British Schools*)에서 학교 지리의 역사를 어떻게 서술하는지를 분석하였다. 이 장의 핵심 주장은 다음과 같다: 월포드의 책을 통해 구성된 학교지리는, 지리학의 과거를 미화하고, 인종차별적인 방식으로 사람과 장소를 간주해 온 실제 역사를 비판적으로 직면하지 않는 방식으로 식민주의적 흔적들을 고스란히 담고 있다는 것이다. 또한 할포드 매킨더(Halford Mackinder)의 작업이 여전히 비판 없이 활용되고 있다는 점, 특히 영국 학교 감독 기관인 Ofsted를 통해서 그대로 인용되고 있다는 점은 식민주의 논리와 결합되었던 지리학의 유산이 여전히 유효함을 보여준다. 자질(Jazeel, 2019)이

던지는 다음과 같은 질문들-"우리는 과연 식민 권력의 지배 효과를 실제로 넘어서거나 벗어난 상태인가? 그렇다면 우리는 식민 권력의 지속적인 영향에 맞서, 국내외에서 어떻게 결(grain)을 거슬러[역자주: 기존 권력 구조나 관습, 질서에 비판적으로 대응하며 다른 방식으로 사고하는 것] 사고할 수 있을까?"(p. 5)-은 긍정적이고 능동적인 대응, 즉 '비판적으로 사고하는 것'을 촉구한다. 희망컨대, 이 장에서 수행했던 월포드의 저서에 대한 필자의 비판적 논의가 바로 그 결의 형태와 질감을 조금 더 또렷하게 드러내는 데 도움이 되었기를 바란다. 다음 장인 '권력, 지식, 그리고 이들의 포로들'에서는 이 논의를 더욱 확장한다. 즉, 최근 교육학계의 논쟁적 이슈인 '힘 있는 지식'(powerful knowledge) 및 인기 대중서인 『지리의 포로들』(*Prisoners of Geography*)을 둘러싼 논의를 중심으로 학교지리 속 제국의 층리(흔적)를 더욱 깊이 탐구할 것이다.

질문과 활동

- '층리'라는 은유는 무엇이며, 자질(Jazeel)은 이것을 식민주의 연구에 어떻게 적용하는가? 이 은유는 지리교육 분석에 어느 정도까지 적용될 수 있다고 보는가?
- 당신이 경험한 지리교육 속에서 제국의 층리(흔적)는 어디에서 찾아볼 수 있는가? 그 지리교육 안에는 어떤 목소리들이 포함되어 있는가? 누구 또는 무엇이 '극단적 급진주의자'로 명명되는가? 이러한 낙인이 갖는 함의는 무엇인가?
- 지리교육에 내재된 인종차별적 전제를 우리는 어떤 방식으로 직면할 수 있을까?
- 최근 몇 주간의 수업안이나 수업 개요를 몇 가지 다시 살펴보자. 그 수업이 인종과 식민주의 문제에 얼마나 민감하게 접근했는지를 비판적으로 검토해 보자. 해당 수업들에서, 학생들이 지리 과목과 그 과목의 역사에 대해 보다 비판적으로 사고하도록 어떻게 도전 과제를 제시할 수 있을까?
- 지리 과목과 함께 해온 당신의 여정을 한번 그려보자. 당신이 가진 배경, 당신이 성장한 문화적 맥락이 지리에 대한 당신의 이해 방식에 어떤 영향을 주었는가?
- 당신이 사용하는 지리 교과서 중 하나를 선택해 보자. 그 안에 제국의 층리(흔적)가 담고 있는 전제나 편향이 있는지를 비판적으로 분석해 보자. 이러한 문제를 해결하기 위해 어떤 변화나 수정이 필요하다고 제안할 수 있는가?
- 층리(흔적)라는 은유를 활용하여 당신이 살고 있는 지역의 특정 경관이나 환경을 분석해 보자. 그 안에서 과거 또는 현재 진행 중인 식민주의나 제국주의를 나타내는 증거는 무엇이 있는가?

주

1. 필자에게 있어, 이 비유는 유용하다고 생각하지만, 동시에 그 한계도 인식하고 있다. 특히 이 비유는 지리학이라는 학문이 '수동적인' 존재이며, 제국주의와 식민주의에 의해 침식되고 변화된 것으로 오해될 위험이 있다. 그러나 지리학은 때로는 식민 프로젝트에 능동적으로 기여해 왔으며, 이러한 점에서 이 비유 속에서는 땅보다는 빙하로 보는 것이 더 적절할 수 있다.
2. http://https//www.rgs.org/schools/competitions/rex-walford-award/
3. 예를 들어, 설리번과 히켈(Sullivan & Hickel, 2022)의 분석은 다음을 참조: https://www.aljazeera.com/opinions/2022/12/2/how-british-colonial-policy-killed-100-million-indians
4. 레스터(Lester)의 제국의 '유산'에 관한 생각 요약 및 응답 글: https://blogs.sussex.ac.uk/snapshotsofempire/2022/10/10/what-are-the-british-empires-legacies/
5. 또한 미첼(Mitchell, 2017)의 『교육, 인종 그리고 제국』(*Education, Race and Empire*)을 통해 더 깊이 살펴볼 수 있는데, 이 책은 인도주의, 제국주의, 교육, 인종, 박애주의 간에 얽혀 있는 관계들을 분석한다.
6. 예를 들어, 크워바, 챈틸루크 및 은코포(Kwoba, Chantiluke, & Nkopo, 2020) 연구를 참조할 수 있다.
7. 돈 질(Dawn Gill)을 둘러싼 더 넓은 맥락에 대해 알고 싶다면, 노컵(Norcup)의 박사학위 논문을 참조하라. 이 논문은 학술지 CIGE에 대한 흥미로운 통찰을 제공하며, 영국 학교 지리교육의 역사에서 그동안 대부분 간과되어 온 한 측면을 조명하고 있다.

참고문헌

Bhopal, K., & Rhamie, J. (2014). Initial teacher training: Understanding 'race,' diversity and inclusion. *Race Ethnicity and Education, 17*(3, SI), 304–325. doi:10.1080/13613324.2013.832920

Chakrabarty, D. (2000). *Provincializing Europe*. Oxford: Princeton University Press.

Dalrymple, W. (2019). *The Anarchy: The Relentless Rise of the East India Company*. London: Bloomsbury.

Driver, F. (1992). Geography's empire: histories of geographucal knowledge, *Enviornment and Planning D Society and Space, 10*(1), 23–40.

Hicks, D. (2020). *The Brutish Museums: The Benin Bronzes, Colonial Violence and Cultural Restitution*. London: Pluto Press.

Jazeel, T. (2019). *Postcolonialism*. Abingdon: Routledge.

Kearns, G. (2021). Topple the racists 2: Decolonising the space and the institutional memory of geography. *Geography, 106*(1), 4–15.

Kwoba, B., Chantiluke, R., & Nkopo, A. (Eds.) (2020). *Rhodes Must Fall: The Struggle to Decolonise the Racist Heart of Empire*. London: Bloomsbury.

Lander, V. (2011). Race, culture and all that: An exploration of the perspectives of White secondary student teachers about race equality issues in their initial teacher education. *Race Ethnicity and Education, 14*(3), 351–364. doi:10.1080/13613324.2010.543389

Lewis, T. E. (2018). 'But I'm not a racist!' Phenomenology, racism, and the body schema in white, pre-service teacher education. *Race Ethnicity and Education, 21*(1), 118–131. doi:10.1080/13613324.2016.1195354

Mackinder, H. J. (1887). On the scope and methods of geography. *Proceedings of the Royal Geographical Society and Monthly Record of Geography, 9*(3), 141–174.

Mackinder, H. J. (1931). The human habitat. *Scottish Geographical Magazine, 47*, 321–335.

McKittrick, K. (2006). *Demonic Grounds: Black Women and the Cartographies of Struggle*. London: University of Minnesota Press.

Mitchell, K. (2017). Education, race and empire: A genealogy of humanitarian governance in the United States. *Transactions of the Institute of British Geographers, 42*(3), 349–362. doi:10.1111/tran.12180

Ofsted. (2021). Research review series: Geography. Retrieved from https://www.gov.uk/government/publications/research-review-series-geography/research-review-seriesgeography

Puttick, S., Paramore, J., & Gee, N. (2018). A critical account of what 'geography' means to primary trainee teachers in England. *International Research in Geographical and Environmental Education, 27*(2), 165–178. doi:10.1080/10382046.2017.1321304

Radcliffe, S. A. (2017). Decolonising geographical knowledges. *Transactions of the Institute of British Geographers, 42*(3), 329–333. doi:10.1111/tran.12195

Sriprakash, A., Rudolph, S., & Gerrard, J. (2022). *Learning Whiteness: Education and the Settler Colonial State*. London: Pluto Press.

Walford, R. (1993). Mackinder, the GA in wartime and the national curriculum. *Geography, 78*(2), 117–123.

Walford, R. (2001). *Geography in British Schools, 1850–2000: Making a World of Difference*. London: Woburn.

제4장

권력, 지식, 그리고 이들의 포로들

서론

3장의 중심에 있었던 인물들은 지리 안에서, 그리고 지리를 위한 권력의 중요성을 잘 보여준다. 여기에는 국가, 민간 기업, 개인이 다른 이들을 지배하는 권력, 어떤 종류의 지식이 정당한 것으로 받아들여지는가에 대한 인식론적 권력, 그리고 분류, 토지, 자원, 사람들에 대해 행해지는 정치적·군사적 권력 등이 포함된다. 필자는 학교지리에 남겨져 있는 제국의 층리(흔적)에 대한 주장을 전개하면서, 월포드(Walford)의 영향력 있는 설명에서 식민주의적 논리가 어떤 지리학과 어떤 지리학자들이 가치롭고 찬양받을 만한 이들인지를 결정하는 데 큰 영향력을 행사했음을 보여주었다. 우리는 식민주의적 사고가 다양한 방식으로 학교지리에 미친 영향, 그리고 그러한 관점을 옹호하는 데 사용된 논리의 증거들을 '확인할 수' 있었다. 월포드의 책은 1850년부터 2000년까지의 학교지리를 다루었다. 하지만, 필자는 이 장에서 이 논의를 확장한다. 즉, 최근 학교지리에 영향을 미친 두 아이디어-'힘 있는 지식'(powerful knowledge)과 『지리의 포로들』(*Prisoners of Geography*)을 비판적으로 탐구함으로써 제국이 학교지리에 남긴 깊은 층리(흔적)에 대한 주장을 최신으로 업데이트하고 확장한다. 이 두 가지-하나는 교육 사회학의 개념이고 다른 하나는 대중적인 책인-는 세계 여러 나라의 학교지리 정책과 실천에 적극적으로 수용되어 왔다. 그러나 이 두 경우 모두, 비판적으로 재고하고, 재사유하며, 확장할 필요가 있는 쟁점들을 포함하고 있다.

'힘 있는 지식'에 대한 비판

앰버 머리(Amber Murrey)와 함께했던 공동 연구(Puttick & Murrey, 2020)에서 필자는 학교지리에서 인종에 대한 논의가 거의 전무하다는 현실을 '귀를 멀게 할 정도의 침묵'이라고 표현하였다. 이에, 우리는 학교 지리교육이 흑인 지리학(Black Geographies)과 탈식민 지리학(Decolonial Geographies)과 더 깊이 연결될 때, 그 내용과 관점이 훨씬 풍부해질 수 있다고 주장했다. 자연히, 비록 '힘 있는 지식' 논의의 틀 안에서 논의를 진행한다고 해도, 학교 지리교육은 다음과 같은 지리학자들의 연구 성과를 적극 반영할 필요가 있다고 강조했다: 캐서린 맥키트릭(Katherine McKittrick), 타리크 자질(Tariq Jazeel), 루스 길모어(Ruth Gilmore), 사이먼 브라운(Simon Browne), 패트리샤 데일리(Patricia Daley) 등. 이 연구에서, 우리가 주장한 핵심 주장은 "반인종주의 지리학(Anti-Racist Geographies)은 백인우월주의와 제도화된 인종주의를 비판적으로 다룰 수 있는 강력한 [인식론적] 틀을 제공한다"이다(p. 126). 주의할 점은, 우리의 연구가 '힘 있는 지식' 자체를 반대하지 않았다는 점이다. 그 대신, 이 담론 자체에 내포된 여러 문제점-이 장에서 더 깊이 다룰 내용들을 포함하여-이 존재함에도 불구하고, 우리는 '힘 있는 지식'이 여전히 교육 영역에서 매우 영향력 있는 접근 방식임을 인정했다. 왜냐하면, 우리는 '힘 있는 지식' 담론이 학문적 지식의 가치를 강조한다는 점 자체에 주목하여, 오히려 반인종주의 지리학에 적극적으로 접촉할 필요성을 보여준다고 주장했기 때문이다. 잘 알려진 바와 같이, 반인종주의, 흑인 및 탈식민 지리학(Black and decolonial geographies)은 '힘 있는 지식' 담론이 만들어지고 확산되는 과정에서 명시적이든 암묵적이든 주변화되고 무시해 온 지식이었다. 그래서, 우리는 다음과 같이 주장했다: "힘 있는 지식이라는 틀 *안*에서도, 흑인 지리학과 탈식민 지리학은 지리 지식이 어떻게 만들어지는지를 성찰하게 하고, 학문적 지리학 내부에서 이루어져 온 반인종주의적 논의와 비판적 토론으로부터 우리가 배울 수 있는 중요한 가능성을 제시한다"(p. 126). 이러한 주장을 통해 지향하는 바는, "보다 총체적이고 지속가능한 반인종주의 학교 지리교육"이며, "학생들이 공간, 장소, 지식이 얼마나 복잡하고 또한 유동적인 정치성을 가지고 있는지를 자유롭게 이해하도록 하며, 이를 통해 반인종차별주의적 미래에 기여하도록 하는" 것이다(p. 126). 그래서, '힘 있는 지식'이라는 틀 안에서 이를 계속 실현해 나가면 어떨까.

2020년, 논문 『영국 지리교육에서 인종에 대해 귀를 멀게 할 정도의 침묵에 맞서기』(*Confronting the Deafening Silence on Race in Geography Education in England*)가 발표된 이후, 반인종주의 지리학에 기반한 연구와 실천이 눈에 띄게 증가하였다. 이 논문에서 우리는 하나의 극단적인 상황을 지적했다. 바로 잉글랜드 지리 공교육과정 어디에서도 인종이나 인종차별에 대한 내용이 전혀 다루어지지 않는다는 점이었다. 우리는 1975년부터 2020년까지 영국의 중등지리교육 전문학술지인 『지리교육』(*Teaching Geography*)에 실린 모든 논문을 검토하였으며 그 결과, '인종'이라는 단어를 명시적으로 언급한 글은 단 한 편뿐이었다는 사실을 지적했다. 역설적이게도, 『지리교육』 저널에서 인종을 언급한 유일한 논문은 '본인을 지리학자가 아니라고 소개한' 케이스 아제그보(Keith Ajegbo, 2011)의 것이었다. 우리의 글이 출판된 이후로, 『지리교육』 저널에는 인종과 인종차별에 관한 논문이 꾸준히 증가해 왔다. 여기에는 다음과 같은 주제들이 포함된다: 교사 양성과정에서의 탈식민화(Reilly, 2022); 지리학의 백인 중심성에 대응하기 위한 교실 전략(Milner, 2020); 교육 현장에서 다양성에 대한 대화를 시작하는 방법(Milner, Robinson, & Garcia, 2021); 그 외 다수의 연구와 실천들. 나아가, '지리를 탈식민하기'(*Decolonising Geography*) 연구회**(주1)**는 이러한 논의에서 중요한 역할을 해왔다. 이들은 기존 교육과정과 실천을 비판적으로 검토하고, 새로운 교육 자료의 개발을 촉진하는 데 기여해 왔다. 또한 최근에는 '힘 있는 지식' 개념 자체에 대한 비판적 논의도 점점 더 활발하게 진행해 나가고 있다.

'힘 있는 지식'의 의미

다음 논의에서 필자는 이러한 주장들을 종합하여 '힘 있는 지식'(powerful knowledge) 개념에 대해 비판하고, 이제는 더 이상 이 용어를 사용하지 말 것을 제안한다. 왜냐하면, 필자는 이 개념이 지리교육이라는 모험을 발전적으로 이끌어가는 데에 유용하거나 생산적인 틀이라고 생각하지 않기 때문이다.

영어, 수학 교사교육을 담당하는 동료 교수들과 협력하여, 우리는 '힘 있는 지식'과 관련된 개념적 쟁점들에 대해 주목해 왔다(Puttick, Elliott, & Ingram, 2023). 특히, 이 개념이 시간에 따라 어떻게 정의되어 왔는지에 대한 변화에 주목하였는데, 그 결과로 우리는 '힘 있는 지식'이 일종의 '군집 개념'(cluster concept)이라고 주장했다. 잘 알려진 바와 같이, 루트비히 비트겐슈타인(Wittgenstein)은 게임이라는 개념을 설명할 때 이 군집 개념이라는 아이디어를 사용했다. 그렇다면, 게임이란 무엇인가? 게임이라는 개념은 단순한 명제로 정의하기 어렵다. 어떤 게임은 승패가 존재하지만, 모두 그런 것은 아니다. 어떤 게임은 보드판 위에서, 어떤 게임은 카드로, 또 어떤 게임은 외부 도구 없이 진행한다. 또 어떤 게임은 혼자서 하고, 어떤 게임은 팀으로 진행한다. '게임'이라는 개념에는 포함될 수 있는 여러 가지 잠재적 요소들이 많지만, 그중 어느 하나도 그것만으로 반드시 필요하거나 충분한 조건은 아니다. 그래서 우리는 다음과 같이 주장한다. '*게임할까?*'라는 질문은 그 자체로는 어떤 활동을 할지를 구체적으로 결정하는 데 별 도움이 되지 않는다. "어떤 종류의 게임?", "어느 게임을 할까?", "무엇이 '게임'이 될 수 있는가?", "어떤 활동은 '게임이 아니다'라고 배제되는가?" 등의 질문들이 뒤따라야만 구체적인 판단을 할 수 있는 것이다. 또 다른 예로, 초허와 웨버(Czocher & Weber, 2020)는 '증명'이라는 수학적 개념에 대해 논의하면서, 이 개념 역시 '군집 개념'으로 이해되어야 한다고 주장한다. 예상하겠지만, '증명'을 군집 개념으로 바라볼 경우, 학문적 지식과 학교 교실에서 다루는 개념 및 실제 수업 활동 간의 관계는 훨씬 더 복잡해진다. 이와 관련하여, 초허와 웨버는 다음과 같이 주장한다:

> 대학에 있는 수학자들의 증명 관행과 교실에서 이루어지는 증명 활동 사이의 관계는 단순하지 않으며, 학문적 실천과 교육 현장의 실천이 서로 다를 수밖에 없는 그럴듯한 이유들도 존재한다... 그럼에도 불구하고, 대부분의 수학교육자들은 학생들에게 기대하는 증명의 유형과 그것을 가르치는 교육적 목표가 최소한 수학자들의 실제 증명 방식에 기반을 두어야 한다고 믿는다(pp. 50-51).

이와 비슷하게, 영(Young) 또한 '힘 있는 지식'을 그 개념의 본질적 의미를 포착하는 하나의 명제로 명확히 정의하지 않는다. 그 대신, 그는

'보통은...'과 같은 표현을 사용하면서 여러 항목들을 나열하는 방식으로 이 개념을 설명한다. 하지만 그 항목들 각각은 '힘 있는 지식'을 정의하는 데 있어 필요충분조건이 아니다. 이들 항목들은 '힘 있는 지식'을 설명하는 각각 다른 차원들이다. 결국 개념 자체가 명확하지 않기 때문에, 실제 교육 현장에서 어떻게 적용해야 할지 판단하기 어렵다. 어떤 지식이 '힘 있는 지식'에 해당되고, 어떤 지식은 그렇지 않은가? 그 기준은 누가 결정하며, 어떤 지식이 정당한 지식으로 받아들여지는가?

한편으로는, 지식에 대한 이러한 질문들은 학문 자체의 역사와 관련되어 있다: 예를 들어, 불평등하고 수탈적인 식민주의 논리와 복잡하게 얽혀 있는 지리학의 역사 말이다. 또 다른 한편으로는, 이런 권력 관계가 교육과정을 구성하는 문제와도 밀접히 연관되어 있다. 학교 지리교육의 맥락에서, 어떤 지식이 '힘 있는' 것으로 인정받을지는 누가 결정하는가? 단순히 '학문적 지식'이 곧 힘이 있는 지식이라고 말하는 것은 적절하지 않다. 왜냐하면 지리학이라는 학문 자체가 워낙 방대하고 너무나 많은 논쟁이 있기 때문에, '지리학'이 보여주는 바를 참조하자는 말은 실천적으로도 모호하여 별로 도움이 되지 않는다. 잘 알려진 바와 같이, 학교 교과목으로서 지리는 훨씬 더 구체적인 목표를 지니고 있으며, 시간적・개념적 제약 역시 분명하다. 물론, 필자는 제롬 브루너(Jerome Bruner)의 다음 생각에는 동의한다: "발달 단계에 관계없이, 어떤 개념이든 정직한 방식으로 가르칠 수 있다면, 누구에게나 효과적으로 가르칠 수 있다"(Bruner, 1960, p. 33). 하지만, 현실적인 제약도 분명히 있다: 바로 시간이다. 학교에서 지리는 보통 주당 한두 시간 정도밖에 배정되지 않는다. 그런데 "자연과학과 사회과학을 넘나들면서 인문학과 퍼포먼스 아트까지 아우르는 이 방대하면서, 비정형적이고, 경이로울 정도로 다채로운 지리학"(Geoghegan et al., 2020, p. 462) 중에서, 우리는 도대체 무엇을 이 귀한 한두 시간 안에 포함시켜야 할까? 이 질문에 대해 필자는 다음 구절을 강조한다: "행하는 방식이 너무나 다양하고 복잡한" 학문인 지리학을, 우리는 어떠한 교수학습 과정과 교수법을 통해 재현할 수 있을까? 그것은 바로 "지도를 만들고, 모형을 구축하며, 비판하고, 드러내며, 탐사하고, 파헤치며, 조사하고, 측정하고, 대화하고, 함께 어울리며, 이론화하고, 분석하며, 해체하는 것이다"(p. 462). 지오게건과 그의 동료들(Geoghegan et al., 2020)은 여러 명의 지리학자들에게 '지리학이란 무엇인가?'라고 묻는 것과 관련하여 다음과 같이 말한다: "각기 다른 대답을 내놓을 것이다. 고루하면서도 세련된 지리학은 어떤 이들에게는 너무 다양해서 부담스러운 학문이고, 또 다른 이들에게는 여전히 다양성이 부족한 학문이다"(p. 462). 우리는 지오게건과 그의 동료들이 묘사했던 것에 대해 좀 더 논의할 수 있지만 동시에, 지리학의 역사를 되돌아보며 이 학문이 지닌 찬란한 면모 뒤에 드리운 그림자 또한 함께 바라볼 수 있다: 즉, 지리학은 채굴하고, 약탈하며, 지배하고, 분할하며, 규정짓고, 인종화하며, 배제하고, 타자화한다. 지리학은 해악을 끼칠 수 있는 잠재력과 동시에, 치유를 가능하게 하는 잠재력 또한 가지고 있는 것이다. '힘 있는 지식'은 학문에 대해 비판적 관점을 취하지 않음으로 인해, 교사와 학생들이 정말로 시간을 들여 배울 가치가 있는 지식이 무엇인지에 대해 논의할 여지를 마련하지 못한다. 이와 관련하여, 캐틀링(Catling)과 마틴(Martin)은 자신들의 주장이 지리교육의 맥락에서 제시되었지만, 그 주장들은 초등교육 전체에 두루 적용될 수 있다고 명확히 밝히고 있다. '힘 있는 지식'의 정의와 개념에 관한 질문에는 과목 특유의 요소들이 있다. 즉, 지리학자들은 다른 교과 전통(예: 영어, 수학)과는 다르게 답할 수 있다. 예를 들어, 지리, 영어, 수학이 '지식'을 어떻게 이해하고, 정당화하며, 말하는지를 각기 다른 관점에서 논의한 공동 연구를 참조해 보자(Puttick, Elliott, & Ingram, 2023). 하지만, 동시에, 교과를 넘어 공통적으로 적용되는 주제들도 존재한다: 예컨대, 제국의 층리(흔적)가 약탈적인 식민주의 논리와의 역사적·지속적인 얽힘 속에서 어떻게 각 교과 안에 다양한 방식으로 새겨지고, 형성되어 왔는가에 대한 문제는 모든 교과에 걸쳐 중요한 공통 주제라 할 수 있다. 학문이 지닌 '그림자'와 '빛'은 동전의 양면과 같으며, 이 둘의 역사는 서로 깊이 얽혀 있다. 하지만 경험, 특히 이러한 그림자와 관련된 경험뿐 아니라, 보다 넓은 의미의 다양한 경험들에 충분한 주의를 기울이지 않는 것은 '힘 있는 지식' 개념이 가진 한계다. 만약 이러한 한계를 극복하지 못한다면, 필자의 주장, 즉 탐구와 모험을 통해 확장하고, 경험을 통해 지리적 지식을 만들어내며, 나아가 지리적 지식을 통해 배우고 씨름하는 것을 제한하는 결과를 초래할 것이다.

지식과 경험

'힘 있는 지식' 개념이 '경험'을 평가절하하고 주변화하는 문제는, 지리교육에서 이 개념을 가장 먼저 비판한 연구 중 하나인 캐틀링과 마틴(Catling & Martin, 2011)에 의해 지적된 바 있다. 이들이 했던 비판의 핵심은 학생들과 교사들의 일상적 지식(everyday knowledges) 또한 중요하다는 것이며, 연구자들은 이러한 지식을 '생활지리학'(ethno-geographies)이라고 명명한다. 마틴(Martin)의 용어로, 생활지리학이란 다음과 같은 관점을 반영한다:

> 모든 교사와 학생은 지리학자이다. 왜냐하면, 그들 모두가 세상 속에 살아가고 있기 때문이다. 그들은 매일 같이 다양한 인문적 · 자연적 경관과 상호작용하고, 이를 해석하고 조율하면서 살아간다. 이러한 일상의 상호작용과 결정을 통해, 그들은 직접적 또는 간접적 경험을 하고, 이를 통해 가까운 세계와 먼 세계에 대해 폭넓은 지식 기반을 쌓아갈 것이다. 하지만 그들이 잘 인식하지 못할 수 있는 것은 이러한 일상적 지식들이 유용한 지리적 지식이라는 점, 그리고 바로 이 지점으로부터 깊이 있는 개념적 이해가 가능하다는 점이다(Martin, 2005, p. 291).

'힘 있는 지식'은 일상적인 경험과 지식을 지나치게 단순하게 구분한다. 하지만, 마틴은 학생들이 실제 얼마나 폭넓고 다양한 지식을 가지고 있는지를 언급하며 이 구분이 제한적임을 지적한다. 마틴은 우리가 매일 경험하는 조율, 상호작용, 결정과 같은 활동을 통해 지식이 차곡차곡 '쌓여 간다'고 본다. 주목할 점은, 이렇게 쌓인 지식은 그 자체로도 '유용한 지리적 지식'이지만, 여기서 끝나는 것이 아니라, '더 깊이 있는 개념적 이해'로 이어질 수 있는 출발점이 된다고 말한다. 이 과정은 마치 하나의 여정처럼 그려진다. 경험을 기반으로 지식이 쌓이고, 다시 그 지식이 더 깊은 개념적 이해로 발전하며, 결국 다시 그 출발점이었던 경험으로 되돌아가는 구조다. 필자는 이 경험과 지식, 개념 사이를 오가는 흐름이 매우 의미 있다고 본다. 지식이 경험에서 출발해 다시 경험의 깊이로 이어진다는 점에서, 이 여정은 단순히 일방향적인 '지식의 축적'이 아니라 순환적이고 상호작용적인 학습의 과정을 보여준다. 만약 이러한 지식의 흐름을 지도처럼 그려본다면, 아주 흥미로운 경로들이 펼쳐질 것이다. 하지만 여기서 필자가 강조하고 싶은 것은, 그 여정을 구성하는 '연결들'이다. 경험, 지식, 이해, 개념이라는 요소들이 학생들의 학습 여정 속에서 어떻게 서로 연결되어 있는지를 인식하는 관점 즉, 서로 얽히고 상호작용하는 방식으로 보는 시각이 중요한 것이다. 이러한 관점은, 경험과 지식을 서로 분리된 것처럼 날카롭게 구분하려는 마이클 영(Michael Young)의 시각과는 전혀 다른 방향의 접근이다. 한편, 영과 동료들은 한 발 더 나아가, 경험을 단순히 수동적인 것으로 보는 데 그치지 않고 학생들이 다음과 같이 '끊어내야 할 것'처럼 부정적으로 규정한다:

> 우리는 학생들에게 자신이 가진 과거의 경험으로부터 벗어날 수 있는 경험을 제공하는 학교, 칼리지[역자주: Further Education College 라고 하며, 만 16세 이상의 학생들을 대상으로 고등교육 준비 및 직업 자격 과정을 제공하는 대학 입학 이전의 전문 교육 기관으로 우리나라의 전문대학과는 다르다], 대학을 가지고 있다. 이들 기관은 지식과 *지식기반* 교육과정을 학생들에게 제공할 수 있다고 생각한다(Young et al., 2015, p. 20).

이러한 지식이 학습되는 장소-학교, 칼리지, 대학교-는 그 자체로 특정한 성격을 지닌 제도화된 공간들이다. 그리고 바로 그 장소들에서 이루어지는 지식과의 관계 맺기는 공간에 뿌리내린 경험이며, 그 안에는 장소적 맥락이 담겨 있다. 이는 '힘 있는 지식'이 주장하는 '장소상실'(placeless)의 객관적 지식과는 뚜렷한 대조를 이룬다.

영과 그의 동료들은 지식의 대비되는 개념으로 '경험'을 정의하면서 다음과 같이 말한다: "경험은 그냥 경험일 뿐이다-경험은 곧 우리 자신이다"(p. 18). 이러한 표현에는 수동적인 의미가 강하게 담겨 있다. 이러한 관점에서는 경험이 '그냥' 주어지는 것, 단순히 받아들이는 것에 불과하다. 이는 마틴이 말한 경험의 정의, 즉 조율하고, 상호작용하며, 결정하는 능동적 행위들로 구성된 경험과는 전혀 다른 시각이다. 또한, 경험이 곧 '우리 자신'이라는 등식은 환원주의적 혹은, 결정론적 시선이 깔려 있다. 이 말은 마치, 우리는 그저 우리가 겪은 일의 총합에 불과하다는 식이다. 하지만 필자는 우리는 단지 우리의 '경험' 그 자체가 아니라 그 이상의 무엇이라고 말하고 싶다. 우리를 진정 형성하는 것은, 우리의 경험 자체라기보다는 그러한 경험들에 우리가 '어떻게 반응했는가'이다. 영과 그의 동료들의 관점에서 경험은 수동적인 것으로 규정되는 반면, 지식은 언제나 능동적이며, 노력의 산물로 그려진다. 이와 관련하여, 그들은 다음과 같이 주장한다: "힘 있는 지식을 습득하는 데는 언제나 많은 헌신과 노력이 필요하다"(p. 18). 그리고 이어서, "가치 있는 모든 것과 마찬가지로, 지식은 단지 공유되는 것에 그치지 않는다. 그것은 투쟁 속에서 얻어내야 하며, 그 지식을 만들어낼 때와 다름없는 수준의 노력이 필요하다"(p. 18). 하지만, 이 주장은 항상 그런 것은 아니다. 예를 들어, 에베레스트 산의 높이를 아는 데 그걸 측정했던 사람들만큼의 헌신이나 노력이 필요하지 않다. 또 다른, 더 흔한 예로 말하자면, 책을 읽는 것과 책을 쓰는 것은 시간과 노력이 전혀 다른 수준을 요구하는 일이다(물론, 지금 이 글을 읽고 있는 독자들에게는 꼭 그렇지 않을 수도 있다고 생각한다!). 일상적 경험과 '힘 있는 지식' 간의 근본적인 차이를 강조하기 위해, 영과 그의 동료들은 도시-런던을 사례로-에 대한 경험과 지식을 예로 든다:

> 학생들이 도시라는 '개념'과 맺는 관계는, 그들이 실제로 살고 있는 도시 런던과의 '경험적' 관계와는 달라야 한다. 지리 교사가 말하는

> 런던과 학생들이 살아가는 런던을 혼동하지 않는 것이 중요하다. 물론 어느 정도는 동일한 도시일 수 있지만, 두 상황에서 학생들이 그 도시와 맺는 관계는 본질적으로 다르다. 학생이 살아가는 런던은 '경험의 장소'이며, 지리 수업 속의 런던은 '사유의 대상' 즉 '개념'(concept)이다(p. 98).

이글스톤(Eaglestone)은 도시인 런던과 같은 지리 개념을 연극, 햄릿(Hamlet)과 같은 문학 연구 용어로 바꾸어 설명함으로써, 학문이자 교과인 영어과 수업 맥락에서 "[힘 있는 지식이라는 개념이] 문학에 있어 얼마나 이상한 것인지" 보여준다(p. 16). 그는 다음과 같이 주장한다: "문학을 경험으로 보는 관점과 '교실의 대상'으로 보는 관점을 나누는 것은 말이 되지 않는다... 물론, 연극을 공부한다는 것은 당연히 학생의 지식을 발전시키고 심화시키지만, 그 지식은 연극을 보고 읽는 경험에서 출발하는 것이다"(p. 16). 이러한 주장은 지리교육에도 똑같이 적용될 수 있다. 도시는 단순히 개념적으로 이해되기 전에, 무엇보다 먼저 경험되고 읽혀야 할 대상이라는 중요한 관점이 있다. 즉, 도시를 하나의 추상으로, 텍스트(text)로 읽는 방식이다(Jazeel, 2021). 자질(Jazeel)의 포스트식민주의적 도시 연구는 스피박(Spivak), 차크라바르티(Chakrabarty) 등의 사유를 따라, 각 도시의 고유성과 특수성에 충실한 지방화의 관점에 주목한다. 그가 한 비판의 핵심에는 다음과 같은 관점이 있다: 도시는 "각각의 차이가 지닌 고유성"에 충실한 방식으로 읽혀야 한다는 것이다(p. 661). 도시에 대한 지식은 맥락 없이 일반화된 개념들 속에만-주로-존재하는 것이 아니다. 따라서, 도시를 개념화하는 기존의 방식에 대한 비판은 여러 갈래에서 제기된다. 예를 들어, 도시를 텍스트로 본다는 관점은, 이글스톤(Eaglestone)의 표현을 빌리자면 다음과 같은 의미를 담고 있다: 도시에 대한 지식은 '개인의 경험 속에 있고, 그 경험으로부터 비롯되는 것이다'. 도시란 그 자체로 고정되고 정적인 '무언가'가 아니다. 오히려, 도시는 주민들의 삶-특히 그 안에 살아가는 청소년들의 삶-과 분리되어 존재하지 않으며, 그들의 관계, 상호작용, 경험을 통해 끊임없이 생산되고 구성되는 공간이다. 이 말은 학생들이 도시에서 겪는 '경험'은 도시와 분리된 어떤 것이 아니라, 어떤 의미에서는 '학생들 자신의 경험'이 곧 도시 그 자체이기도 하다는 뜻이다. 물론, '도시'를 바라보고 이해하고 분석하는 방식에는 분명 여러 가지가 존재한다. 따라서, 어떤 하나의 방식만을 우선시해야 할 필연적인 이유는 없어 보인다. 도시와 도시에 대한 지식을 그곳에서 살아가는 학생들의 경험과는 분리된 어떤 독립적인 대상으로 개념화하려는 것은 일종의 환원주의적 과학주의라고 할 수 있다. 그러나 이러한 지식이 생산되고 연결되는 장소들 자체가 그 지식의 내용과 형태를 형성하는 중요한 역할을 한다.

장소 속의 지식

지식을 정의하는 데 따르는 어려움은, 마이클 영(Young)이 지식에 대해 광범위하게 논의하면서도 이를 주로 부정적으로 정의하고 있다는 점에서 잘 드러난다. 그의 관점에서 '힘 있는 지식'은 경험이 아니며, '의견이나 상식'도 아니다. 또한, 그는 지식을 일련의 속성에 기반하여 정의하기도 한다. 즉, 지식이란 사람들에 의해 생산된 것이며, 시간에 따라 변화하고, 앞으로도 계속 발전해 나갈 것이라는 점에서 규정된다. 저서, 『지식과 미래 학교』(*Knowledge and the Future School*)에서, 영(Young)과 그의 동료들은 다음과 같은 입장으로 논의를 시작한다:

> 교육자로서 우리는 반드시 다양한 유형의 지식을 구분해야 한다. 특히, 학생들이 학교에 가지고 오는 지식과 교육과정을 통해 새롭게 접하는 지식 말이다. 이러한 구분은 어려운 전문성을 요구하는 것도 아니고, 이 책의 독자들에게도 전혀 생소한 논점은 아닐 것이다. 그럼에도 불구하고, 이러한 입장은 교육계에서 너무나도 자주 가볍게 무시되곤 한다(p. 14).

이 발췌문은 '힘 있는 지식' 담론이 얼마나 논쟁적인 방식으로 제시되고 있는지를 잘 보여준다. 이에 대해, 우리는 다음과 같이 질문할 수 있다: 도대체 누가 지식을 무시하고 있다는 말인가? 어떤 교육학자들이 그런 주장을 '너무나도 자주' 무시했다는 것인가? 하지만 이들의 글에서는 자신들의 주장을 뒷받침할 인용이나 구체적인 언급이 없으며, 따라서 이들이 비판하고 있는 대상이 누구인지 파악하기가 어렵다. 영과 그의 동료들(Young et al., 2015, p. 17)의 주장, 즉 '지식과 경험은 명확히 구분되어야 한다'는 입장도 문제가 있다. 그들은 지식을 *보편적인* 것으로 보고, "상식과는 달리, [지식]은 결코 '주어지는 것'이 아니며, *결코* 특정한 맥락에 얽매여 있지도 않다"라고 말한다(p. 17). 하지만, 여기서 사용된 '*결코* 특정한 맥락에 얽매이지 않는다'는 식의 단정적 언어는 오히려 그들이 주장하려는 바를 약화시키는 역효과를 낸다. 이에, 우리는 되묻게 된다: 과연 어떤 지식이 맥락에 전혀 얽매이지 않을 수 있는가? 맥락에 '얽매인다'는 것은 정확히 무슨 뜻인가? 잘 알려진 바와 같이, 지리학에는 지식의 장소성과 '상황 맥락성'을 탐구해 온 강력한 연구 전통이 존재한다. 이러한 전통은 지식을 어디에도 속하지 않는 시각으로 간주하는 관점에 반대하며, 다음과 같은 잘못된 믿음을 비판한다: 즉, "지식이 형식화되고 코드화될 수 있기 때문에, 곧 탈맥락화될 수 있다"는 오해 말이다(Rutten, 2017, p. 161). 최근의 기후 모델에 대한 논의 사례는 지식의 상황 맥락성과 탈맥락화 가능성에 관한 위 주장들을 잘 보여준다. 기후변화에 관한 정부 간 협의체(Intergovernmental Panel on Climate Change, 이하 IPCC)는 기후변화와 관련된 과학적 지식을 평가하는 유엔 산하 기구이다**(주2)**. 1988년에 설립된 IPCC는 지금까지 기후변화에 대한 과학 공동체의 방대한 최신 연구 성과를 종합하고, 요약하며, 소통해 왔다. 2021년에 발표된 IPCC 제6차 평가보고서(AR6) 중 '기후변화의 물리학적 근거'(physical science basis) 부분만 해도 동료 심사를 거친 13,500개의 논문을 포함하고 있다. 이는 앞서 언급한 '놀라울 정도로 방대한' 연구 집적량을 수치로 보여주는 대표적 사례다. IPCC는 현재 195개국이 회원국으로 참여하고 있으며, 수천 명의 과학자들이 자신들의 시간과 전문성을 자발적으로 제공하고 있다. IPCC 보고서는 다음과 같은 목적을 위해 출판되고 있다: "기후변화의 원인, 영향, 그리고 미래 위험성에 대해 현재까지 알려진 바를 종합적으로 요약하고, 적응 및 완화 전략이 이러한 위험을 어떻게 줄일 수 있는지를 설명하는 것"이다. 또한 그 작성 과정은 "개방적이고 투명하다"라고 기술되어 있으며, 이로 인해 "객관적이고 완결된 평가"가 이루어진다고 주장된다. 문제는 이것이 과연 '상황 맥락과 무관하게 궁극적으로 힘 있는 지식'의 사례라고 말할 수 있을 것인가?

IPCC 보고서를 통해 우리는, IPCC가 국가 간·학제 간의 전례 없는 협력 사례를 통해 기후변화에 대한 인류의 이해와 대응에 매우 중요한 역할을 해 왔음을 알 수 있다. 하지만, 그럼에도 불구하고, 그 속에서 생산되는 지식을 상황 맥락과 무관한 것으로 묘사하는 것은 오해를 불러일으킨다. 왜냐하면, 모든 지식은 그 자체로 '지식 생산의 지리'를 갖고 있기 때문이다. 즉, 지식은 사람, 장소, 네트워크, 제도, 규범, 과정 등 다양한 요소들이 복잡하게 얽힌 사회-공간적 역학 속에서 만들어진다. 이러한 모델이나 보고서 또한 '어디에도 속하지 않는 시각 혹은 어디서나 통용되는 보편적 시각'을 제공한다고 보기보다는, 오히려 '어디선가 출발한 시각'을 생산하는 것으로 이해하는 것이 바람직하다(Borie et al., 2021). 예를 들어, 포드와 그의 동료들(Ford et al., 2012)은 IPCC 제5차 평가보고서(AR5)에 대한 논의에서, 각 장의 '집필진'이라는 간접 지표를 분석함으로써 토착의 지식・이해・목소리가 이 보고서에서 얼마나 제한적인 역할을 수행했는지를 검토하였다. 그 결과, 기후변화와 토착 집단에 관한 연구를 수행한 저자가 전체의 단 2.9%에 불과하다는 사실을 발견하고, 앞으로는 전문성을 가진 토착 저자들과 검토자들을 더 많이 포함해야 한다고 제안하였다. 포드와 그의 동료들은 보고서의 저자 구성을 다양화하는 것이 중요함을 강조하면서, 이러한 조치는 "기후변화와 정책 개입에 대한 우리의 이해를 확장시키는 데 도움이" 된다고 강조한다(p. 201). 실제로, 이러한 지식의 확장은 반드시 필요한데, 왜냐하면, 기후변화의 특정 분야에 대한 지식 상태를 검토하고 평가하는 과정이 저자들이 지닌 '학문적 훈련, 전공 배경, 그리고 위치성'에 의해 크게 영향을 받기 때문이다. 이러한 저자 집단은 실제 다음과 같은 중요한 결정들을 내린다: "어떤 연구를 포함할지 혹은 제외할지, 각 주제에 얼마나 많은 분량을 할당할지, 지식을 어떤 구조로 구성할지, 상충되는 주장을 어떻게 다룰지, 그리고 글쓰기의 문체와 언어는 어떻게 할지까지 결정한다"(Ford et al., 2016, p. 349). AR6(기후변화에 관한 정부 간 협의체 제6차 평가보고서)에 포함된 13,500개의 인용문 중 99.95%는 영어로 작성되었으며, 이들 연구의 75%는 적어도 한 명 이상의 저자가 영국 또는 미국에 소속된 연구였다**(주3)**. 보리와 그의 동료들(Borie et al., 2021)은 이 논의에서 한발 더 나아가, IPCC와 IPBES(생물다양성과 생태

계서비스에 관한 정부 간 과학-정책 플랫폼)가 생산해 낸 개념적 틀, 시나리오, 합의 과정을 분석하였다. 그들의 분석에 따르면, IPCC는 "수학적 모델링에 의존해 전 지구적 기후변화에 대한 합의된 그림을 제시함으로써 '어디에도 속하지 않는 시각'"을 제시하고자 하는 경향을 보인다. 반면, IPBES는 "상충되는 개념 틀과 논증 방식을 병렬적으로 구성하여, 인식론적 다양성을 인정하고, 장소 기반의 다양한 지식들을 더욱 집합적으로 통합하는 글로벌 방식의 그림으로 '모두의 시각'"을 지향하는 것으로 보인다(p. 67). 하지만, '어디에도 속하지 않는 시각'이든, '모두의 시각'이든, 이러한 지향들 모두 결국은 특정한 장소, 즉 '어디선가'로부터 벗어날 수 없다. IPCC와 IPBES 모두 "'어디선가 출발한 시각', 즉 위치성 있는 지식을 제공하는데, 이 지식은, 정치적·인식론적 투쟁의 흔적이 남아 있고, 특정한 권력을 가진 행위자들의 이해관계, 우선순위, 목소리에 의해 형성된 특징을 갖는다"(p. 67).

이처럼 '힘 있는 지식'의 궁극적인 사례, 즉 수천 명의 세계적 전문가들이 참여한 국제적 규모의 종합에 대한 분석 사례는, 지식 자체에 대해 전혀 다른 차원의 질문들을 제기하게 만든다. 즉, '저자로 누가 포함되는가', 그리고 '이 저자들이 다시 누구를 인용하는가'에 관한 질문들은, 앞서 제기된 권력 관계에 관한 근본적인 문제들, 즉 '누가 말할 수 있는 권리를 갖는가', '누가 대표되는가', '어떤 지식이 정당한 지식으로 인정받는가'라는 질문으로 다시 이어진다. 그리고 이러한 문제제기를 한다는 것은 곧 영과 그의 동료들(Young et al., 2015)의 주장, 즉 지식은 결코 특정한 맥락에 얽매이지 않는다는 주장에 대한 한 가지 비판으로도 연결된다: 실제로, 지식은 언제나 특정한 맥락 속에서 생산된다. 이러한 관점에서, '지리적 탐험의 회복'이라는 이 책의 핵심아이디어는 지리적 지식이 누구에 의해, 어디에서 만들어졌는지를 재고하는 일을 포함한다.

(힘 있는) 지식, 진리, 신념 그리고 두려움

지식이 '상황 맥락성'을 지닌다는 주장과 관련하여, '힘 있는 지식' 담론을 주장하는 사람들은 종종 상대주의(relativism)에 대한 우려를 드러낸다(Wrigley, 2017). 만약 지식이 특정한 장소에서, 특정한 사람들에 의해 구성된 것이고, 그 지식이 그 장소의 흔적과 조건을 담고 있다면, 과연 우리는 무엇을 '확실'하게 안다고 말할 수 있을까? 만약 다른 곳에서 지식이 만들어졌다면 전혀 다른 지식이 되었을 것 아니냐는 회의가 생기고, 결국 우리는 허공을 붙잡는 듯한 불확실성 속에 빠지게 되는 것은 아닐까? 이러한 불안을 바탕으로, 상대주의의 유령-혹은 맥락에 따라 '포스트모더니즘'이라는 이름의 허수아비[역자주: 과장된 공포의 대상]-은 종종 객관성과 확실성에 대한 주장들 뒤편에서 불안하게 돌아다닌다.

영과 그의 동료들(Young et al., 2015)은 다음과 같은 말을 통해, 지식은 오류가 있을 수 있다고 주장한다: "어떤 것이 아무리 참일지라도, 그것은 우리가 아는 한에서의 진리일 뿐이다"(p. 17). 이 진술에서 '참'이라는 단어가 어떻게 정의되고 있는가라는 문제는 차치하더라도, 다음 이어지는 그들의 논의는 주목할 필요가 있다: "이러한 개방성이야말로, 이 책에서 말하는 지식과 우리의 일상 경험을 구분 짓는 요소이며, 그것이 곧 지식이 자유와 연결되는 근원이기도 하다. 지식은 언제나 새로운 가능성을 열어준다..."(p. 17). 하지만, '일상의 경험'에 오류가 없다고 믿는 사람은 없을 것이라는 점에서, 이를 전제로 한 주장은 설득력이 떨어진다. 문제는, 이러한 종류의 허수아비 논리는 자주 등장하며, 예컨대 지식을 문제시하거나 회피하는 허구의 교사들을 설정하는 방식으로 표현된다: "[지식]을 습득하는 것이 왜 그렇게 문제적이고 논란을 불러일으키는 것으로 여겨져서, 많은 교사들이 지식에 대한 질문 자체를 회피하려는 걸까?"(p. 15). 저자들은 이어지는 주장에서는 아무런 증거 없이 다음과 같은 일반화를 시도한다: "교사들 사이에는 '지식에 대한 일종의 두려움'이 자주 존재한다"(p. 17). 필자가 이러한 예시들을 강조하는 이유는, '힘 있는 지식' 담론 자체에 대한 더 근본적인 비판을 전개하기 위함이다. 즉, 이 비판은 대안적 관점이나 타인의 사고방식을 의도적으로 공포의 대상으로 만들어내는 수사적·단정적 방식에 지나치게 의존하는 태도에 대한 문제 제기다. 한편, 충분히 비중 있게 다뤄지지는 않았지만, 지식과 신념 사이의 또 다른 대조가 제시되며, 위에서 제기한 문제의식을 잘 보여준다: "우리는 복잡한 세계를 살아가기 위해 지식이 필요하다. 그러나 우리는 지식만으로 살 수 없다-우리는 자신이 가치 있다고 여기는 신념에 따라 살아간다. 그 신념은 종교적 믿음일 수도 있고 아닐 수도 있다"(p. 18). 이어서 저자들은 종교와 관련한 주장에 좀 더 설명을 덧붙인다:

> 이 책에서 사용하는 의미에서 보자면, 종교적 관념은 지식으로 간주되지 않는다. 하지만 그것들은 사람들이 삶을 살아가는 하나의 가치 체계이기도 하다. 교육자로서 우리는, 비록 그 신념을 공유하지 않더라도, 그러한 믿음과 가치를 존중해야 한다(p. 18).

이 문장은 영(Young)이 지식을 어떻게 정의하고 활용하는지를 흥미롭게 보여준다. 특히, 그는 다른 곳에서는 '목소리'나 탈식민주의적인 지식 비판을 무시하거나 배제하면서, 자신의 지식 개념을 강조하는 경향이 있다. 이런 맥락에서 '힘 있는 지식'을 정의하는 방식에는 개념적으로 문제가 많다는 점이 다시 드러난다. 특히, 진리와 지식의 개념을 다룰 때, 그들이 제시하는 지식의 정의가 모순되거나 불완전하게 느껴지는 지점들이 있다는 것이다.

> 지식과 마찬가지로 진리라는 말도 어려우면서 종종 오해되는 개념이며, 물론, 여기서 우리가 말하는 진리는 절대적인 의미의 진리가 아니다. 우리가 말하는 진리는, 학생이 자신의 나이와 발달 수준에 따라 이해할 수 있는 최선의 진리이다. 그리고 진리는 지식처럼 여러 유형으로 나뉠 수 있으며, 과학적 진리, 미적 진리, 도덕적 진리, 실용적 진리 등 다양할 수 있다. 교사로서 우리가 학생들에게 어떤 활동이나 과제를 제시할 때, 그것이 '진실된' 결과로 이어지거나 기존의 생각에 도전하는 성격을 가져야 한다는 인식이 필요하다. 그것은 한 편의 시가 될 수도 있고, 역사 사료일 수도 있으며, 화학 원소의 성질일 수도 있다(p. 26).

여기서 '절대적 진리'라는 유령은 조심스럽게 회피되고 있으며, 진리를 '오해하는' 익명의 타인들이 막연히 간접적으로 언급되었다가, 곧바로 논의에서 벗어나게 된다. '절대적 진리는 아니다'라는 식의 부정적인 정의 방식은 개념적 명료성을 오히려 제한하는 듯 보인다. 예로 제시된 시, 역사 사료, 화학 원소의 성질이라는 사례는 각각의 교과 전통에서 진리에 접근하는 고유한 방식-즉, 사고방식, 정당화 방식, 특정 이해를 받아들이는 기준, 어떤 질문이 탐구할 가치가 있는지에 대한 판단 기준-을 반영한다. 이제 필자는 인기 대중서인 『지리의 포로들』(*Prisoners of Geography*)에서 제시된 지식 이해 방식에 대해 지리학적 관점에서 비판을 전개하고자 한다[역자주: 한국에서는 『지리의 힘』으로 번역되어 출판되었으나, 이 책에 대한 푸틱(Puttick)의 비판적 입장을 고려하여 『지리의 포로들』로 번역하였다].

『지리의 포로들』 비판하기

『지리의 포로들』은 다음과 같은 문장으로 시작한다:

> 블라디미르 푸틴은 자신이 종교적인 사람이며 러시아 정교회의 열렬한 지지자라고 말한다. 그렇다면 그는 매일 밤 잠자리에 들며 기도를 올릴 때 이렇게 하나님께 물을지도 모른다: '왜 우크라이나에 산맥을 만들어주시지 않았습니까?'
>
> 만약 하나님이 우크라이나에 산맥을 만들어두셨더라면, 북유럽 평원이라는 광활한 평지가 러시아를 반복적으로 침공하기에 그토록 매력적인 지역이 되지 않았을 것이다. 그러나 지금 상황에서 푸틴에게는 선택의 여지가 없다. 그는 최소한 서쪽의 평야 지대를 통제하려고 시도할 수밖에 없다(Marshall, 2016, p. ix).

'푸틴에게는 선택의 여지가 없다'. 바로 이 문장이야말로 필자가 『지리의 포로들』을 비판하는 핵심 이유다. 이 문장은 잘못된 주장이다. 왜냐하면, 인간-푸틴을 포함한-은 언제나 선택할 수 있는 존재다. 물론 그러한 선택은 단순하지 않다. 인간의 선택은 다층적이고 복잡하며 상호 충돌하는 요인들, 즉 지형적, 심리적, 도덕적, 영적, 정서적, 기후적, 관계적, 이념적 요인 등과 얽혀 상호 작용한다. 하지만, 그럼에도, 사람에게는 언제나 선택지가 존재해 왔다. 지리학의 경이로움 중 하나는 바로 이 방대한 관계성, 네트워크, 차원, 구조, 행위자를 탐색하고, 지도화하고, 분석하고, 해체해 왔다는 데 있다. 지금까지 많은 지리 프로젝트들은 사람, 기술, 환경, 인간 너머의 행위자들, 개념, 이론, 재현 등의 요소들이 어떻게 시공간을 구성해 내는지를 탐구함으로써 깊이 있고 흥미로운 통찰을 제공해 왔다. 필자는 『지리의 포로들』이라는 특정한 책의 내용-즉, 환경결정론적 사고를 조장하는 방식-에 논의를 집중하고 있다. 하지만, 더 넓은 의미에서 이 논의는 지리학적 분석이 어떻게 다른 대중 지리서들을 비판적으로 읽고 해석하는 데 창조적 도구로 작용할 수 있는지에 관한 것이다. 세상과 그 안의 사람들, 문화, 자연, 공동체를 지나치게 단순화하여 설명하려는 책들에 대해, 우리는 지리학이라는 학문적 관점을 적용함으로써 오히려 생산적인 방식으로 활용할 수도 있다는 것이다.

3장에서 논의했던 매킨더(Mackinder)의 기만은, 축소 불가능한 복잡성을 가로질러 거대하지만 환원적이고 인종차별적인 이야기를 전 세계적 스케일로 펼침으로써 마치 대단한 야망과 사유의 심오함을 담은 듯한 인상을 준다. 하지만, 이는 일종의 기만 행위이다. 왜냐하면 지정학, 인구 분포, 인간-자연 관계는 이보다 훨씬 더 복잡하기 때문이다. 노골적인 인종차별이나 제국 건설을 차치하더라도, 매킨더의 지리학적 프로젝트는 지나치게 단순화되어 있다. 필자가 말하고자 하는 바는, 『지리의 포로들』이 매킨더의 지리적 상상력과 강하게 맞닿아 있는 환경결정론을 되풀이하고 있으며, 그로 인해 동일한 유형의 과도한 단순화라는 문제를 안고 있다는 것이다. 물론, 경관은 중요하다. 산맥의 존재-혹은 부재-는 중요한 부분이다. 그러나 영향을 미치는 것은 산맥을 너머 매우 다양하며, 그 중요성 또한 마샬(Marshall)과 매킨더가 상상하는 방식으로만 작동하지 않는다. 마샬과 매킨더는 경관의 생성에 있어 재현(representation)이 수행하는 기능을 과소평가하고 있다. 즉, 산은 단지 거기 있는 객관적 사실만이 아니다. 또한 산은 인식론적 대상이기도 하며, 집단적인 의미 형성 과정을 통해 구성되는 방식으로 존재한다. 맥팔레인(Macfarlane, 2003)이 말했듯이:

> 우리가 산이라고 부르는 것은 사실, 실제 세계의 물리적 형태와 인간의 상상력이 협력해 만들어낸 결과이다-즉, 마음속의 산이다... 산은 단지 지리적 우연에 불과하지만... 동시에 인간의 인식이 만들어낸 산물이기도 하다: 산은 오랜 세월에 걸쳐 상상을 통해 존재해 온 것이다(p. 19).

산은 단순히 지도 위의 선이 아니다. 왜냐하면 경관에 대한 재현, 즉 상상력을 통한 구성이 매우 중요하며, 우리가 경관을 묘사할 때 사용하는 형용사나 은유는 강력한 힘을 가지기 때문이다. 이 책『지리의 포로들』은 인간과 경관 사이의 관계를 묘사하면서, 마치 경관이 인간을 가두는 감옥처럼 그려낸다. 이러한 서사 속에서 인간은 거의 아무런 행위능력(agency)(이에 수반되는 자유, 존엄, 책임)을 갖지 못한 존재로 묘사된다. 이 책은 대중의 눈길을 끌기 쉽고 그래서인지, 판매에도 성공했을지 모른다(내가 옥스팜[역자주: Oxfam은 빈곤과 불평등 해소를 위한 국제 비정부기구로, 1942년 영국에서 설립되었다]에서 산 책 표지에는 '선데이 타임즈 선정 베스트셀러, 글로벌 베스트 셀러'라는 문구가 붙어 있었다). 그러나 이 책이 제시하는 아이디어는 지나치게 협소하며 위험할 정도로 오해를 불러일으킬 수 있는 주장이며, 이는 현대 지리학의 이해 방식이나 분석과는 거리가 먼, 오래된 환경결정론의 유산이다. 필자가 이 책의 아이디어가 '위험할 정도로'라고 표현하는 이유는, 다음 절의 논의처럼, 누가 '진정' 이곳 출신인가에 대한 이 가정들이 인종차별주의, 외국인 혐오와 긴밀하게 연결되어 있기 때문이다.

진짜 어디에서 왔나요?

우리는 지금 2021년의 버킹엄 궁전에 있다. 응고지 풀라니(Ngozi Fulani)는 젠더 폭력에 대한 인식을 높이기 위한 행사에 초청되었다. 그녀는 아프리카계 여성과 소녀들이 겪는 가정 폭력을 지원하는 자선단체 '시스타 스페이스'(Sistah Space)의 대표 자격으로 참석한 것이다**(주4)**. 여기서 알아두면 좋은 배경 정보가 있다. 풀라니는 런던 출신이다. 그녀는 브렌트(Brent)에서 태어나 킬번(Kilburn)에서 자랐고, 사우스 킬번 고등학교(South Kilburn High School)를 다녔다. 해크니(Hackney) 지역에 있는 칼리지에 다녔으며, 이후 런던대학교 소아스(SOAS)에서 학사와 석사 학위를 취득했다[역자주: SOAS는 1916년에 설립된 인문·사회과학 중심의 특수대학으로, 아시아, 아프리카, 중동 지역 연구에 특화된 대학이다]. 풀라니의 삶은 말 그대로 런던이라는 도시와 깊이 연결되어 있다. 다시, 버킹엄 궁전으로 돌아가 보자. SOAS에서 불과 2마일, 그녀가 태어난 곳에서는 8마일도 채 떨어지지 않은 거리에서, 풀라니는 당시 엘리자베스 여왕의 궁정 '시녀'였던 수전 허시(Susan Hussey)와 마주한다. 당시 허시는 풀라니에게 반복해서 묻는다: "당신은 '진짜로' 어디서 왔나요?"**(주5)** 이 대화는 아래에 풀라니가 서술한 바와 같다**(주6)**. 허시는 이 내용을 부정하지 않았고 공식적으로 사과한 뒤 사임했다. 대화문에서 SH는 수잔 허시, NF는 응고지 플라니를 의미한다:

SH: 어디서 오셨어요?

NF: 시스타 스페이스(Sistah Space)에서요.

SH: 아니요, 그러니까 어디서 왔느냐고요?

NF: 저는 해크니(Hackney)에 생활 기반을 두고 있어요.

SH: 아니, 아프리카 어느 나라 출신이냐는 거예요?

NF: 잘 몰라요. 기록이 남아 있지 않아서요.

SH: 글쎄요, 당신은 분명 어디서 왔는지 알고 있을 텐데. 저는 프랑스에서 지냈었어요. 도대체 어디서 오셨냐고요?

NF: 여기요, 영국이요.

SH: *아니요*, 국적이 뭐냐구요?

NF: 저는 여기 런던에서 태어났고 영국인이에요.

SH: 아니요, 진짜 어디서 왔어요. 당신 '사람들'은 어디서 왔나요?

NF: '제 사람들'이라니요, 그게 무슨 뜻이죠?

SH: 아, 당신 입에서 고향을 듣는 게 쉽지 않겠네요. 처음 이 나라에 온 게 언제죠?

NF: 부인! 전 영국 국적자입니다. 저희 부모님은 1950년대에 이곳으로 오셨고요...

SH: 아, 결국 알아냈네요. 당신은 카리브 출신이군요!

NF: 아니에요, 저는 아프리카 혈통이고, 카리브계 후손, 그리고 영국 국적을 가진 사람입니다.

SH: 아, 그러니까 당신은...

허시가 던진 일련의 질문들 뒤에 깔린 주요한 전제 중 하나는, 한 사람의 외모에는 그 사람이 특정한 장소와 명백하게 연결되어 있다는 가시적인 표식이 존재한다는 믿음이다. 당신은 여기 사람이 아니라는 질문, 그럼 언제 처음 이곳에 왔냐는 질문들에서 가장 분명하게 사용되는 표식은 바로 '피부색'이다. 이와 관련하여, 폴 길로이(Paul Gilroy, 2002)가 자신의 책 제목을 다음과 같이 정한다: 『영국 국기에는 흑인이 없다』(*There Ain't No Black in the Union Jack*). 이 책에서 그는:

> 초기 세계 인권 문화는 짧은 시간 안에 많은 성과를 이루어냈지만, 그 고귀한 이상과 세계시민적 정의 개념에 도전하면서 동시에, 무시할 수 없는 기준이라 말할 수 있는 식민 지배와 인종차별의 중요성에 대해서는 항상 인식하지는 않았다(p. xv).

이른바, '버킹엄 궁전 사건'(Buckingham Palace Incident)으로 알려진 위의 사례는 이러한 문제를 슬픈 역설과 함께 보여준다. 젠더 기반 폭력에 대한 인식을 제고하겠다는 고상한 의도는 '식민 지배나 인종차별이 지니는 중요성'을 인식하지 못한 채 무너진다. '당신은 정말 어디 출신인가?'라는 질문은 그 순간, 교묘하게 숨어 있던 인종과 국가에 대한 무의한 전제들을 수면 위로 끌어올린다.

『지리의 포로들』에서도 이와 유사한 문제가 발견된다. 즉, 유럽의 '전통적인 백인'과 '토착 인구'에 대한 묘사에 있어서, 인간 집단과 국가를 획일적이고 정적인 존재로 보는 전제가 다음과 같이 드러난다:

> 유럽의 전통적인 백인 인구는 점점 고령화되고 있다. 인구 통계 예측에 따르면, 유럽의 인구 구조는 역피라미드 형태가 될 것으로 보이는데, 이 형태는 피라미드의 상부를 차지하는 노년층 인구는 많고, 아래를 차지하면서 노년층을 부양하고 세금을 낼 청장년층 인구가 부족한 구조이다. 하지만 이러한 예측에도 불구하고, 이전까지 '토착 인구'였던 이들 사이에서는 반이민 감정이 여전히 강하게 유지되고 있다. 그들은 자신들이 성장해 온 세상이 빠르게 변해가는 현실에 적응하지 못하고 있다(Marshall, 2016, p. 108).

필자는 "전통적인 백인 인구"와 "토착 인구"라는 표현에 굵은 네임펜으로 대형 인용 표시('엄청나게 큰 따옴표')를 쳐야 한다고 생각한다.

도대체 '토착'이라는 말의 뜻이 무엇인가? 이 표현이 유럽 사람들을 설명하는 데 적절한 표현일까? 잉글랜드의 예와 관련하여, 우리는 앞서 논의했던 매킨더(Mackinder)의 인종 이데올로기와 '순수한 영국 혈통'이 홈 카운티스[역자주: Home Counties는 런던 인근의 전통적 중심 지역]에 집중되어 있다는 주장으로 다시금 되돌아가게 된다. 영국인들이 스스로를 '섬나라 민족'이라 인식하게 된 데에는, 자신들이 지리적으로 분리된 섬에 살고 있다는 인식이 큰 역할을 한다:

> 지리적으로 보면, 영국인은 좋은 위치에 있다. 비옥한 농지, 적절한 강, 풍부한 어장과 바다에 대한 우수한 접근성, 유럽 대륙과는 무역할 만큼 가깝지만 동시에 섬나라 민족이기에 보호받을 수 있다-전쟁과 혁명이 이웃 나라를 휩쓸 때, 영국은 종종 자신의 지리적 조건에 감사를 표했던 시기가 있었다...(p. 105).

2011년 인구조사 이후, '토착민'이라는 용어를 둘러싼 공적 논의가 더욱 확산되었다. 이는 폴 콜리어(Paul Collier)가 2011년 잉글랜드 인구조사 결과를 왜곡하여, 런던에서는 이제 "토착" 영국인이 소수 집단이 되었다고 주장하면서 촉발되었다**(주7)**. 하지만 이는 사실을 왜곡한 것인데, 왜냐하면 실제로 인구조사에 따르면 런던 인구의 63%는 잉글랜드에서 태어난 사람들이었다**(주8)**. 통계적 사실 왜곡과는 별개로, 콜리어가 사용한 '토착민'이라는 용어 자체-마샬(Marshall)이 사용하는 방식과 마찬가지로-가 매우 오해의 소지가 있다. 당시 러니미드 트러스트 재단[역자주: Runnymede Trust는 1968년 영국에서 설립된 인종 평등 및 사회 정의를 위한 독립 싱크탱크로, 정책 연구・교육・담론 형성을 통해 구조적 인종차별 해소를 추구한다]의 최고 책임자였던 할리마 베굼(Halima Begum)

은 이 용어가 백인 영국인과 동일시되는 문제를 지적하며 극우 세력이 이 용어를 정치적 무기로 삼았다는 점을 강조했다. 그녀는 이렇게 말했다: "토착 영국인이라는 표현은 사실상 '백인 영국인'을 지칭하는 말이다. 이는 1980년대 영국국민당(British National Party)이 사회 분열을 조장하기 위해 사용하던 언어이다". 그렇다면, 토착민이란 대체 무엇을 의미하는가?

마샬(Marshall)이 사용하는 '토착'이라는 단어는, 마치 '그 땅의 원래 거주자들'이라는 의미로 쓰이고 있다. 이런 식의 사용은 '진정한 주민', '정당한 소유자'라는 개념을 만들어 낸다. 누가 그 땅에 오래 있었느냐에 따라 '토착성'이 결정된다는 것이다. 그러나 이는 교묘한 속임수이며, 인종과 국가 정체성에 대한 주장을 백인성과 결합시키기 위한 악의적인 조작이다. 이런 방식은 '토착'이라는 개념을 오용하는 것이며, 실제 국제 정책(예를 들어, UN의 접근법)이나 지리학적 분석(Radcliffe의 2016 논문 사례를 참조)에서 사용되는 토착민(토착성)이라는 개념과는 전혀 다르다. 오히려, UN의 정책이나 지리학 연구에서는 토착민 개념이 권력, 식민지성, 서구 근대성과 깊게 연결되어 사용되고 있다. 예를 들어, '유엔 토착 문제 상설포럼'(United Nations Permanent Forum on Indigenous Issues)**(주9)**은 전 세계 토착민을 북극에서 남태평양에 이르기까지 다양한 지역에서 찾을 수 있다고 말하면서, 다음의 사례-라코타(Lakota), 마야족(Mayas), 이누이트(Inuit), 오스트레일리아 원주민(Aborigines), 마오리(Maori) 등-를 통해 설명한다:

> 이들은 고유한 전통을 유지하며, 자신들이 속한 지배적 사회와는 구별되는 사회적, 문화적, 경제적, 정치적 특성을 간직하고 있다... 이후 도착한 새로운 이주민들은 정복, 점령, 정착 또는 기타 방법을 통해 주류적 위치를 차지하게 되었다.

이 설명에 따르면, 왜 '영국인'이 토착민 민족의 예시로 포함되지 않았는지가 명확하다. 가장 핵심적인 이유는, 토착민성을 이해하기 위해 필수적인 '권력 관계'가 결여되어 있기 때문이다: 즉, 이 '토착민' 집단이 어떤 '지배 사회'에 대항하여 정의될 수 있는가? 그런데 바로 이것이 정치적인 속임수의 핵심이다. 즉, 이민자들이 침략하고, 지배하고, 점령하고, 정착하러 온다는 식의 공포를 퍼뜨리기 위해-'*그들*[역자주: 이주민]이 *당신*[역자주: 영국인]의 땅을 빼앗으러 올 것이다'라고 사람들을 겁주기 위해-이런 식의 프레임이 만들어지는 것이다. 하지만 마샬(Marshall), 콜리어(Collier), 매킨더(Mackinder)가 암묵적으로 언급하는 이른바 '전통적 백인 집단'-설령 논의를 위해 이 문제적인 범주를 인정한다 하더라도-은 오히려 지배 사회, 즉 식민 권력의 중심에 있던 사람들이다. 독특한 전통이나 구별되는 문화적 특성이 무엇인지 묻는 것 자체가, 영국인을 '토착민'이라 부르는 것이 왜 부적절한지를 드러낸다. 왜냐하면 영국 사회는 본질적으로, 그리고 역사적으로 다문화적이기 때문이다. 이러한 현실은 동질적인 집단이라는 정체성 구성 자체를 거부한다.

지리학적 관점에서 토착민과 토착민성을 분석하는 논의에서, 래드클리프(Radcliffe, 2016)는 이 논의를 한층 더 발전시킨다. 그녀는 다음과 같이 강조한다:

> 진실성이나 '존재의 시기' 여부보다 더 중요한 것은, 토착민성을 비(非)토착민 주체들, 주권, 환경, 학계, 정책 등과의 관계 속에서 지속적으로 생산하는 권력과 경제의 형태이다(p. 226).

'토착민'이라는 지위는 단순히 '먼저 있었던 사람들'을 가리키는 것이 아니라, "식민적 권력 관계"를 통해 형성되는 것이다. 다시 말해, 이는 "식민의 역사와 포스트 식민의 근대성"을 통해 등장하며, "이는 관계적 읽기이자 차이의 생성 과정으로, 언제나 여러 스케일에서 작동하는 권력의 비대칭성에 깊이 뿌리내려 있는 것이다"(p. 221). 따라서 '토착민' 개념은 단순히 '최초의 존재'라는 식의 단순화보다는, 장소마다 다르게, 권력의 비대칭과 식민 이전/정착 이전 사회와의 역사적 연속성 속에서 경쟁적으로 형성된다. 이런 이유로, 잉글랜드에 있는 백인 인구를 '토착민'이라 부르는 것은 심각한 문제가 있다. 이는 문화적 전유이자 도용으로, 원래 맥락에서 벗어나 이 용어를 훔쳐, 마치 권력 불균형이 반대로 뒤집히고 식민 역사가 뒤바뀐 듯한 착각을 일으킨다. 하지만, 마샬(Marshall)은 이러한 문제를 명확히 드러내지 않는다. 오히려 그는, '토착민'이라는 용어를 더 교묘한 방식으로 사용하여, 이 용어가 지닌 보다 광범위한 정치적 함의에 대해 아무 의도도 없는 것처럼 설명한다. 이는 인종, 국가, 지리에 대한 문제적 가정을 바탕으로, 사람과 장소에 대해 지나치게 단순하게 서술한 것이다. '당신은 진짜 어디 출신인가'라는 질문처럼, 『지리의 포로들』에서 아프리카에 대한 묘사는 안타깝지만 너무나 뻔한 전개로 이러한 문제들을 더욱 극명하게 보여준다.

아프리카

규모 측면에서, 아프리카에 대한 인식이 어떻게 왜곡되어 왔는지 설명하기에 앞서, 마샬(Marshall)은 다음과 같은 방식으로 아프리카를 묘사한다:

> 아프리카의 해안선? 해변은 멋지다. 정말, 정말 멋진 해변이다. 하지만 자연 항구는 형편없다. 강? 놀라운 강들이 있다. 하지만 실제로 물자를 운송하기에는 별로다. 몇 마일마다 폭포가 있어서 말이다. 이건 아프리카가 왜 서유럽이나 북아메리카처럼 기술적・정치적으로 성공하지 못했는지를 설명하는 긴 문제 목록 중 두 가지에 불과한 것이다(p. 116).

이 책에서는 아프리카 대륙의 이러한 자연지리적 측면들이 전면에 내세워지며, "아프리카가 왜 서유럽이나 북아메리카처럼 기술적・정치적으로 성공하지 못했는지"를 설명하는 근거로 제시된다. 이러한 자연지리적 내용을 "긴 문제 목록"으로 틀 지우고, 특히 지리적 특성들을 맨 앞에 배치하는 방식은 여러 가지 이유로 문제가 있다. 하지만, 여기서는 다음 세 가지를 지적하고자 한다. 첫째, 천연 항구가 형편없고 강이 수송에 부적합하다는 주장은 지나치게 단순화된 것이다. 너무나도 비극적인 역사적 사례이지만, 매우 '효율적'이고 '성공적'이었던 노예무역은 아프리카의 '자연적' 인프라가 대규모 산업을 뒷받침할 수 있었음을 충분히 보여준다. 둘째, 시간적 범위가 지나치게 짧다는 한계가 있다. 오랜 인류 역사 속에서 아프리카의 기술적・정치적 '성공'이 서유럽이나 북아메리카보다 훨씬 앞서 있었던 사실에 침묵한다(예컨대, 앞서 언급된 다 가마(Da Gama)의 선물이 어떻게 받아들여졌는지를 보면, 당시 아프리카 사회의 상대적 부와 세련됨을 짐작할 수 있다). 셋째, '자연적' 요소를 역사적이고 지속적인 식민지 수탈의 역할보다 우선시하는 것은, 오늘날 아프리카 대륙의 '성공' 혹은 실패에 대한 관념을 형성하는 데 있어 식민주의가 끼친 매우 부정적인 영향을 축소시키는 일이다. 다시 말해, 이는 로드니(Rodney, 2018)의 『유럽은 어떻게 아프리카를 저발전시켰는가』

(*How Europe Underdeveloped Africa*)의 문제의식과 연결된다.

아프리카에 대한 이러한 부정적 묘사를 계속하면서, 마샬은 "성공하지 못한 지역은 많지만, 아프리카만큼 실패한 곳은 드물다"(p. 116)라고 단언한다. 문제는, 이 주장이 지리학적 측면에서 수준 이하의 분석이며, 지리교실에서 소중한 교육 시간을 들여 다룰 가치가 없다고 말해도 과언이 아니란 점이다. 이러한 결핍의 서사를 만들어내는 방식은 '무엇이 성공인가?', '누가 그것을 판단하는가?', '대륙 단위의 일반화가 과연 의미 있는 분석을 제공할 수 있는가?'라는 수많은 중요한 질문을 회피한다. 마샬이 사용하는 '성공'이라는 개념은 시간, 역사, 진보에 대한 특정한 사고방식과 얽혀 있는데, 이는 민족과 국가들의 여정을 일종의 '경쟁'이나 '경주'처럼 제시하는 방식이다:

> … 호모 사피엔스(Homo sapiens)가 약 20만 년 전에 살았던 장소라는 점에서 아프리카는 선두라는 유리한 위치에 있다. 하지만 『내셔널 지오그래픽』 2005년 기사에서, 가장 뛰어난 저자 중 한 명인 재러드 다이아몬드(Jared Diamond)는 '이건 출발선을 가장 먼저 나온 주자가 결국 가장 뒤처진 것과 같다'고 말했다. 이 선두 주자들은 사하라 사막과 인도양, 대서양에 의해 다른 이들과 분리되었다. 아프리카 대륙 전체는 유라시아 대륙과는 거의 완전히 고립된 상태에서 발전해 왔다. 아이디어와 기술이 동에서 서로, 서에서 동으로 교류되었지만, 남북 간[역자주: 아프리카와 유럽 간]에는 그런 교류가 없었다(p. 116).

아프리카가 분리되어 고립된 채 발전해 왔다는 이미지는 다음을 강조하기 위해 계속 반복된다:

> 아프리카는 거대한 대륙으로 항상 서로 다른 지역, 기후, 문화를 지닌 다양한 구성으로 이루어져 있었지만, 이들 모두가 공통적으로 지닌 특징은 상호 간의 단절 나아가, 외부 세계로부터의 고립이다... 지금은 그 정도는 덜하지만, 그 유산은 여전히 남아 있다고 말할 수 있다(p. 116).

하지만, 이러한 설명은 사실이 아니다. 이러한 재현은 수천 년 동안 아프리카 안팎에서 이루어진 실질적인 무역과 교류(경제적, 지적, 문화적)를 무시한 채, 피상적인 신화를 반복하는 것에 불과하다. 이러한 접근은 "아주 먼 옛날부터 아프리카가 글로벌 세계와 상호작용해 왔다는 사실"을 무시한다. "서구 담론에서는 '아프리카'와 관련하여 '아프리카는 역사가 없다'거나 '근대성이 없다'는 식의 배제적인 언어가 사용된다"(Green, 2019, p. xx). 그린(Green)은 정교한 무역이 존재했다는 역사와 이에 대한 문헌과 구술 서사를 간략히 언급한 후, "이 주제는 너무도 풍부하고 복합적인 것이어서 일반화할 수 없다..."고 말한다(p. xxii). 유럽 중심적 지식 체계를 강제적으로 적용하고, 아프리카인을 '사물화'(thing-ification)하는 방식을 통해, 이 책은 지속적으로 인식론적 폭력을 가하고 있는 것이다(Daley & Murrey, 2022). 『지리의 포로들』에 대해 필자가 제기하고자 하는 비판적 질문들의 핵심에는 다음과 같은 중요한 말들이 자리 잡고 있다: 바로 '풍부함', '복잡성', 그리고 '특수성'이다. 이러한 요소들은 우리의 지리학적 이해와 분석에서 결코 뭉개지거나 지워져서는 안 된다. 이는 앞서 논의한 『유럽을 지방화하기』(*Provincializing Europe*)에서 차크라바르티(Chakrabarty)가 펼친 비판과도 매우 유사하다. 그는 '초현실적 유럽'이라는 신화를 비판하며, 그 유럽이 다른 지역을 판단하는 기준점으로 작동하는 방식에 문제를 제기했다. 마샬의 설명은 이러한 유럽 중심적 시각을 그대로 따르고 있으며, 이번에는 '선두' 라는 경쟁 개념에서 더 나아가, 질병에 관한 부정적인 주장에까지 적용한다:

> 하지만, 아프리카가 인류 역사에서 가장 먼저 출발한 곳이라는 사실은, 역설적으로 오늘날까지 이 대륙을 발목 잡고 있는 또 다른 문제를 오랜 시간 동안 키우게 만들었다고 말한다. 그 문제란 바로 말라리아나 황열병 같은 치명적인 질병들이다. 이런 질병들은 더운 기후에서 발생했으며, 지금은 인구 밀집과 열악한 의료 환경 때문에 상황이 더 나빠지고 있다는 것이다(p. 116).

이것은 COVID-19가 '중국 바이러스'로 불렸던 것과 같은 종류의 인종차별이다. 이러한 인종차별로 인해 북미와 전 세계적으로 아시아인을 대상으로 한 혐오 범죄가 증가했다**(주10)**. 영국 경찰은 2020년 첫 세 달 동안 아시아인을 향한 증오 범죄가 세 배로 증가했다고 보고했다**(주11)**. 아프리카는 단순히 '어둡다'는 이미지를 넘어, 더럽고 질병으로 가득 찬 곳으로 묘사되고 있는 것이다. 그리고 여기서 '그것(아프리카)'이 이런 질병들을 '키우게 만들었다'는 말은 무슨 의미일까? 이 또한 건강이나 질병에 대한 유익한 지리적 분석이라 보기 어렵다. 왜냐하면, 많은 질병들의 기원이 온대 지역이며, 온대 지역에서 발생하는 질병들이 열대 질병보다 급성인 경우가 많고, 대부분의 온대성 질병-예를 들어, 홍역, 풍진, 백일해 등-은 '군집 전염병'(crowd epidemic diseases)이기 때문이다. 주요 감염병의 기원을 분석한 연구에서, 울프와 그의 동료들(Wolfe et al., 2007)은 아프리카가 질병의 주요 발원지라는 통념을 뒤집고 오히려 산업적 식량 생산과 같은 '현대적 발전'이 새로운 병원체에 대한 취약성을 높인다고 주장한다. 또한 연구자들은 질병이 어떻게 확산되어 왔는지, 그리고 새로운 질병이 식민지에 어떤 영향을 미쳤는지에 대해 간단한 역사적 설명도 덧붙인다:

> 유럽 식민자들에 저항하던 아메리카 원주민들 중에서 훨씬 더 많은 수가 칼이나 총에 의한 상처가 아니라, 새롭게 유입된 구세계(유럽)의 질병으로 인해 사망했다. 이 보이지 않는 정복의 주체는, 유럽인들에게는 개별적인 노출을 통해 어느 정도 면역이 생겼고, 인구 전체 차원에서도 오랜 시간에 걸쳐 유전적 저항력을 형성해 온 구세계의 미생물들이었다. 반면, 이전까지 그런 병원체에 노출된 적이 없었던 아메리카 원주민들은 면역도 저항력도 전혀 갖추고 있지 않았다(pp. 281-282)**(주12)**.

지형적 요소가 발전이나 지정학에서 필연적이거나 결정적인 역할을 하지 않듯, 질병 역시 그렇지 않다. 이러한 요소들이 특정한 방식으로 묘사되고, 활용되고, 통치되며, 전혀 다른 목적을 이루기 위해 무기화될 수 있도록 만드는 것은 바로 정치적 결정과 틀 짓기이다. 좀 더 넓게, 건강에 대한 지리학적 분석을 보면, 기대수명과 의료 접근성에서 나타나는 큰 차이가 결코 '자연스러운' 것이 아님을 명백하게 보여준다. 즉, 재난은 당연한 것이 아닌 것이다(Puttick, Bosher, & Chmutina, 2018). 그 대신, 이러한 불평등은 젠더, 계급, 인종을 기준으로 구조화되어 있으며, 이는 우리에게 너무나도 익숙한 방식이다(Dorling, 2013). 권력, 개발, 테크놀로지, 질병, 문화 등의 문제를 결정론적으로 접근하는 것-즉, 사람들이 자신을 둘러싼 '지리' 때문에 이러한 조건에 '포로가 되었다'고 보는 관점-은 이러한 현상의 본질뿐 아니라, 사람들의 본성, 역사의 본질, 그리고 지리학 자체의 본질을 완전히 왜곡시키는 것이다. 지리학은 환원주의적 설명보다 훨씬 더 풍부하고 복합적이다. 나아가, 그 안의 이야기들은, 대륙 전체를 몇 마디로 요약하려는 식의 단순화된 설명보다 훨씬 더 심오하고 흥미롭다.

결론

'힘 있는 지식' 개념과 『지리의 포로들』 모두는 지식 또는 세계에 대한 거대한 서사를 야심차게 제시한다. 이러한 서사에 대한 비판에서 필자가 일관되게 추적해 온 공통된 맥락은, 이 두 프로젝트가 '그림자'를 다루는 방식, 혹은 더 정확히 말하면 그 그림자를 축소하거나 무시하는 방식과 관련되어 있다. 여기서 말하는 '그림자'란, 지식과 학문이 제국과 식민 착취에 봉사해 온 역사-특히 지리학적 지식이 어떻게 제국에 봉사하는 도구로 생산되었는가-를 의미하며, 동시에 오늘날 '개발'이라는 개념과 국가 및 대륙의 개발 서사를 이해하는 데 핵심적인 차원이다. 필자의 주장은, 이 두 담론 모두에서 지리학은 세계를 이해하고 설명하며 지배하려는 시도에 복잡하게 얽혀 있다는 것이다. 그러나 동시에, 이 두 담론 모두에서, 지리적 탐험의 회복이라는 재개념화를 통해 지리는 학생들에게 훨씬 더 풍부하고 복합적인 이해를 지원할 도구가 될 수 있다. '힘 있는 지식'의 경우, 지리학이라는 학문과의 관계 맺음을 빛나는 측면뿐 아니라 어두운 측면까지도 비판적으로 성찰할 수 있는 방식을 재설계한다면, 이는 지리학의 문제적 과거를 드러내고 더 평등하고 포용적인 미래를 구축하는 토대가 될 수 있다. 『지리의 포로』의 경우, 매킨더(Mackinder)의 환경결정론이라는 유령이 여전히 그 서사를 따라다닌다.

결국 두 경우 모두, 지리학이라는 학문과의 관계를 재설계하는 것이 핵심이며, 그럴 때만이 비로소 사람과 장소에 대한 보다 온전한 설명이 가능해진다: 학생들 역시 민족과 국가에 대한 단순한 이야기들을 비판적으로 질문할 수 있는 역량을 갖추게 된다. 진실은 훨씬 더 흥미롭고, 우리에게 더 큰 힘을 주는 것이다.

질문과 활동

- 학교 지리교육의 맥락에서 어떤 지식이 '정당한' 것으로 간주되는지, 누가 결정하며, 이러한 결정은 어떤 함의를 지니는가?
- 이 장에서 제시된 '힘 있는 지식'에 대한 주장들을 비판적으로 검토해 보자. '힘 있는 지식'을 '학문적 지식' 개념으로 대체하자는 제안에 대해 당신의 견해는 무엇인가?
- 교사는 어떻게 제한된 수업 시간 안에서 지리학이라는 방대하고, 거칠며, 매혹적인 학문을 보다 효과적으로 전달할 수 있을까?
- 지리학이 과거 불평등한 수탈적 식민주의 논리와 맺었던 관계를 고려할 때, 교실에서 학문적 지식을 사용하는 것에는 어떤 윤리적 함의가 따르는가?
- 교과(사회과, 지리과) 차원에서 하나의 수업 단원이나 일련의 수업안을 선정해 보자. 이 수업들에서 어떤 유형의 지식이 우선시되고 있는지 집단적으로 분석한 뒤, 이러한 선택이 지니는 잠재적인 윤리적 함의를 성찰해 보자. 어떻게 하면 이 수업들은 지리학이라는 학문의 복합적 성격을 더 잘 반영할 수 있을까?
- '토착민'이라는 용어의 사용에 대한 논의를 검토해 보자. 이 용어를 지배적인 사람 집단을 지칭하는 데 사용할 경우, 어떤 함의가 따르는가?

주

1. Decolonising Geography(decolonisegeography.com).
2. IPCC에 대한 자세한 내용은: https://www.ipcc.ch/about/
3. https://www.carbonbrief.org/guest-post-what-13500-citations-reveal-about-the-ipccsclimate-science-report
4. https://www.sistahspace.org/
5. https://www.theguardian.com/uk-news/2022/nov/30/buckingham-palace-aide-resignsblack-guest-traumatised-by-repeated-questioning
6. https://twitter.com/Sistah_Space/status/1597854380115767296?s=20
7. https://www.independent.co.uk/news/uk/politics/michael-gove-levelling-up-paulcollier-b2010396.html
8. https://www.ons.gov.uk/census/2011census
9. https://www.un.org/esa/socdev/unpfi/documents/5session_factsheet1.pdf
10. https://www.bbc.co.uk/news/world-us-canada-56218684
11. https://www.theguardian.com/world/2020/may/13/anti-asian-hate-crimes-up-21-in-ukduring-coronavirus-crisis
12. 울프, 더너번 및 다이아몬드(Wolfe, Dunavan, & Diamond, 2007)는 '구세계'(Old World)를 아프리카, 아시아, 유럽을 지칭하는 용어로 사용하고, '신세계'(New World)는 그 외 지역을 가리키는 용어로 사용한다.

참고문헌

Ajegbo, K. (2011). Diversity, citizenship and cohesion. *Teaching Geography, 36*(2), 46-48.

Borie, M., Mahony, M., Obermeister, N., & Hulme, M. (2021). Knowing like a global expert organization: Comparative insights from the IPCC and IPBES. *Global Environmental Change, 68*, 1-14. doi:10.1016/j.gloenvcha.2021.102261

Bruner, J. (1960). *The Process of Education*. Cambridge, MA: Harvard University Press.

Catling, S., & Martin, F. (2011). Contesting powerful knowledge: The primary geography curriculum as an articulation between academic and children's (ethno-) geographies. *Curriculum Journal, 22*(3), 317-335. doi:10.1080/09585176.2011.601624

Czocher, J. A., & Weber, K. (2020). Proof as a cluster category. *Journal for Research in Mathematics Education, 51*(1), 50-74.

Daley, P. O., & Murrey, A. (2022). Defant scholarship: Dismantling coloniality in contemporary African geographies. *Singapore Journal of Tropical Geography, 43*(2), 159-176.

Dorling, D. (2013). *Unequal Health: The Scandal of Our Times*. Bristol: Policy Press.

Ford, J. D., Cameron, L., Rubis, J., Maillet, M., Nakashima, D., Willox, A. C., & Pearce, T. (2016). Including indigenous knowledge and experience in IPCC assessment reports. *Nature Climate Change, 6*(4), 349-353. doi:10.1038/nclimate2954

Ford, J. D., Vanderbilt, W., & Berrang-Ford, L. (2012). Authorship in IPCC AR5 and its implications for content: Climate change and indigenous populations in WGII. *Clim Change, 113*(2), 201-213. doi:10.1007/s10584-011-0350-z

Geoghegan, H., Hall, S. M., Latham, A., & Leyland, J. (2020). Continuing conversations: Refections on the role and future of area from the new editorial team. *Area, 52*(3), 462–463. doi:10.1111/area.12642

Gilroy, P. (2002). *There Ain't No Black in the Union Jack: The Cultural Politics of Race and Nation*. Abingdon: Routledge.

Green, T. (2019). *A Fistful of Shells: West Africa from the Rise of the Slave Trave to the Age of Revolution*. London: Penguin.

Jazeel, T. (2021). The 'city' as text. *International Journal of Urban and Regional Research, 45*(4), 658–662. doi:10.1111/1468-2427.13029

Macfarlane, R. (2003). *Mountains of the Mind: A History of a Fascination*. London: Granta Books.

Marshall, T. (2016). *Prisoners of Geography: Ten Maps That Tell You Everything You Need to Know about Global Politics*. London: Elliott & Thompson.

Martin, F. (2005). *The relationship between beginning teachers' prior conceptions of geography, knowledge and pedagogy and their development as teachers of primary geography*.(PhD). Coventry.

Milner, C. (2020). Classroom strategies for tackling the whiteness of geography. *Teaching Geography, 45*(3), 105–107.

Milner, C., Robinson, H., & Garcia, H. (2021). How to start a conversation about diversity in education. *Teaching Geography, 46*(2), 59–60.

Puttick, S., Bosher, L., & Chmutina, K. (2018). Disasters are not natural. *Teaching Geography, 43*(3), 118–120.

Puttick, S., Elliott, V., & Ingram, J. (2023). *Knowledge, Keywords in Teacher Education*. London: Bloomsbury.

Puttick, S., & Murrey, A. (2020). Confronting the deafening silence on race in geography education in England: Learning from anti-racist, decolonial and Black geographies. *Geography, 105*(3), 126–134.

Radcliffe, S. A. (2016). Geography and indigeneity I. *Progress in Human Geography, 41*(2), 220–229. doi:10.1177/0309132515612952

Reilly, S. (2022). Supporting trainee teachers to decolonise the school geography curriculum. *Teaching Geography, 47*(2), 64–66.

Rodney, W. (2018). *How Europe Underdeveloped Africa*. London: Verso Books.

Rutten, R. (2017). Beyond proximities: The socio-spatial dynamics of knowledge creation. *Progress in Human Geography, 41*(2), 159–177. doi:10.1177/

0309132516629003

Wolfe, N. D., Dunavan, C. P., & Diamond, J. (2007). Origins of major human infectious diseases. *Nature, 447*(7142), 279-283. doi:10.1038/nature05775

Wrigley, T. (2017). 'Knowledge', curriculum and social justice. *The Curriculum Journal, 29*(1), 4-24. doi:10.1080/09585176.2017.1370381

Young, M., Lambert, D., Roberts, C., & Roberts, M. (2015). *Knowledge and the Future School: Curriculum and Social Justice*. London: Bloomsbury.

제5장 정보의 이동 경로

서론

앞서 우리는 대중서인 『지리의 포로들』과 '힘 있는 지식' 개념에 대해 비판적으로 살펴보았다. 이 장은 이러한 논의를 넘어, 학교 교실에 도달하는 정보에 대한 이야기로 확장한다. 어쩌면, 정보를 소비하고, 순환시키고, 생산하는 과정을 탐구하는 일은 21세기에 어울림 법한 지리적 모험이라 할 수 있을 것이다. 하지만, 이 장은, 이와 더불어, 지리학이라는 학문 분야와의 연계를 통해 교육적으로 창조적인 상호작용을 어떻게 만들어 갈 수 있을지에 대한 아이디어로까지 나아간다. 정보의 지리는 교육과정의 자원이자 학습 주제가 되며, 향후 지리 연구 및 탐구를 위한 영감을 제공하는 역할을 한다. 이러한 필자의 관심을 이끄는 핵심 질문은 아래의 짧은 사례를 통해 잘 설명된다. 그리고 이 사례는 다음 질문과 연결된다: 정보는 어떤 경로를 통해 학교 지리 수업에 도달하는가? 이 정보는 그러한 여정 속에서 어떻게 재맥락화되는가?

> 클레어와 리처드는 반쯤 마신 커피잔을 들고 시티 아카데미 학교의 지리과 연구실을 나서며 서로 반대 방향으로 걷기 시작한다. 여전히 클레어의 보강 수업 시간에 그녀의 책상에서 물건을 훔치고 포스트잇으로 콧수염을 만들었던 남학생을 어떻게 처리할지 논의 중이다.

> 종이 울리고 난 후, 복도에는 다음 수업으로 향하는 학생들로 가득 차기 시작한다. 대부분의 축구공은 가방에 집어넣었고, 점심시간은 끝났다. 어떤 학생들은 창밖을 바라보며 조용히 줄을 서고, 다른 학생들은 서로 밀치며 장난을 시작한다. 각자의 교실로 향하는 리처드와 클레어는 학생들의 '안녕하세요, 리처드 선생님', '안녕하세요, 클레어 선생님'이라는 인사를 듣는다. 두 사람은 거의 동시에, '들어가서 자리에 앉거라'라고 말한다. 리처드는 GCSE 수업[역자주: General Certificate of Secondary Education의 약자로, 중등학교를 졸업하면서 치르는 자격 시험을 일컫는 말로 그 성적은 이후의 고등학교 진로 선택(A-level, 직업 교육 등)의 기준이 된다]을, 클레어는 7학년 수업을 맡는다. 교실 문이 닫히고, 학생들이 교실로 들어가 각자 자리에 앉는다. 그리고 고요함이 찾아온다. 동료 교사인 폴은 안도의 한숨을 내쉰다. 왜냐하면, 자유(공강) 시간이었기 때문이다. '그래, 내가 뭐를 하려고 했더라? 아, 맞아. 내일 아침 9학년 수업 준비…'. 클레어와 리처드는 각각 교실 앞에 지리 교사로서 서 있다. 이제 수업을 시작하려 한다. 그들이 그 학교, 그날 오후 학생들에게 가르치려 했던 지식은 무엇일까? 그 지식은 어디서 왔을까? 그 지식의 성격과 범위는 어떤 것일까? 리처드와 클레어가 선택한 것이 서로 어떤 관련성(연결)이 있을까? 그리고 폴과도 어떤 관련이 있을까: 폴은 내일 아침 9학년에게 무엇을 가르치려 할까?(Puttick, 2015, p. 14).

정보는 언제나 사람을 통해 이동해 왔다. 위 장면은 지리 교사들이 지금, 이 학교에서 그들의 학생들에게 어떤 정보를 소개할지를 고민하며 정보를 탐색하고 선택하는 과정에 초점을 맞추고 있다. 정보는 이야기가 되기도 하고 유물이 되기도 한다. 정보는 발굴되고, 전달되어, 공유되고, 다시 이야기되는 여정을 거친다. 『지리의 포로들』에서처럼 아프리카를 정적이고 고립된 시선으로 바라보는 문제 중 하나는, 그러한 시선이 아프리카를 외부 세계와 연결이나 상호작용이 전혀 없는 공동체로 인식하게 만든다는 점이다. 마치, 이러한 고립된 공동체들이 세상의 더 큰 이야기들-현재도 여전히 쓰이고 연출되고 있는 이야기들-을 인식하지 못하는 것처럼 말이다. 그러나 이것은 단지 하나의 신화일 뿐이다: 즉, 전 지구적 상호연결성을 가진 '초현실적 유럽'(hyperreal Europe)의 비전과 대비되는 방식으로 구성된 신화인 것이다. 앞 장에서 논의한, 바스코 다 가마(Vasco Da Gama)로 되돌아가 보자. 그가 수행했던 아프리카 동쪽 해안을 따라간 항해는 정보의 흐름과 지리적 여정을 잘 보여준다. 마치 해류가 희망봉을 따라 흐르고 바람이 바다를 가로지르듯, 정보 역시 다 가마 선단의 항해를 따라 이동한다. 비록, 인터넷은 없지만 메시지는 전달되고 호기심을 자극한다. 그들이 인도양 항해를 위해 말린디(Malindi)에서 고용한 구자라트(Gujarat) 출신 항해사는 과연 누구일까? 그 항해사는 구자라트에서 어떤 정보-항로, 해류, 별자리, 바람에 관한 어떤 정보-를 가져왔고, 어떤 정보를 몸에 익힌 채 갖고 있었을까? 다 가마 일행의 항해 일지는, 그들이 해안을 따라 여러 항구에 도착했을 때, 그들에 대한 정보가 토착 공동체에 이미 전달되어 있었음을 보여준다. 해당 공동체는 다 가마 일행의 도착을 이미 알고 있었고, 다 가마 선단의 행동과 종교에 대한 정보로 무장하고 있었다. 이는 경고일 수도 있고, 교류를 장려하는 메시지일 수도 있다. 이러한 정보는 이 배들과 그 안의 사람들에 대해 흥미로운 무언가를 전해주는 것이다. 이 공동체들은 이미 상호 연결되어 있었고, 정보 전달 통로(무역을 포함한 다른 형태의 연결성) 또한 존재했다.

유럽 탐험가들의 기록에서 종종 숨겨져 있는 정보의 주요 이동 경로 중 하나는, 그들과 현지인들 간에 존재했던 정보 전달에 대한 것이다.

특히, 정보와 지식, 전문성이 현지인들로부터 유럽인들에게 전달되는 방향의 흐름이 그렇다. 아프리카와 아시아로의 유럽 원정 기록 전반에서 유럽 탐험가들은 자신들의 항해를 위해 현지의 지식과 정보에 깊이 의존하고 있었다. 예를 들어, 스탠리(Stanley, 1875-1876, p. 135)는 자신들이 현재 위치한 곳(당시 와훈바(Wahumba)의 서쪽 끝)을 '현지인들에게 질문함으로써' 알게 되었다고 설명한다. 그들은 우고고(Ugogo) 지역에서 안내인을 고용했지만, 무할랄라(Muhalala)에서 도망쳐 버린다. 다시 스탠리는 다른 현지 안내인들을 고용하고, 이들과 함께 북서쪽으로 하루 종일 행군을 이어간다. 하지만 이 안내인들 역시 밤이 되자 그를 버리고 떠난다. 그는 자신이 "개척자 하나 없이 광활한 황야의 가장자리에 홀로 남겨져 있는" 상황에서 깨어났다고 당시 상황을 묘사한다. 스탠리는 "코끼리와 코뿔소의 길이 뒤엉킨 미로" 속에서 길을 잃은 후, "가장 유능한 사람들"을 보내 길을 찾게 했다:

> 하지만 그들 모두 실패했고, 이제는 나침반 외에는 아무런 수단도 남지 않았다. 다음 날 우리는 아카시아와 유포르비아 나무가 빽빽하게 들어선 정글 속으로 들어섰고, 그곳을 지나가기 위해 우리는 말 그대로 땅바닥을 기다시피하며, 서로 엉켜있는 관목 사이에서 만들어진 자연 터널 아래를 기어 나가야 했다. 우리는 나팔꽃과 덩굴식물을 잘라내고, 가시가 많은 두꺼운 덤불을 밀쳐내며, 빙 돌아가는 우회로를 따라 정글이 겨우 허용하는 작은 틈들을 이용해 나아갔다... 그리고 사흘째 저녁, 이 폐허에서 첫 번째 사망자가 발생했다...(p. 135).

만약 당시에 현지의 전문 지식이 없었다면 그 결과는 매우 치명적이었을 것이다. 이와 같은 상황에서 올바르고 정확한 정보를 갖는다는 것은 말 그대로 생사가 달린 문제이다. 사회과학 지식의 생산과 그것이 연루된 착취 과정에 대한 보다 포괄적인 논의를 통해 우리는, 이러한 정보의 이동 경로가 종종 보이지 않는 이들의 기여를 기반으로 했음을 알 수 있다. 그리고 때로는 이들 토착민들에게 피해를 입히는 방식으로 축적되어 왔음을 알 수 있게 된다**(주1)**.

산맥, 정보, 그리고 그 속에 숨겨진 사람들

오랫동안 산맥은 수많은 지리적 탐험의 주요 배경으로 위치해 있었다. "험한 산에서의 개인적 영웅은 험준한 아름다움과 함께 간다... 산맥은 높고, 멀고, 거칠고, 숭고할수록 더 좋다"는 말처럼 산맥은 낭만적 매력을 지닌다(Simpson, 2018, p. 562). 또한 산맥은 영국의 민족적·제국적 정체성을 형성하는 데 핵심적인 역할을 했던 상징이기도 하다. 한센(Hansen, 1996)은 『유럽과 제국의 경계에서의 영국 등산 활동, 1868–1914』(*British Mountaineering on the Frontiers of Europe and the Empire, 1868–1914*)에서, 조지(H. B. George)의 사례-코카서스가 유럽의 일부라면, 이제는 그곳이 유럽에서 가장 높은 산맥이라는 사실을 '우려'한 사례-를 인용한다. 즉, 더 이상 해발 4,807미터의 몽블랑이 유럽 최고봉이 아니며, 대신 해발 5,642미터의 엘브루스(Elbrus)가 그 자리를 차지한다는 것이다**(주2)**. 조지는 옥스퍼드대학교 뉴 칼리지의 역사학 강사이자 연구원이며, 옥스퍼드 알파인 클럽(Alpine Club)의 설립자였다. 그의 지리적 상상력은 자연적 경계와 정치적 표식으로 가득 찬 '제국'의 비전과 맞닿아 있다. 이와 관련하여, 조지는 "자연적 경계가 제국주의자들의 손에서 얼마나 강력한 도구가 될 수 있는지를 우리는 잘 알고 있다"고 말한다(p. 48). 엘브루스가 몽블랑을 제치고 유럽 최고봉이 되었다는 사실은, 영국 등반가들이 엘브루스에 거의 관심을 기울이지 않았다는 점에서 조지에게는 두려움이었다: “영국 신사들의 놀이터로서 그토록 적합한 그곳이 그렇게까지 관심을 못 받은 것은 알파인 클럽으로서는 부끄러운 일임을 고백하지 않을 수 없다”(p. 48). ‘백인’ 인종의 경계에 위치한 이 지역은 인종화된 지리적 상상 속에서 어떻게 묘사되고, 누구를 ‘위한’ 곳으로 여겨졌는지 잘 드러낸다: 즉, 영국 신사들의 놀이터라는 것이다. 또한, 변호사 커민스 터커(Comyns Tucker)의 표현을 빌리자면, “코카서스(Caucasus)는 너무도 영광스러운 곳이어서... 일반적으로 그곳의 유일한 거주민인 미개한 인종들에게 맡겨두거나, 그 아름다움을 이해하지 못하는 러시아인들에게 맡겨둘 수는 없다”(p. 51). 스포츠와 제국주의의 은유를 뒤섞으며, 한센(Hansen)은 이를 단순한 “여가 활동으로서의 등산이 아니라, 제국으로서 영국을 문화적으로 재창조하는 과정의 일부”로 표현한다(p. 48). 영국 등산가들의 인식 속에서 코카서스라는 문화적 경계선은 곧 유럽과 아시아 사이의 경계에서 영국과 러시아 사이의 전선으로 전환된다. 더 동쪽으로 가, 커즌 경(Lord Curzon)은 인도를 식민지로 지배하던 시기에 인도총독(1898-1905)-히말라야산맥을 영국과 아시아 사이의 경계선으로 상상했다. 당시, 커즌은 에베레스트산의 등정에 나서는 영국 원정대의 파견 계획을 강력히 지지했다. 왜냐하면, 그는 이러한 원정이 제국의 홍보 수단이 될 수 있다고 보았기 때문이다. 또한, 이는 신문의 1면을 장식하여 영국의 우위를 과시하는 수단으로 기능할 것이라고 기대했다. 커즌은 에베레스트 정상에 영국인을 올려놓지 못한 것은 ‘비난’받아야 할 대상으로 간주하고 이에 대해 다음과 같이 썼다:

> 세계에서 가장 높은 산, 그리고 아마도 두 번째나 세 번째로 높은 산들은 영국 보호령 혹은 속국의 국경에 있다. 그럼에도, 지난 20년 동안 우리는 과학 탐험대도 조직하지 않았다. 나는, 이 산을 탐험하는 데 사실상 아무런 일도 하지 않았다는 사실에 마땅히 비난받아야 한다고 생각한다(Hansen, 1996, p. 61).

한센(Hansen)은 계속해서 다음과 같이 질문한다: 히말라야에 영국인이 오르지 않은 것을 커즌(Curzon)은 왜 '비난'으로 여겼을까? 코카서스에 관심이 부족한 것을 조지(George)는 왜 '부끄러운' 것으로 여겼을까?

> 이 산맥들은 영국 등반가들에게 도전의 대상이었다. 이는 단지 그 산맥들이 가진 경관의 지리적 특성이었기 때문만은 아니었다. 대신, 등반가들이 이 산맥을 경계로서, 즉 '여기'라고 여긴 장소와 '저기'라고 간주한 장소를 구분하는 특정한 문화적 의미들 때문에 도전했던 것이다. 등반가들은 유럽과 아시아 사이, 아시아와 아프리카 사이, 인도와 러시아·중국 사이, 자신(등반가)과 가이드나 짐꾼 혹은 쿨리(coolie) 사이, 인간이 이미 발을 디딘 고도와 아직 오르지 못한 고도 사이에 경계를 그렸다. 이러한 분할은 단순한 경계가 아니라, 등반가의 개인적 정체성과 그들이 상상하는 영국의 인종적, 국가적, 제국적 정체성 사이에 유대를 형성하는 장치였다(p. 65).

1860년대부터 제1차 세계대전까지 영국 등반가들이 경험한 일들을 묘사하고 서술하는 방식은, 북극과 아프리카로의 여정을 설명할 때 왕립지리학회(RGS) 및 다른 탐험가들이 사용했던 '발견', '탐험', '모험'의 담론과 맞닿아 있다. 즉, 문명화되지 않은 야생의 변경 지역은 영국인에 의해 정복되어야 할 곳으로 간주되었다. 이러한 배경 속에서 등반은 지리학이라는 학문을 형성하는 데 중요한 역할을 하게 되었고, 해발고도라는 아이디어는 '지식'과 '조망'과 관련된 질문들로 이어진다:

> 고지대, 특히 높은 봉우리는 종종 탁월한 시야를 제공한다. 이에 탐험가들에게 있어 고지대 등반은 독보적인 지식 수집과 공간 장악을 가능케 하는 기회로 여겨져 왔다. 그러나 동시에, 이들은 구름, 깊은 계곡, 복잡한 지형과 같은 시야를 방해하는 요소들을 동반하며, 감각 중에서도 시각의 우위를 위협하는 특수한 장애가 되기도 한다. 이는 또한 엄청난 신체적 고통과 한계를 요구함으로써, 시각 중심의 [지리] 인식 방식에 도전한다(Simpson, 2018, p. 656).

이러한 설명은, 반대되는 논리로, 일상에서 쉽게 접하는 저지대는 제한된 시야만을 제공하며, 그에 따라 지식을 수집할 수 있는 기회도 약하다는 암묵적인 인식이 깔려 있다. 저지대의 제한된 시야는 공간을 장악하는 능력보다는 공간에 대한 단편적인 이해만을 초래한다. 이러한 대조는 '힘 있는 지식'과 관련된 논의에서도 반복되며, 여기서 '힘 있는' 것과 '일상적인' 것은 다음과 같이 대비된다: 힘 있는 지식은 높은 곳에서 본 것 같은 객관적인 시각인 반면, 일상적인 지식은 낮은 곳에서 본 것 같은 주관적인 시각이다. 하지만 산악 지역에서 생산된 지식의 사례들은 이러한 이분법을 비판적으로 재고하게 만든다. 왜냐하면, 이 지역들에서는 '객관적인' 유럽 과학이라고 간주되던 지식의 생산에서조차도 일상적이고 토착적인 지식이 중심적인 역할을 했기 때문이다. 예를 들어, 히말라야에서 지식이 어떻게 생산되었는지를 추적한 기록에서, 플리트우드(Fleetwood, 2022)는 그동안 거의 알려지지 않았던 이야기들을 비판적으로 풀어낸다. 그는 이름 붙이기, 측정, 수집, 분석의 과정을 면

밀히 풀어내면서, 식민지 탐험가들이 현지 지식에 의존했던 훨씬 더 복잡한 이야기를 전한다:

> 이 책 『세계의 지붕에 관한 과학』(*Science on the Roof of the World*)의 중심 전제는, 험준한 산악 환경에서 살아남기 위한 실천들이 곧 그 환경에 대한 지식을 형성하는 방식과 닮아 있었다는 것이다[역자 주: 즉, 유럽의 탐험가들과 과학자들은 히말라야에서 단순히 기존의 유럽식 이론과 기술만으로는 생존하거나 지식을 생산하기 어려웠으며, 현지의 방식, 실천, 지식을 받아들이고 거기에 맞게 자신들의 과학적 접근 방식과 이론을 재구성해야 했다]. 19세기 전반기, 히말라야의 과학적 · 정치적 · 상상적 통합성을 이해하려는 유럽 측량가들과 자연과학자들의 시도는, 이러한 실천과 이론의 전환과 재구성을 통해서만 가능했다(p. 2).

플리트우드는 유럽의 개인 영웅들에 주목하는 대신, 히말라야 사람들, 즉 탐험대를 안내하고, 짐을 나르고, 중재하고, 번역했던 이들에게 주의를 기울일 것을 강조한다. 이를 통해, 다음과 같은 사실을 보여준다:

> 산을 측량하고 탐사하는 작업은 이미 존재하던 현지의 경로, 전문 지식, 노동에 압도적으로 의존하고 있었다. 즉, 유럽 탐험가들이 산을 탐험하고 있다고는 하지만, 실제로는 이미 수천 년 전부터 존재해 온 길에서 거의 벗어나지 않은 채 이동하고 있었던 것이다(p. 3).

플리트우드의 이러한 접근은 유럽 탐험가들을 묘사하는 일반적이 방식-즉, 탐험과 조사에 참여한 다른 이들의 존재를 숨기는 방식-과 대조를 이룬다. 예를 들어 터너(Turner)의 그림 『타인/마르마에서 본 히말라야 설산』(*Snowy Range from Tyne or Marma*)**(주3)**은 유럽의 히말라야 탐험가들을 낭만화하고 신화화한 시각을 보여준다**(주4)**. 이 그림의 전경 중앙에는 단 한 명의 인물, 즉 망원경을 들고 히말라야산맥을 바라보는 유럽 남성이 그려져 있다. 이 남성은 흰색 바지, 연미복 재킷, 모자를 갖춰 입었고, 그의 복장, 자세, 그리고 망원경이라는 기술은 그 주변에 묘사된 대략 12여 명의 보티야(Bhotiya) 포터들[역자주: 인도 히말라야 지역에 거주하는 티베트계 산악 민족으로]의 모습, 즉 맨발에 대부분 웃옷을 입지 않은 채 바닥에 누워 있거나 앉아 있는 모습과 뚜렷한 대비를 이룬다. 플리트우드는 이 장면에 대해 이렇게 지적한다: "이들은 '게으른 원주민'라는 고정관념에 맞게 느긋하게 쉬고 있는 모습으로 그려져 있다. 하지만, 그들의 존재는 결국 측량가와 자연과학자들이 항상 히말라야 사람들의 전문 지식과 노동에 의존해 왔다는 것을 상기시킨다"(p. 4).

플리트우드(Fleetwood)의 주장 중 하나는 "과학의 공간을 더욱 더 탈중심화"하자는 것이다(p. 5). 즉, 유럽에서 식민지 주변부로 과학 지식이 확산된다는 "고전적 확산론(diffusionist models)을 비판하고, 과학 실천에 대한 인도 중심적 관점을 확립"하자는 제안이다(p. 6). 이러한 확산론은 영국 지리학의 기원에 대한 이야기 속에서도 반복된다. 즉, 영국에서 발견되고 발전된 지식과 기술이 제국 전역으로 퍼져 나갔다는 이야기 말이다. 이러한 비전은 영국 빅토리아 시대 '제국의 문명화 사명'(Civilising Mission of Empire)의 핵심이었다. 즉, 제국 전체에 학교를 세워, 영국에서 발전된 가치와 지식을 전파해야 한다는 아이디어였다. 이 비전에는 중심(영국, 더 크게는 유럽)과 주변(나머지 세계)이라는 이분법적 전제가 깔려 있다**(주5)**. 이에 대항하여, 플리트우드는 지식이 어디에서 생산되고, 정보가 어떤 방향으로 흐르는지를 설명하는 중심/주변 모델에 반대하는 두 가지 주요 주장을 제시한다. 첫째, 세계에는 여러 개의 '중심들'이 존재하며, 단일 중심만 존재한다는 생각에 도전해야 한다는 것과 둘째,

중심에 있다고 여겨지는 이들조차도 주변으로 간주된 사람들과의 깊은 관계와 의존을 통해 지식을 생산하고 있다는 사실이다. 우리는 전술한 논의에서 이러한 두 번째 논지를 따라왔다. 즉, 유럽 탐험가들이 외로운 개인이었다는 통념에 도전했다. 예를 들어, 다 가마(Vasco da Gama), 스탠리(Stanley) 등 수많은 인물들은 전 세계에 퍼트릴 지리 지식을 생산하기 위해 현지의 정보, 지식, 전문성에 크게 의존했음을 살펴 보았다(이는 단지 지식 생산을 넘어서, 그들이 살아남기 위해서도 현지 지식에 의존했다는 사실을 말해준다). 첫 번째 주장을 뒷받침할 수 있는-즉, 영국 '중심' 밖에 있던 이들 또한 새로운 과학 지식을 생산했다는 주장**(주6)**-대표적인 사례로, 나이르(Nair, 2005)는 탄조르(Tanjore)의 라자 세르포지 2세(Raja Serfoji II)가 과학 지식 생산에 있어 '계산의 중심지'(centre of calculation)을 구축했다고 서술한다[역자주: '계산의 중심지'는 브루노 라투르(Bruno Latour)가 제시한 개념으로, 지식이 다양한 장소에서 수집된 자원과 정보의 축적·분석을 통해 생산되고 조직되는 중심적 공간을 의미한다]. 나이르는 이 용어를 계몽주의 시대의 영국인 조지프 뱅크스(Joseph Banks)가 일컬어질 때 사용되는 방식과 맥락을 공유한다. 이와 관련된 논의는 6장-'*우리는 어디서부터 시작해야 할까?*'-에서 더 자세히 다루어진다. 흥미롭게도, 조지프 뱅크스(Joseph Banks)에 대한 최근의 연구들에서 그가 "제국주의적 목표와 자연사 연구를 수행하는 과정에서 협력하고 의존했던 다양한 공동체와 행위자들이 새롭게 밝혀지고 있다"(Werrett, 2019, p. 426). 이들 유럽 탐험가와 과학자들에 관한 여러 이야기들 속에서는, '고립된 개인 영웅'이라는 신화를 해체하고, 대신에 정보가 이동하고, 분산되며, 다양한 사람들 간의 상호작용을 통해 관계 맺고 구성되어 가는 보다 복합적인 지식 생산의 과정이 반복적으로 드러난다.

정보의 온라인 여정

정보의 접근성과 양의 측면에서, 빅토리아 시대의 영국과 현재는 비교할 수 없다. 지금은 전례 없는 막대한 정보에 교사와 학생 모두가 접근할 수 있으며, 이는 종종 논쟁의 여지가 있는 디지털 온라인 공간을 통해 이루어지고 있다**(주7)**. 이와 관련하여, 필자는, 기후변화 교육에서 정보가 어디서 오는지를 알아보기 위해, 정보 출처에 대한 '스코핑 리뷰 방법론'(scoping review methodology)[역자주: 특정 연구 주제나 분야의 지식 구조, 핵심 개념, 연구 동향, 공백 등을 포괄적으로 탐색하고 정리하기 위한 문헌 고찰 방법]을 사용하였다. 이를 통해, 교사들이 어떤 기후변화 관련 정보를 활용하고 있는지를 조사하였다**(주8)**. 스코핑 리뷰를 통해 필자는, 600편이 넘는 논문을 식별하고 분석했으며, 이를 52편으로 추린 뒤 추가적인 검토를 거쳐, 최종적으로 교사들이 기후변화 정보를 어디에서 얻는지를 다룬 13편의 연구를 선정하였다. 이들 중 눈에 띄는 점은 글로벌 노스(Global North)에 집중되어 있다는 점, 다시 말해 세계 다수 인구가 살고 있는 나머지 국가들에 대한 연구는 전혀 없었다는 것이다. 선정된 연구 중 거의 절반에 해당하는 6편은 미국 한 나라에만 초점을 맞추고 있었다. 이들 연구들은 공간적 편중뿐 아니라, 사용한 방법론적 측면에서도 한계가 있었다. 두 편을 제외한 모든 연구는 교사들의 자기 보고서에 의존하고 있었으며, 2010년 이후 수행된 연구들은 공통적으로 네 가지 주요 정보원-인터넷, 정부 자료, 대중매체, 교사 연수 과정 자료-을 포함하고 있었다. 반면, 2010년 이전에 수행된 유일한 연구인 미카일과 그의 동료들(Michail, Stamou, & Stamou, 2007)은 기후변화에 관한 정보 획득 수단 중 교사들이 가장 적게 사용하는 정보원으로서 인터넷을 결론지었다. 인터넷 이용과 접근성의 변화

속도는 감히 상상하기 어려울 정도이다. 2006년만 하더라도 전 세계 인터넷 접근성의 분포는 극도로 불균형했다(Roser, Ritchie, & O'rtiz-Ospina, 2015). 〈그림 1〉은 2006년 당시, 유럽, 북미, 오스트레일리아, 뉴질랜드, 일본의 경우 인구의 50% 이상이 인터넷을 사용하는 국가임을 보여준다. 반면, 지구상의 대다수 지역들은 인구의 10% 미만만이 인터넷을 사용하고 있었다. 오늘날의 인터넷 사용의 보편성을 고려하면, 당시의 상황은 마치 잊혀진 시대처럼 느껴질 정도이다. 얼마전까지도 전 세계의 대부분이 온라인에 접속하지 않았다는 사실은 믿기 어려운 일이다.

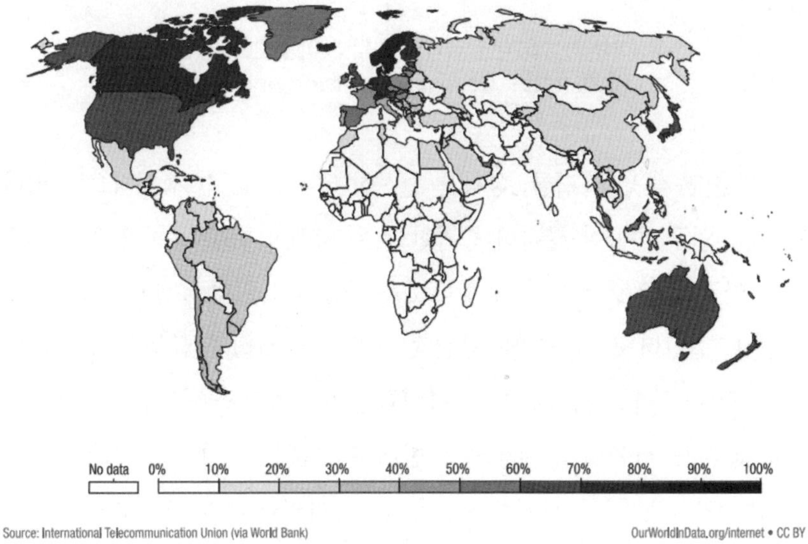

〈그림 1〉 2006년 국가별 인터넷 이용 인구 비율
(출처: https://ourworldindata.org/internet)

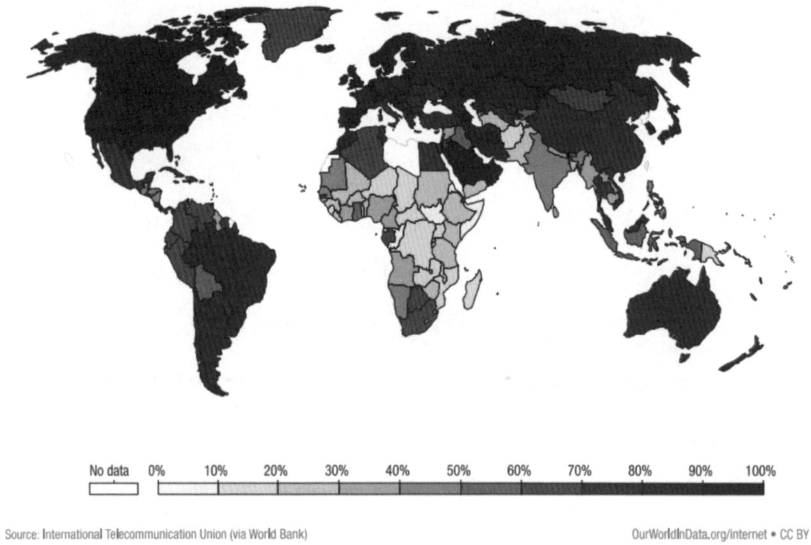

〈그림 2〉 2020년 국가별 인터넷 이용 인구 비율
(출처: https://ourworldindata.org/internet)

14년을 훌쩍 넘긴 지금, 상황은 완전히 달라졌다. 전 세계적으로 인터넷 이용 인구 비율이 급격히 증가한 것은 명백한 현상이다. 많은 나라들에서 인구의 80~90% 이상이 인터넷을 사용하고 있다. 그러나 그럼에도 불구하고, 인터넷 이용률의 공간적 분포는 여전히 불균등하게 나타난다. 특히 아프리카 대륙과 인도 아대륙을 보면, 도표의 음영이 보여주듯, 인터넷 사용 비율이 상대적으로 현저히 낮은 편이다(〈그림 2〉 참조). 이러한 인터넷 접근성의 불균형은 곧 온라인에 어떤 정보가, 그리고 어디에서 생산된 정보가 가시화되는지에 그대로 반영된다.

온라인에 제공되는 정보의 유형과 재현 방식이 얼마나 문제가 있는지를 보여주기 위해, 필자는 해몬드와 그녀의 동료들(Hammond et al., 2022)이 쓴 책의 11장 『기후변화 교육: 정보를 따라가며』(*Climate Change Education: following the information*)에서 두 개의 구글 검색 사례를 예로

든다(Puttick et al., 2022). 이 연구는 인도 푸네(Pune)의 연구자들(Chopra, Singh, Chandrachud)과 옥스퍼드대학교의 연구자들(Robson, Talks, 필자) 간의 협업으로 진행된 프로젝트의 하위 과제로 진행되었다. 이 프로젝트는 '글로벌 도전 연구 기금'(Global Challenges Research Fund, GCRF)의 지원을 받았으며, 제목은 '인도 기후변화 교육의 미래'(*Climate Change Education Futures in India*)였다. 이 프로젝트는 교사들이 기후변화에 대해 어떤 믿음을 가지고 있는지, 특히 그들이 어떤 종류의 정보를 사용하는지에 중점을 두고 연구 질문을 제기했다. 우리는 이 설문조사에 대해 500건 이상의 응답을 받았으며, 이 중 48명의 교사와 심층 인터뷰를 진행하였다. 목적 표집(purposive sample) 방식을 통해 연구 대상을 선정했고, 최종 설문 응답자들 가운데서 거주하는 주**(주9)**, 담당 과목**(주10)**, 교육 단계, 성별 등에 있어 다양성을 고려하였다. 연구 결과, 인터뷰 참가 교사들의 다양한 배경에도 불구하고, 기후변화에 대한 그들의 생각이 놀라울 정도로 유사하였다. 참가자들은 기후변화가 학교 교육에서 매우 중요하고 중심적인 주제라는 강한 신념을 공유하고 있었다: "시급히 다뤄져야 할 주제이에요"(Tanirika). 이런 관점은 교육의 중심 주제로 기후변화를 택해야 한다는 생각을 담고 있으며, 교사들에게 큰 책임감과 정서적인 부담감을 안겨주었다:

> 이건 지속적인 노력이 필요해요. 숨 가쁘게 이어져야 할 실천이죠. 저는 그렇게 실천하고 있어요. 제 아이들 중 누구에게 물어보아도, 5년이 지난 후라도, 분명히 말할 거예요. 제가 기후에 대해 아주 자세히 이야기해 주었다고요. 그만큼 제가 아이들을 생각하는 마음이 크다는 뜻이죠. 그때 저는 감정이 북받쳤어요. 왜냐하면 그게 그 시점에서 정말 필요한 일이었기 때문이에요(Malika).

또 다른 인터뷰에서는 기후변화를 '폭탄'에 비유하며, 행동의 시급성과 의무, 그리고 그로 인한 엄청난 규모의 결과를 강조한다:

> 화석연료가 연소되고 영구동토층이 녹는다는 이야기를 하게 되면, 마치 지금은 숨겨져 있지만 언제든 폭발할 수 있는 폭탄처럼 설명하게 돼요. 매년 조금씩 온도가 상승하는 변화가 어떻게 이런 폭발을 유발하고, 그로 인해 이산화탄소와 메탄이 대기로 방출되는지 말이에요. 그 영향은 정말 파괴적일 거예요. 이로 인해 지구 생명체에 어떤 일이 일어날지 상상도 할 수 없을 정도예요(Vamil).

이 교사들은 기후변화에 관한 정보가 어디에서 오는지, 어디에서 생산되고, 무엇에 관한 것인지에 대해 많은 질문을 제기했다. 그들은 정보의 주요 제공원으로 인터넷이 일상적으로 사용된다는 점, 동시에 지식 생산이 앵글로-아메리카 중심으로 이루어지고 있다는 점을 지적했다. 예를 들어, 교사 타니리카(Tanirika)는 유튜브 영상에 대해 "흥미롭게 볼 수 있긴 하지만, 그들이 말하는 내용은 대부분 미국 같은 선진국에만 해당돼요. 인도 상황에 대한 지식도 더 많이 제공해 줘야 해요"라고 말했다. 이처럼 지역적으로 적절하면서 구체적인 자료가 부족한 현상은 언어의 문제와도 연결된다. 즉, 영어 외의 언어로 접근할 수 있는 자료가 상대적으로 부족하다는 의미이다:

> 글로벌 관점에서 나온 기사들은 많지만, 로컬 관점의 기사는 정말 부족해요. 우리는 더 많은 글을 생산해야 해요. 적어도 타밀어로 된 자료가 얼마나 있는지 저는 잘 몰라요... 로컬에 맞는 자료를 찾는다는 게 저에게는 사실상 도전이에요...(Sonali).

이 프로젝트의 전체적인 맥락을 보면, 우리가 알아보고자 했던 핵심적인 질문들[역자주: 정보는 어디에서 오고, 어떻게 만들어지며, 누구를 위한 것인가]에 대해 좀 더 잘 이해할 수 있게 해준다. 이러한 문제를 간단히 탐색해 보기 위해, 다음과 같은 실험을 수행하였다. 구글에서 동일한 검색어 '초등학교 기후변화'(climate change primary school)를 한 번은 영국 옥스퍼드에서, 다른 한 번은 인도 푸네(Pune)에서 입력하였다. 그 결과는 흥미로웠다. 먼저, 구글이 제공하는 정보의 양은 엄청났다. 우리는 이 숫자의 규모에 쉽게 둔감해지지만, 푸네에서 수행한 검색은 0.42초 만에 약 2억 9천 5백만 개의 결과가 제시되었다. 상상해 보면, 이 숫자를 1초에 하나씩 세어 올라간다고 할 때 잠자거나 먹거나 쉬는 시간도 없이 모두 다 세는 데 거의 10년이 걸린다. 그런데 이 모든 정보가 1초도 안 되는 시간에 제공되었다. 하지만 실제로는 대부분의 검색 결과를 사람들이 보지 않는다. 보통 처음 몇 개의 결과, 많아야 첫 페이지 정도를 확인할 뿐이다. 푸네와 옥스퍼드에서 수행한 이 두 검색에서 처음 10개의 결과는 매우 유사했다. 두 경우 모두, 첫 번째 결과는 기후변화 관련 경영 교육 과정을 홍보하는 유료 광고였는데 푸네에서는 케임브리지 과정이, 옥스퍼드에서는 옥스퍼드대학교의 과정이 나타났다. 이 차이는 사용자의 지리적 위치에 따라 검색 결과가 약간 달라질 수 있다는 유일한 흔적이었다. 놀랍게도 두 검색 모두, 첫 페이지에 동일하게 영국의 도시인 돈캐스터(Doncaster) 지역의 한 초등학교 웹페이지가 포함되어 있었다. 다시 말해, 두 검색 모두 처음 10개의 결과에서 전적으로 유럽-미국 중심의 정보만을 보여주었다. 이처럼, 온라인 검색 결과가 특정 지역에 편향되어 나타나는 것은 지식 생산, 순환, 소비의 지리 측면에서 많은 비판적 질문을 제기하게 만든다. 지리 과목처럼 전 세계를 다루는 교과에서, 글로벌 노스(Global North)의 지식만이 주요 정보로 소비된다는 점은 교육적 측면에서 중대한 시사점을 지니며, 동시에 도전과 저항의 새로운 장을 만들게 한다. 한편, 이 장의 마지막 절인 다음은 이러한 논쟁적인 디지털 공간들과 그 안의 디지털 지리 자체를 지리 교사들이 새롭게 탐험할 수 있는 교육적 자리로 재구성해야 한다는 제안에 대한 것이다.

정보의 새로운 여정, 통계에 대한 오래된 이야기들

그렇다면, 정보의 생산, 유통, 접근에 있어 나타난 오늘날의 변화 양상에 대해 교사는 어떻게 대응해야 할까? 이러한 변화는 학생들에게 어떤 함의를 가지며, 지리교육은 이 과정에서 어떤 역할을 해야 할까?

정보와 지식 체계(생태계)가 빠르게 변화하고 있다는 점은 너무도 명백하지만, 이러한 급격한 변화의 규모와 강도는 오히려 그 속에도 여전히 존재하는 유사성을 가리기도 한다. 즉, 정보 및 정보가 이동하는 방식에는 예전부터 변하지 않은 다음과 같은 중요한 특성들이 있다: 우리는 항상, 누군가가 말하는 정보를 비판적으로 평가할 필요가 있었고, 인간이 생산한 지식은 특정한 위치와 맥락 속에서 형성되며, 다른 지식과 만나고 이동하면서 변화해 왔다. 물론, 지금은 정보의 양과 속도가 과거와 비교할 수 없을 정도로 증가했지만, 기본적인 과정은 여전히 유효하다. 바로 그렇기 때문에, 지리 교사가 가진 지리적 전문성은 여전히 세상을 이해하고 비판적으로 바라보는 데 필수적인 도구가 된다. 인터넷 사용 방식이나 정보와 지식의 생산과 유통 구조는 미래에 어떻게 달라질까? 그리고 이러한 네트워크로 연결된 시스템의 진보 속에서 지리교육은 어떤 역할을 해야 하며, 어떤 역할을 할 수 있을까? 우리가 세상을 탐구하는 과정 속에서, 지리 수업은 앞으로 어떠한 정보의 새로운 여정과 함께하게 될 것인가?

앞서 우리가 던졌던 질문들에 대한 답은, 결국 '세상을 더 잘 이해하자'는 단순하지만 본질적인 목표에 다시 주목하는 것일지도 모른다. 다음 장, *'우리는 어디서부터 시작해야 할까?'*에서 필자는 '일상적 탐구'의 중요성을 주장할 것이다. 이 '일상적 탐구'란, 익숙하다고 여겨지는 것들 속에서 새로운 방식으로 이해함으로써 얻게 되는 기쁨과 경이로움을 소중히 여기는 것을 말한다. 겉으로 보기에 평범한 것을 새롭게 보는 관점으로 껍질을 벗겨내며, 당연하게 여겨졌던 것들 속에서 놀라운 의미를 발견하는 태도이다. 이러한 접근에는 하나의 긴장이 존재하는데, 하나는 세계에 대해 더 잘 이해하라는 요청이고, 다른 하나는 '로컬적이고 일상적인 것'에 주목하라는 제안이다. 여기서 말하는 '세계'는 정보원으로서의 세계를 의미하며, 이는 '세계 구성의 지리'(worlding geography)를 주장한 뮐러(Müller, 2021)의 주장을 바탕으로 한다. 『세계 구성의 지리: 언어적 특권에서 탈식민적 어느 곳으로』(*Worlding geography: from linguistic privilege to decolonial anywheres*)라는 글에서, 뮐러는 지리 지식이 생산되는 장소들을 분석한다. 즉, 그는 학술지의 저자 구성, 편집위원회의 구성, 주요 핸드북(편집 학술서) 등을 살펴보는데, 이것들은 지리학이라는 학문 분야에서 누가 영향력을 행사하고, 누가 그 방향을 결정하는지를 보여주는 대리 지표로 선택된 것들이다. 이러한 분석을 통해 그는, 지리학이라는 학문이 영미권의 영향력에 과도하게 의존하고 있음을 비판하며, 지리학에서 더욱 더 개방적이고 확장적으로 인정하고 포용할 것을 촉구한다. 그가 개념화한 '세계 구성의 지리'(worlding geography)란, "대문자 G를 붙인 '지리학(Geography)'이라는 학문을 현재의 지리학이 포착하지 못하고 있는 수많은 숨겨진 장소들과 말해지지 않은 목소리들에게 개방하는 것을 의미한다. 이러한 장소들과 목소리들은 영어라는 특권적 언어를 중심으로 형성된 기존 지리학의 영향력이 미치지 못하는 지대에 존재한다"(p. 2). 미리 밝히지만, 필자 자신도 영어를 사용하는 사람이고, 독일어는 고등학생 수준밖에 되지 않기 때문에, 이 상황에서 벗어날 수 없음이 분명하다. 그리고 뮐러가 말하듯이, "지리 지식 생산에서 영어가 지배적인 언어로 자리 잡고 있기 때문에, 세계 구성의 지리를 만드는 일은 어렵다"(p. 2). 지식은 모두 동일하게 창조되거나, 바라보거나, 평가되지 않는다. 앞서 언급한 구글 검색 결과만 보더라도 이 불균형은 명확하게 알 수 있다. 필자는 그에 대한 하나의 실천적 대응으로서 다음을 제안한다: '세계 어디서' 생성된 지식이든 의도적으로 찾아 읽고, 인용함으로써 우리는 다양한 지식들과 적극적으로 만나고 연결될 수 있다는 것이다.

비판적으로 참여하고, 더 폭넓게 읽고 인용하자는 요구는 완전히 새로운 것은 아니다. 지리학 안에서는 오래전부터 주로 백인 남성 지리학자들로 구성된 정해진 학문 범위를 넘어서는, 보다 확장된 학문적 참여를 촉구해 온 목소리들이 있었다. 또한, 언론 매체와 학문적 지리학 간의 관계와 그 역할에 대해서도 오랫동안 질문이 제기되어 왔다. 하지만 지금은 매체가 달라졌고, 우리가 디지털 온라인 공간이라는 논쟁적인 영역을 탐색하고 항해하는 데 있어 새로운 도전들이 생겨나고 있다. 다음 절의 '질문과 활동'에서는 특정 플랫폼, 검색 방식, 정보 제시에 있어서의 지배적 경향에 저항하며, 이러한 비판적 탐구 여정을 구체적으로 실천할 수 있는 몇 가지 제안을 담고 있다. 그에 앞서, 여기에서는, 잠시 '미디어' 자체에 대해 간략히 살펴보고자 한다.

지리 수업에서 미디어는 대중적인 정보의 출처로서 지위와 명성을 갖고 있다. 이는 미디어에 일종의 특권적 위치를 부여한다. 미디어가 신뢰할 수 있고, 신빙성 있는(그리고 공정한?) 정보원이라는 인식은, 교사들이 수업과 관련된 기사에 접근하고 이를 공유하는 방식에서뿐만 아니라, 교과교육 전문 단체들이 매체의 시각을 널리 공유하는 방식에서도 잘 보인다. 이 글을 쓰고 있는 현재도, 영국 지리교육협회(Geographical Association)의 X 계정에서는 영국에서 기후변화가 홍수에 미치는 영향을 다룬 영국 공영방송 BBC의 기사에 대해, "Climate Change: Warming to increase UK flood damage by 20% #geographyteacher"라는 문구를 덧붙여 링크를 공유했다. 미디어 중에서도 BBC는 여전히 공적 담론에서 중요한(그리고 논쟁적인) 역할을 수행하고 있다. BBC를 둘러싼 논쟁의 일부는 '문화 전쟁'(culture wars)과 관련되어 있지만, 그 속에는 지리교육과도 밀접한 연관이 있는 공정성과 균형에 대한 질문들이 존재한다. 최근 BBC의 공정성에 대한 검토 보고서에서는 조세, 공공 지출, 정부 차입 및 국가 부채와 같은 주제들을 중심으로 논의가 이루어졌다(Blastland & Dilnot, 2022). 이 보고서는 블래스트랜드와 딜넛(Blastland & Dilnot)이 탐구한 실질적 쟁점, 즉 조세나 정부 지출 같은 구체적인 주제들만 다룬 것뿐만 아니라, 더 넓은 관점에서 공정성이라는 이상적인 가치가 실제로는 얼마나 달성하기 어려운지를 잘 보여준다. 특히, 교사들이 수업에서 공정하고 균형 잡힌 관점을 유지하려고 할 때 겪게 되는 어려움과도 연결되어 있다는 점에서, 이 보고서는 교육 현장의 고민에도 중요한 통찰을 제공한다. 연구자들의 연구 방법론은 BBC의 보도 내용, 내부 문서, 소셜 미디어를 검토하고, 시청자, 기자, 기타 관계자들과의 인터뷰 분석 결과도 포함한다. 연구를 통한 결론은 다음과 같다:

> BBC의 조세, 공공 지출, 정부 차입 및 부채에 대한 보도에 대해서는 전반적으로 많은 사람들이 긍정적으로 평가하며, 칭찬할 만한 부분도 많았다. 하지만 광범위한 공정성이라는 기준에 비춰보면, 공정성을 위협할 수 있는 공백과 전제들이 존재한다는 우려도 있었다(p. 3).

블래스트랜드와 덜넛이 지적한 약점들은 일부 보도가 정치적으로 '좌파' 성향을 띠는 듯 보이는 반면, 다른 사례들은 '우파' 성향을 띠는 듯 보인다는 것을 의미한다. 하지만 '흥미롭게도 이러한 편향은 좌우 양쪽 *모두*'로 향하고 있으며, 이에 따라 조직적인 정치적 편향의 증거는 발견되지 않았다고 이들은 주장한다. 즉, BBC가 좌파 또는 우파에 의해 장악되었다는 근거는 없으며, 이러한 약점들은 정치적 문제가 아니라 저널리즘의 문제라고 결론 내린다. 예를 들어, 연구자들은 다음과 같이 말한다:

> 너무 많은 기자들이 기본적인 경제 개념을 이해하지 못하거나, 그것을 보도하는 데 자신감이 부족하다. 이것은 공정성에 심각한 위험을 초래한다. 검토 기간 동안, 특히 부채 관련 보도에서 이런 문제가 나타났다. 일부 기자들은 부채가 단순히 나쁜 것이라고 본능적으로 느끼는 것 같으며, 이것이 논쟁의 여지가 있는 주제라는 점조차 인식하지 못하는 듯하다(p. 4).

연구자들은 부채에 대한 논의가 어떻게 제시되었는지를 보여주면서, BBC에 소개된 하나의 도표를 비판적으로 분석한다. 이 도표는 영국 통계청(ONS)을 출처로 삼고 있으며, 겉보기에 단순하고 객관적인 선형 그래프로 보인다. 영국 통계청은 매우 신뢰받는 기관이고, 이 그래프는 2000년부터 2020년까지의 영국 공공 부문의 순부채를 파운드화 기준으로 제시할 뿐이다(p. 7). 그러나 "여기 있는 수치 중 어느 것도 정확히 틀리지는 않다"고 하면서도, 저자들은 다음과 같은 문제점을 지적한다: 즉, 부채가 본질적으로 논쟁의 여지가 있는 개념이라는 점에 대한 이해 부족, 더 넓은 맥락에 대한 정보 부족(예: 물가상승률이 반영되었는지 여부-왜냐하면 만약 반영되지 않았다면 증가 추세가 과장될 수 있고, GDP와의 관계도 고려되어야 함), 파운드화 사용(경제학자들은 보통 비율로 표시함), 그리고 시간 범위의 문제(증가하는 구간만 보여줄 경우 어떤 함의가 발생하는가?). 이에 대한 대조로, 연구자들은 시간 범위를 1920년부터 2020년까지 확장한 예시를 제시하여, GDP 대비 부채 비율이 상당히 감소했던 수십 년간의 흐름도 함께 보여줄 수 있음을 보여준다.

블래스트랜드와 딜넛의 비판을 보여주는 또 다른 예로, BBC 웹사이트의 기사 『영국 부채, 이제 전체 경제 규모보다 커져』(*UK debt now larger than size of whole economy*)에는 지난 1년간의 '월별 차입액'을 보여주는 막대 그래프가 실려 있다(https://www.bbc.co.uk/news/business-53104734). 이 그래프에는 여러 개의 파란색 막대가 그려져 있는데, 대부분의 달이 0을 웃도는 위치에 있어, 차입이 증가했음을 보여준다. 2019년 4월부터 2020년 1월 말까지는 차입액이 200억 파운드 이하로 유지되지만, 5월의 차입액은 그보다 훨씬 높게 나타난다. 특히 2020년 5월은 그래프에서 유독 붉은색으로 표시되어 있으며, 막대 위에 붉고 굵은 글씨로 금액이 적혀 있다: **2020년 5월, 552억 파운드**.

이 기사에서 전달하려는 숨은 메시지는 매우 분명해 보인다: 즉, 부채는 나쁜 것이며, 지금 그 수준은 지나치게 높다는 것이다. 특히, 가장 최근의 수치가 붉은색으로 강조되고 그래프에서 유독 크게 표시되면서 '위험' 신호처럼 보이도록 연출되어 있다. 국가 부채가 전체 경제 규모를 넘어섰다는 것은 상당히 공포스럽게 들릴 수 있다. 그러나 이 수치를 가계의 소득과 부채로 비유해 보면, 반드시 그렇게 무서울 필요는 없다는 점을 알 수 있다. 예를 들어, 연간 소득의 4배(400%)에 달하는 주택담보대출을 받는 일은 매우 흔하며, 이는 무모하거나 위협적인 행동이 아니라 오히려 합리적이고 일반적인 재정 결정으로 받아들여진다. 제러미 코빈(Jeremy Corbyn)의 공공 지출 확대 정책이 '마법의 화폐 나무'(magic money tree)를 필요로 한다는 식으로 조롱받았던 일화는, '부채는 무조건 나쁘다'는 인식이 대중과 정치 담론에서 어떻게 수사적으로 활용되어 왔는지를 보여주는 대표적인 사례다. 블래스트랜드와 딜넛은 이에 대해 이렇게 말한다: "우리가 말하고자 하는 요점은 이러한 견해들이 최종적이거나 절대적이라는 것도, 부채가 전혀 문제가 아니라는 것도, 혹은 더 많은 부채가 바람직하다는 것도 아니다. 다만 어떤 사람들은 충분히 그럴듯한 이유로 그렇게 생각할 수 있다는 점을 보여주려는 것이다. 그리고 실제로 그렇게 생각하는 전문가들도 존재한다"(p. 9). 연구자들은 파운드화를 기준으로 부채 증가를 나타낸 선형 그래프를 비판하면서 다시 한번 강조한다: "이것이 곧 우리는 부채는 아무 상관없다거나, 정부는 마음대로 돈을 써도 된다고 주장하는 것은 아니다. 정부의 재정 선택에는 항상 다양한 위험이 따르기 마련이다. 우리가 말하고자 하는 바는, 이 문제에는 진지한 논의의 여지가 있다는 것이다"(p. 13). 이러한 그래프와 시각 자료들은 지리 수업에서 흔히 활용된다(매우 널리 사용되고 있는 것으로 보이지만, 필자가 직접 수업에서 이러한 자료가 사용되는 것을 본 몇 차례의 경험에만 근거할 경우에 한정하여). 그렇기 때문에, 블래스트랜드와 딜넛이 제기했던 비판과 제안(언론인이 경제 및 통계 문해력 향상이 필요하다)은, 정보가 학교 지리 교실로 유입되는 새로운 흐름을 고려할 때 지리교육에 중요한 시사점을 제공한다.

데이터와 통계의 활용에 대해 우리가 좀 더 논의할 수 있는 부분은 많다. 예를 들어 BBC의 공정성 보고서나 블래스트랜드와 딜넛의 보다 광범위한 연구들(예: Blastland & Dilnot, 2008)을 통해 살펴볼 수 있으며, 이와 관련된 주제 중 일부는 이 책의 7장 '*우리는 어떤 이야기를 해야 할까?*'에서 좀 더 깊이 다루어진다. 한편, 지리교육에 있어 정보원으로서 미디어를 비판적으로 다루는 논의에 있어, 필자는 한 가지 차원을 더 추가하고자 한다. 바로 '정확성'에 초점을 맞추는 것이 가지는 잠재적 교육 가치이다. 위에서 언급한 왕립학회 보고서(Royal Society, 2022)와 이에 더해, 페니쿡과 그의 동료들(Pennycook et al., 2021)의 연구는 모두, 사람들이 정보의 정확성을 중요하게 여긴다고 응답하며, 허위 정보나 음모론을 믿는 사람은 소수에 불과하다고 밝히고 있다(예컨대, 왕립학회 보고서는 백신, 5G 통신, 코로나-19, 기후변화 등의 사례에 주목하고 있다). 페니쿡과 그의 동료들이 수행한 연구에서는, 많은 사람들이 정확한 정보만을 공유해야 한다고 믿는 반면, 실제로는 부정확한 기사 제목이 널리 퍼지는 괴리가 존재함을 보여준다. 이들은 소셜 미디어 플랫폼이 온라인 허위정보에 대응하기 위해 '주의 기반 개입'(attention-based interventions)을 어떻게 활용할 수 있을지에 대한 방안을 제안하며, "사람들의 주의를 조금이라도 정확성 쪽으로 전환시키는 것만으로도, 이후 그들이 공유하는 뉴스의 질이 향상된다"고 주장한다[역자주: 사람들이 어떤 뉴스를 공유하기 전에, '이 뉴스는 정확할까?' 같은 메시지를 잠깐 보여주는 것처럼, 주의를 살짝 돌려주는 방법](p. 590). 이는 우리가 학생들에게 온라인상에서 쉽게 접할 수 있는 방대한, 그리고 논쟁적인 정보의 출처에 대해 스스로에게 어떤 질문을 던져야 할지, 그리고 학생들 스스로 어떤 비판적 질문을 던지도록 도움을 주어야 할지에 관한 교육적 함의를 제공한다.

결론

정보의 여정은 지리교육의 모험에 있어 핵심적인 요소다: 이 정보는 어디에서 오는가? 어떤 경로를 거쳐 지리 교실에 도달하는가? 그 과정에서 어떻게 맥락이 재구성되며, 그로 인해 어떤 의미의 변화가 발생하는가? 그리고 교사와 학생은 어떤 정보를 선택하고, 어디에서 탐색하며, 어떻게 이를 표현할지를 두고 어떤 판단을 내려야 할까? 이 장에서는 기후변화 교육을 주제로 한 다양한 프로젝트의 연구 결과를 소개하고, 동시에 BBC의 공정성에 대한 블래스트랜드와 딜넛의 비평을 함께 다루면서, 이러한 질문들을 탐색하기 시작했다. 지리교육에서 대중매체가 수행하는 중요한 역할, 그리고 어떤 질문과 탐구가 정당한 것으로 여겨지는가를 결정하는 데 있어 "뉴스의 가치"(newsworthiness)(Castree, 2014, p. 231)가 작용하는 방식은, 우리가 매체를 보다 비판적으로 다룰 수 있는 역량을 기르는 일이 매우 중요하다는 것을 의미한다. 이러한 비판적 접근은 지리학의 전 영역에서 중요하지만, 그중에서도 기후 변화와 같은 사회과학적 쟁점을 다룰 때 그 중요성이 더욱 분명하게 드러난다. 캐스트리(Castree)는 이렇게 말한다: "뉴스 미디어가 자연에 관해 다룬 이야기 중, 인류세적 기후변화만큼 규모가 방대하고 그 의미가 심오한 사건은 전례가 없었다. 미디어는 타인의 주장에 대해 문지기이자 중계자 역할을 하며, 이로 인해 막대한 영향력을 행사하게 된다"(p. 236). 오늘날 지리교육에서 특히 온라인을 통해 이용 가능한 방대한 정보는 실로 놀라운 기회를 제공하며 엄청난 가능성을 안고 있다. 하지만 이러한 온라인 환경에는 오랜 시간 축적된 편견과 특권이 여전히 깊숙이 뿌리내리고 있다. 따라서, 정보의 민주화라는 잠재력을 지녔음에도 불구하고, 오히려 기존의 불평등이 완화되기보다는 더욱 심화되고 있다는 점이 문제로 지적된다. 고품질의 정보를 손쉽게 제공하려는 목적과, 광고 수익을 극대화하기 위해 사용자의 주의를 모아야 하는 상충된 목표 사이에는 기본적인 긴장 관계가 존재한다. 이로 인해 온라인 정보원을 탐색하는 일은 결코 단순하지 않으며, 가치 중립적일 수도 없다. 인도 푸네(Pune)와 영국 옥스퍼드(Oxford)에서 초등학교 수준의 기후변화 정보를 검색했을 때, 검색 결과는 앵글로-아메리카(영미권) 중심의 순위 구조를 그대로 드러냈고, 이는 보다 로컬 지역에 밀착된 교육 자료의 필요성을 더욱 부각시켰다. 다음 장인 '*우리는 어디서부터 시작해야 할까?*'에서는 이러한 문제 제기에 대한 하나의 응답으로, '세계 구성의 지리'(worlding geography)와 '로컬과 일상적인 것에서 출발하기' 모두에 집중함으로써 새로운 지리교육의 방향을 제시하고자 한다.

질문과 활동

- 당신이 학생들에게 제공하는 정보는 보통 어디에서 오는가? 왜 그런 출처의 자료를 선택하는가?
- 언어적 특권과 앵글로-아메리카(영미권) 중심주의는 지리 지식의 생산에 어떤 영향을 미치는가? 그리고 더 다양한 목소리와 관점을 지리학에 포함시키기 위해 어떤 조치가 필요할까?
- 오늘날 정보는 어떤 방식으로 이동하는가? 이러한 정보의 흐름은 지리 수업에 어떤 영향을 미치는가? 여러분의 교직 경력 동안 이러한 양상은 어떻게 변화해 왔는가? 앞으로 인터넷 사용 방식과 지식 생산 양상은 어떻게 달라질 수 있을까? 이러한 변화는 학생들에게 어떤 의미를 가지며, 지리교육은 이 변화하는 환경에서 어떤 역할을 해야 할까?
- 교사는 '정보의 지리'를 어떻게 교육과정 자원으로 활용하거나, 추가적인 연구 및 지리적 탐구의 영감으로 삼을 수 있을까?
- 지리 지식이 이동하는 과정에서 드러나지 않거나 유해할 수 있는 여정들은 지리교육에 어떤 함의를 갖는가?
- 디지털 온라인 공간을 탐색하고 활용하는 과정에서 어떤 도전 과제가 발생하는가?
- 특정 플랫폼, 검색 방식, 정보 제시 방식의 지배 구조에 저항하는 '비판적 정보 여정'(critical journeys)은 어떻게 개발될 수 있을까?
- 지리와 관련된 뉴스 기사를 하나 선택하고, 다양한 출처를 사용해 비판적으로 분석해 보자. 출처에는 학술 저널, 온라인 포럼, 여러 국가의 뉴스 매체, 소셜미디어 계정 등이 포함되어야 한다. 이러한 출처들은 관점, 어조, 위치(입장), 분석 방식에서 어떻게 다른가?

- BBC의 기사를 하나 선택하여, 블래스트랜드와 딜넛의 '공정성에 대한 보고서'와 연관지어 분석해 보자. '공정성'이라는 개념은 언론 매체에 어떤 도전과제를 던지는가? 또한, 공정성에 대한 논의는 정보, 데이터, 재현, 위치성, 세계에 대한 분석과 같은 지리적 질문들과 어떻게 연결되는가?
- 특정 정보 하나의 여정을 조사하고 그것의 생산, 유통, 그리고 교실로의 이동 과정을 지도로 나타내 보자. 이 과정에 관련된 지리적 장소들, 연결, 상호관계, 과정, 행위자들을 강조해 보자.

주

1. https://theconversation.com/collaborative-indigenous-research-is-a-way-to-repair-thelegacy-of-harmful-research-practices-193912?
2. '유럽'에서 몽블랑이 가장 높은 산의 자리를 잃은 사건은 특히 상징적인 의미를 지닌다. 몽블랑은 오랫동안 다른 산들과의 비교 기준이자 척도로 기능해 왔기 때문이다. 이 비교 틀은 너무도 자주 사용되어 "'몽블랑'은 사실상 하나의 측정 단위가 되었고, 모든 다른 고도는 이를 기준으로 표시되었다"(Fleetwood, 2022, p. 13). 이처럼 규범을 설정하는 중심으로 작용하던 몽블랑은, 훨씬 더 높은 히말라야산맥과 마주했을 때 그 기준에서 파생된 산에 대한 이론과 이해가 흔들리는 흥미로운 상황을 낳았다. 이는 "글로벌 비교가 본질적으로 얼마나 불균형적인지, 즉 누가 언제 어떤 정보에 접근할 수 있었는가"를 성찰하게 하는 순간이다. 따라서 우리는 세계사 속에서 "순환과 연결뿐 아니라, 단절, 실패, 저항"의 순간에도 주목할 필요가 있다(p. 14).
3. https://www.tate.org.uk/art/artworks/turner-snowy-range-from-tyne-or-marma-t05178
4. 또한 도즈 페녹(Dodds Pennock, 2022)이 이 서사를 뒤집는 방식에 주목할 필요가 있다. 그는 "이 책은 몬테호(Montejo)와 푸에르토카레로(Puertocarrero) 및 그들과 같은 부류, 즉 식민 개척자들과 정복자들, 세계를 자신의 것으로 만들기 위해 활보하던 백인 식민주의자들에 관한 이야기가 아니다. 이것은 그 반대 방향으로 이동했던 사람들의 이야기다..."라고 서술한다(p. 1).
5. 세계 과학계에서 중심-주변(center-periphery) 모델은 그동안 널리 비판받아 왔다. 이 모델은 이전의 북/남, 서구/비서구와 같은 위계적 이분법을

반복하며, 안/밖(inside/outside)의 이분법적 구도를 재생산한다는 점에서 문제가 제기된다. 과학 지식 체계가 어떻게 발전해 왔는지를 개념화하는 데 있어 대안적 접근을 제안한 마진슨(Marginson)과 쉬(Xu)는 '지식의 생태학'(ecology of knowledges)이라는 관점을 주장한다. 예를 들어, 다음의 논의를 참조하라: https://www.researchcghe.org/publications/working-paper/moving-beyond-centre-periphery-science-towards-an-ecology-of-knowledge/. 또 다른 예로, 과학 지식 체계의 중심에 관계적 가치(relational values)를 두려는 시도도 있다(Yang, Marginson, & Xu, 2022). 이 연구는 우리가 지식의 생산을 어떻게 이해하고 상상하는가에 대해 근본적인 질문을 제기한다. 지리사상사 속에서도 중심-주변 모델이 반복적으로 재현되는 현실을 고려할 때, 이 틀은 우리의 사고 전반에 깊이 스며들어 있을 가능성이 높다. 이러한 점을 인식한다면, 우리는 지리 지식을 어떻게 제시하고 있는지에 대해 더 비판적인 질문을 던질 수 있을 것이다: 예컨대, 우리는 누가 그것을 발견했다고 말하고 있는가? 그 이야기 속에 어떤 인물들을 포함시키고 있는가? 그 발견의 성격을 개인의 성취로 묘사하는가, 아니면 집단의 산물로 묘사하는가? 어느 지역을 중심에 두고 있는가?

6. 이브 터크(Eve Tuck)의 다음 주장도 참고할 가치가 있다. "태고적부터 토착민 공동체들은 연구 활동을 수행해 왔으며, 그 방식이 비체계적이거나 객관성이 없다는 이유로 배제되었을지라도, 토착민은 언제나 연구자였다. 실제로 많은 토착민의 세계관과 지식 체계, 그리고 가치들은 탐구와 호기심에 기반하며, 그리고 스토리텔링을 통해 지식을 공유하고 있다". 이처럼 정보 생산의 본질이 공동작업에 있다고 보며, 터크는 토착민 지식 체계를 존중하고 예우하는 협력적 연구를 주장한다. 그녀는 다음과 같이 말한다: "이 접근은 토착민 공동체들이 유구한 역사를 지녔고, 심지어는 더 긴 미래를 향해 나아가고 있다는 믿음에 기반한다. 그것은 토착민들이 자신의 일상과 그들에게 영향을 미치는 제도와 정책에 대해 전문성을

가지고 있다는 전제에서 출발한다. 이 전문성은 제도와 정책이 어떻게 그들의 희망과 꿈을 가로막는지를 보여준다". 터크와 동료 연구자들의 바람은, 협력적 토착민 연구(Collaborative Indigenous Research)가 "토착민 공동체의 행위 능력(agency)과 자기결정권을 지지하는 데 기여하는 것이다. 이는 종종 흑인 공동체 및 다른 식민폭력을 경험한 공동체들과의 연대를 통해 실현된다". 터크가 고안한 실천적 해결책 중 하나는 협력적 토착민 연구 디지털 가든(Collaborative Indigenous Research Digital Garden)이다. 이 플랫폼은 누구나 접근 가능한 온라인 공간으로, 학습하고, 나누고, 연결할 수 있는 장을 제공한다. 2024년 이 가든은 200편이 넘는 연구들을 한데 모으고 있다.

7. 예를 들어, 온라인 정보 환경과 허위정보 문제의 규모 및 논쟁적 성격의 일부 측면을 요약한 유용한 자료로는 왕립학회(Royal Society)의 보고서를 참조하라(Society, 2022).
8. https://www.bera.ac.uk/blog/climate-change-education-what-do-we-know-about-the-sources-of-information-teachers-are-using. 그리고 전체 원문은 Puttick and Talks(2022) 참조.
9. 마하라슈트라(Maharashtra), 타밀나두(Tamil Nadu), 안드라프라데시(Andhra Pradesh), 잠무 카슈미르(Jammu and Kashmir), 서벵골(West Bengal), 펀자브(Punjab), 비하르(Bihar), 자르칸드(Jharkhand), 차티스가르(Chhattisgarh), 시킴(Sikkim), 델리(Delhi), 마디아프라데시(Madhya Pradesh), 우타르프라데시(Uttar Pradesh).
10. 지리학, 문학, 물리학, 생물학, 수학을 포함.

참고문헌

Blastland, M., & Dilnot, A. (2008). *The Tiger That Isn't: Seeing Through a World of Numbers*. London: Profle Books.

Blastland, M., & Dilnot, A. (2022). *Review of the impartiality of BBC coverage of taxation, public spending, government borrowing and debt*. Retrieved from https://www.bbc.co.uk/aboutthebbc/documents/thematic-review-taxation-public-spending-govtborrowing-debt.pdf

Castree, N. (2014). *Making Sense of Nature: Representation, Politics and Democracy.* Abingdon: Routledge.

Dodds Pennock, C. (2022). *On Savage Shores: How Indigenous Americans Discovered Europe.* London: Weidenfeld & Nicolson.

Fleetwood, L. (2022). *Science on the Roof of the World: Empire and the Remaking of the Himalaya.* Cambridge: Cambridge University Press.

Hansen, P. H. (1996). Vertical boundaries, national identities: British mountaineering on the frontiers of Europe and the empire, 1868–1914. *The Journal of Imperial and Commonwealth History, 24*(1), 48–71. doi:10.1080/03086539608582968

Michail, S., Stamou, A. G., & Stamou, G. P. (2007). Greek primary school teachers' understanding of current environmental issues: An exploration of their environmental knowledge and images of nature. *Science Education, 91*(2), 244–259. doi:10.1002/sce.20185

Müller, M. (2021). Worlding geography: From linguistic privilege to decolonial anywheres. *Progress in Human Geography*. doi:10.1177/0309132520979356

Nair, S. P. (2005). Native collecting and natural knowledge (1798–1832): Raja Serfoji II of Tanjore as 'centre of calculation'. *Journal of the Royal Asiatic Society, 15*(3), 279–302. doi:10.1017/s1356186305005298

Pennycook, G., Epstein, Z., Mosleh, M., Arechar, A. A., Eckles, D., & Rand, D. G. (2021). Shifting attention to accuracy can reduce misinformation online. *Nature, 592*(7855), 590–595. doi:10.1038/s41586-021-03344-2

Puttick, S. (2015). *Geography teachers' subject knowledge: An ethnographic study of three secondary school geography departments*. (DPhil). University of Oxford. Retrieved from https://ora.ox.ac.uk/objects/uuid:e83f4822-c40b-4217-b6b2-02a85da52b2a/fles/m9fbaabc81ac05b48da46334aa0c6f4a0

Puttick, S., Chandrachud, P., Chopra, R., Robson, J., Singh, S., & Talks, I. (2022). Climate change education: Following the information. In J. McKendrick, M. Biddulph, S. Catling, & L. Hammond (Eds.), *Children, Education and Geography: Rethinking Intersections* (pp. 168–181). Abingdon: Routledge.

Puttick, S., & Talks, I. (2022). Teachers' sources of information about climate change: A scoping review. *The Curriculum Journal, 33*(3), 378–395. doi:10.1002/curj.136

Roser, M., Ritchie, H., & O'rtiz-Ospina, E. (2015). *Internet.* Retrieved from https://ourworldindata.org/internet

Royal Society. (2022). *The online information environment: Understanding how the internet shapes people's engagement with scientifc information*. Retrieved from: https://royalsociety.org/-/media/policy/projects/online-information-environment/the-onlineinformation-environment.pdf

Simpson, T. (2018). Modern mountains from the enlightenment to the anthropocene. *The Historical Journal, 62*(2), 553–581. doi:10.1017/s0018246x18000341

Stanley, H. M. (1875–1876). Letters of Mr. H. M. Stanely on his journey to Victoria Nyanza, and circumnavigation of the lake. *Proceedings of the Royal Geographical Society of London, 20*(2), 134–159.

Werrett, S. (2019). Introduction: Rethinking Joseph banks. *Notes and Records of the Royal Society of London, 73*(4), 425–429. doi:10.1098/rsnr.2018.0064

Yang, L., Marginson, S., & Xu, X. (2022). 'Thinking through the world': A tianxia heuristic for higher education. *Globalisation, Societies and Education*, 1–17. doi:10.1080/147677 24.2022.2098696

제6장 우리는 어디에서 시작해야 할까?

서론

우리는 어디서부터 시작해야 할까? 이 질문은 어쩌면 조금 바보같이 들릴지도 모른다. 어차피 우리는 지금 있는 곳에서 시작할 수밖에 없다. 우리가 어디에서 출발하길 바라든, 우리는 언제나 이미 어떤 장소에 있다. 모든 여정은 결국 우리가 있는 곳에서부터 시작할 수밖에 없다. 인간은 유한한 존재이며, 반드시 어디엔가 위치해 있다. 빅토리아 시대의 탐험가들이 마치 신의 눈을 가진 것처럼 어디에도 속하지 않은 관점을 취하려고 애썼지만, 그들 역시 우리와 마찬가지로 특정한 장소에서 사고하고, 글을 쓰고, 가르치고, 배우는 사람들이었다. 필자가 '*우리는 어디서부터 시작해야 할까?*'라는 질문이 중요하다고 생각하는 이유는, 이 질문이 너무 쉽게 간과되거나 생략되기 때문이다. 마치 (구글)어스 프로그램을 통해 지구 표면을 자유자재로 넘나들 듯, 우리는 지리적 탐구나 수업도 아무 데서나 시작할 수 있다고 착각할 수 있다. 이 질문과 관련하여 필자는 다음과 같은 두 가지 의미에서 고려한다. 첫 번째는 지리교육은 어디에서부터 시작해야 하는가에 관한 것이며, 필자는 '로컬과 일상적인 것'에서 시작해야 한다는 주장을 펼칠 것이다. 두 번째는 '지리'라는 학문과 교과 자체에 대해 우리가 갖고 있는 이해나 이야기들이 어디에서 비롯되었는가에 대한 물음이다. 어떤 경로를 택하든, 여정의 시작점과 도착점은 서로 연결되어 있다. 팀 인골드(Tim Ingold, 2016)의 말처럼, 이 둘 사이에는 *선들*이 서로 연결되어 있다. 즉, 다양한 선들이 얽힌 하나의 그물망이 존재한다: 가장 명확한 예로, 교사와 학생 모두가 각자의 어디선가에서 출발해 어딘가 다른 곳으로 나아간다. 이 여정은 비유적인 장소, 물리적인 장소, 상상 속 장소들을 서로 연결하는 실타래와 같다. 이 논의는 앞서 살펴본 정보의 여정에 대한 탐구에서 이어진다. 즉, 정보가 교실에 도달하는 과정에서 드러난 앵글로-아메리카 중심의 지식 생산과 재현의 지배 구조를 비판적으로 성찰하는데, 여기에서는 지역성과 일상성에서 출발하면서도, 동시에 우리의 독서와 탐구의 지평을 확장하여 보다 세계적인 지리관을 구축하는 방안을 제안한다. 이는 기존의 좁은 영미 중심적 시각을 넘어서는 '세계 구성적 지리'로 나아가자는 말이다.

따라서 *'우리는 어디서부터 시작해야 하는가?'*라는 질문에 대해 필자가 강조하는 '탐험 되찾기'(재조명)는 이중적인 시사점을 갖는다. 첫 번째 수준에서, 필자는 탐험 되찾기는 곧 지금 당신이 있는 곳에서 출발하는 것을 의미한다고 본다. 이 책 전반에 걸쳐 필자는 오리엔탈리즘(Orientalism) [역자주: Edward Said에 의해 명명되어, 서구가 동양을 낯설고 이질적인 존재로 규정하고, 이를 통해 열등하고 미개한 이미지로 타자화하는 담론 체계]에 반대해 왔다. 이 오리엔탈리즘은 환경결정론에 기반하여, 학교 지리교육을 오염시켰다. 그 결과, 지리는 인종과 장소를 동질화하고 서열화하며, 이국적인 타자를 일종의 숭배 대상으로 만드는 교과가 되었다. 우리는 먼 곳에 대한 집착에서 벗어나야 한다. 필자는 지금까지, 그리고 이 장에서도 다시 한번, 로컬적이고 일상적인 것에서 출발하는 지리 수업의 중요성을 강조하고자 한다. 하지만 동시에, 지리학이라는 학문 자체에 대해 생각해 볼 때, 오히려 반대 방향의 접근을 하고자 한다. 그동안 이 책에서 여러 차례 비판했던 것처럼, 지리학은 유럽과 미국 중심의 시각에 상당한 영향을 받아왔다. 따라서 탐험이라는 개념을 회복하기 위해서는, 우리가 지리에 대해 어떤 이야기를 어떻게 구성하느냐에서 드러나는 유럽 중심적 지배 구조에 맞서야 한다. 이와 관련해 래드클리프(Radcliffe, 2017)는 이렇게 주장한다. 단순히 "서양의 주장을 주변화하는 포스트식민주의 접근을 넘어, 진정한 탈식민적 전환(decolonial turn)은 라틴아메리카, 아프리카, 토착의 장소, 글로벌 사우스(Global South)에 있는 배제되어 온 학자들의 관점*으로부터* 세계를 다시 사고하고 설명하는 것"이라고 말한다(p. 329). 좀 더 구체적인 예로, 크랙과 니트(Craggs & Neate, 2019)의 연구 『만약 우리가 나이지리아에서부터 지리를 시작한다면 어떤 일이 벌어질까?』(*What happens if we start from Nigeria?*)는 참고할 만하다. 결국 핵심은, 학교 교과로서의 지리, 그리고 학문으로서의 지리학 모두에서 우리는 다음과 같은 것들을 새롭게 생각해 봐야 한다는 것이다: 우리가 어떤 인물들을 중심에 둘 것인지, 우리가 어떤 이야기를 어떤 구조로 구성할 것인지, 그리고 이 장의 초점이기도 한, 우리는 어디에서부터 출발할 것인지에 대해 재고할 필요가 있는 것이다.

유럽에서 출발하기

우리는 지리에 대해 엄청난 규모의 이야기를 말한다. 또한, 지리를 통해서, 또는 지리와 함께, 거대한 이야기를 만들어 낸다. 이 이야기들이 그렇게 거대한 이유는, 아주 짧은 말로도 광대한 시공간을 넘나들며 이야기를 하기 때문이다. 예를 들어, 단 한 문장으로 우리는 지구 전체를 아우르는 일반화를 만들어내고, 문명의 흥망성쇠를 서술하며, 한 세대 전체의 희망, 욕망, 좌절, 성공을 특정지어 버린다. 교과서 반쪽 분량으로 거대 도시(mega-cities) 전체의 이야기를 담아내기도 한다. 학교 교과로서의 지리, 학문으로서의 지리학에 대해 우리가 들려주는 이야기들도 이와 유사하게 거대하다. 물론 이러한 현상은 지리학만의 문제는 아니다. 다른 교과들의 발달 과정을 살펴보아도 수 세기에 걸친 사유와 논쟁, 탐구와 탐험의 흐름을 빠르게 훑고 지나가는 비슷한 서사 구조를 볼 수 있다. 예를 들어, 교육철학을 설명하면서, 오안체아와 브리지스(Oancea & Bridges, 2009, p. 553)는 우리가 끊임없이 참고하게 되는 영향력 있는 철학자들을 이렇게 나열한다: "하버마스와 하이데거, 비트겐슈타인과 듀이, 밀과 칸트, 흄과 로크, 그리고 몇 세기를 훌쩍 건너뛰어 플라톤과 아리스토텔레스까지". 단 몇 줄에 수 세기를 뛰어넘는 서술을 하는 것이다. 이러한 의미에서, '우리가 어디서부터 시작하느냐'는 곧 '우리가 누구를 인용하느냐'와 같은 것이다:

> 인용은 우리가 어떤 방법론을 따르며, 어떻게 지식을 구성하고 서술하게 되었는지를 드러내는 지점이다. 인용은 중요하다. 왜냐하면 그것은 우리의 주장을 구성하고, 뒷받침하며, 정당화하기 때문이다. 예를 들어, 우리가 미셸 푸코(Michel Foucault)를 주요한 이론적 · 방법론적 틀로 삼는다면, 즉 푸코를 우리의 이론적 발판으로 삼는 순간, 우리는 거의 확실하게 푸코적인 결론에 이르게 될 것이다. 물론 푸코적인 접근이나 결론이 잘못되었다는 말은 전혀 아니다. 그렇게 말하는 것은 오히려 내가 여기서 말하려는 인용의 작동 방식을 회피하는 일이 될 것이다. 대신, 이 예시는 단지 다음의 사실을 강조하기 위한 것이다: 우리가 누구를 인용하며 출발하는가, 그리고 어떤 이론

> 적 발판 위에 서 있는가에 따라 우리가 이르게 되는 결론의 방향이 달라진다는 점이다(McKittrick, 2021b, pp. 22-23).

맥키트릭(McKittrick)은 연구, 교육, 학문 활동 전반에 걸쳐 깊이 있는 지적 실천을 위한 비전을 제시하며, 그 기준을 매우 높게 설정한다. 그의 사유는 우리가 실천적 이론화에 대한 새로운 관점을 제시하며, 특히 '우리는 어디에서부터 시작해야 하는가'라는 질문과, 학생들과 나누는 지식과 정보를 누구화 함께 만들어냈는지를 명시적으로 인정하는 것의 중요성에 초점을 맞춘다. 그는 이렇게 말한다: "우리가 정말 최선을 다해 연구할 때, 우리의 연구를 가능하게 만든 공동의 지적 실천을 인정하게 된다"(p. 31)**(주1)**. 이러한 비전은 단순한 참고문헌 목록을 형태, 질감, 방향성을 가진 역동적이고 주체적인 힘으로 바꾼다. 참고문헌은 우리를 새로운 장소로 이끌고, 시야를 확장하며, 하나의 이야기를 전달한다: "참고문헌은 지도 범례나 지도 해설의 열쇠처럼, 우리가 지도를 어떻게 읽는지를 설명해 주는 장치다. 그것은 이야기의 구성, 지도, 경계, 도식화된 데이터 등을 어떻게 해석할지를 보여준다"(p. 33). 하지만 우리는 이 질문도 함께 던져야 한다: 참고문헌 목록에는 누가 포함되고, 누가 배제되는가?

옛날 옛적에-이야기는 이렇게 시작된다-그리스 철학자들은 시간과 공간, 그리고 지리적 문제들에 대해 깊이 고민했다고 전해진다. 옛날 옛적에, 플리니우스(Pilny the Younger)와 같은 그리스-로마 지식인들은 『자연사』(*Naturalis Historia*) 같은 책을 쓰며, 사물에 이름을 붙이고, 기록하고, 분류하는 지리학의 초기 작업을 시작했다. 그리고 또 어느 시기, 수 세기를 훌쩍 건너뛴 그다음 시대, 유럽의 탐험가들은 용감하게 지리를 '실천'하기 시작했다. 우리는 포르투갈의 탐험 항로를 지도에 표시하면서**(주2)**, 카앙(Cao), 코빌랴(Covilha), 디아스(Dias), 다 가마(Da Gama)의 항해 경로를 따라간다. 우리는 콜럼버스를 그의 지리적 전문성과 발견으로 인해 찬양하곤 한다. 그는 다음과 같은 평가를 받는다**(주3)**:

> [콜럼버스는] 매우 뛰어난 항해술과 지리적 인식을 지닌 인물이었다. 그는 천문 현상에 대한 다양한 관측, 그리고 해양의 바람 순환 체계에 대한 깊이 있는 지식을 바탕으로 유능한 선원으로서의 역량을 보여주었다. 또한 그는 지리적 유산들, 특히 『이마고 문디』(*Imago Mundi*)』[역자주: 중세 신학자 피에르 다일리(Pierre d'Ailly)가 집필한 지리·천문 백과서로, 콜럼버스를 포함한 당대 항해자들에게 큰 영향을 끼친 저작이다]와 마르코 폴로의 여행기에 수많은 주석을 꼼꼼히 달아 놓음으로써, 학문에 대한 헌신을 드러내기도 했다(Livingstone, 1992, p. 45).

이 모든 '옛날 옛적에'라는 이야기들은 동시에 '어디선가'에 대한 이야기이기도 하다. 잘 알려진 바와 같이, 시간과 공간은 분리될 수 없는 개념이며(Massey, 2005), 우리가 지리에 대해 말할 때 그 출발점은 흔히 고대 유럽이라는 초현실적 공간, 즉 그리스-로마 중심의 허구적 이야기에서 시작된다. 그리고 그렇게 수 세기를 훌쩍 뛰어넘어, 이야기는 제국을 건설하던 탐험 시대로 이동한다. 이 절의 제목이기도 한 '유럽에서 출발하기'라는 것은 곧 허구에서 시작하는 것이다: 유럽은 시간을 한데 압축시킨, 즉 그리스-로마 문명의 황금기와 계몽주의 이성주의(Enlightenment Rationalism)를 마치 한 줄기 역사처럼 긴밀하게 연결한 허구적 시공간의 구성물인 것이다. 이러한 이야기 방식은 지리학, 역사, 그리고 지리사상사에 있어 오해를 낳는데, 특히 '암흑기'(Dark Ages)라는 개념이 구성되는 방식에서 분명히 드러난다. 월포드(Walford, 2001)의 지리 이야

기 서술에서 그는 다음과 같이 주장한다:

> 중세 '암흑기'(Dark Ages)가 유럽을 덮치면서, 여행과 탐험이 줄어들고, 소수의 사람들만이 형식적인 교육 기관에서 제한된 교육과정을 접하게 되면서, [지리교육은] 거의 소멸되다시피 했다. [하지만] 영국 학교에서의 보다 넓은 의미의 지리교육은 16세기와 17세기의 신대륙 발견과 제국의 시작을 계기로 비로소 다시 주목을 받기 시작했다(p. 4).

이는 '암흑기'라는 용어에 대한 순진하고 대중영합적인 오해이다**(주4)**. 이 장에서는 이 용어에 대해 더 깊이 탐구하거나, 그 시기를 부정적인 방식으로 전체를 일반화하는 표현에 대해 충분히 다룰 수는 없다. 하지만, 이 장 말미의 미주에서 이 시기에 실제로 발전한 고도의 사유를 소개하는 자료들을 안내하고 있으니 참고해 보자.

중세시대, 세계에 대한 오해는 잉글랜드, 유럽, 그리고 나머지 세계에 대한 식민주의적 이야기 구성과 신화 만들기의 일부에서 비롯된 것이다. 이러한 신화가 작동하려면, 유럽 이외 지역에서 훨씬 이전에 이루어진 정교한 진보가 반드시 무시되거나 억압되어야 한다. 왜냐하면 이러한 사실들이 드러나는 순간, 문명 간 위계를 설정한 뒤 잉글랜드를 '자연스럽게' 더 높은 위치에 두려는 이데올로기적 서사 전체가 무너질 수밖에 없기 때문이다. 우리가 앞서 살펴본 월포드(Walford)의 주장 중 하나는, 사람들에게 특정한 경험과 믿음이 어떻게 부여되는가와 관련되어 있다. 그는 특히, 어떤 집단이 '이국적'(exotic)으로 묘사되는 표현들은 다음과 같은 사실을 보여준다고 말한다: "당시 사람들은 전반적으로 매우 폐쇄적이었고, 서로에 대해 거의 알지 못했으며, 그 시기의 세계는 오늘날 우리가 말하는 '지구촌'과는 거리가 매우 멀었다..."(p. 22). 앞서 필자는 월포드가 전체 집단을 하나의 특성으로 동질화하여 묘사하는 방식을 옹호하는 논리에 주목하고, 그가 사용하는 가정, 즉 그 시기의 지리 저자들은 *단지 시대의 산물일 뿐이며*, 그들에게 책임을 묻는 것은 부당하다는 주장에 대해 문제를 제기했다. 이런 주장은 맥킨더(Mackinder)의 작업에서도 문제가 되었던 환경결정론(environmental determinism)을 다시 끌어온 것이다. '일반적으로'와 같은 말로 일반화를 해버리는 태도는 너무나 졸속이고 근거도 부족하다. 과거 이야기에 대한 이러한 서술 방식은 루이스(Lewis, 1955)가 말한 '연대기적 오만'(chronological snobbery)에 불과하다[역자주: 과거의 사상이나 가치를 단지 오래되었다는 이유만으로 열등하거나 무가치하다고 간주하는 연대기적 편견을 의미한다].

옛날의 한 시공간에는, 수많은 다른 시공간들이 존재했다: 그곳들에서도 수백만 개의 삶이 병존하고 있었고, (다른) 이야기들이 쓰이고 있었다. 그렇다면 이렇게 질문해 보자. 우리가 그 과장되고 미화된 '초현실 유럽'에서 출발하지 않는다면 무슨 일이 벌어질까? 지리적 사유가 다른 곳에서도, 다른 방식으로 형성되어 왔음을 인정하고 탐색한다면 어떻게 될까? 우리가 항해자 다 가마(da Gama)의 뛰어난 항해술을 칭송하며 이야기를 시작하는 대신, 이미 1400년대부터 GPS도 없이 수차례 인도 말라바르 해안에서 아프리카 동해안까지 항해했던 구자라트의 항해자를 이야기의 출발점으로 삼는다면 어떨까? 다 가마가 인도로 항해할 수 있었던 건, 바로 이 현지 항해자의 전문 지식 덕분 아닌가? 우리가 유럽의 근대 세계지도로부터 시작하는 대신, 중세 아랍의 지리학자 무함마드 알-이드리시(Muhammad al-Idrisi)가 만든『타불라 로제리아나』(*Tabula Rogeriana*)에서 시작한다면 어떤 새로운 이야기를 할 수 있을까?

알-이드리시(al-Idrisi)로 시작하기

무함마드 알-이드리시(Muhammad al-Idrisi)의 『타불라 로제리아나』(*Tabula Rogeriana*)』-〈그림 3〉에 제시된 세계지도-는 놀라운 업적이었다. 1100년대에 제작된 이 지도 한 장만으로도 충분히 중세 '암흑기'에 대한 안이한 신화를 무너뜨릴 수 있을 정도다. 이 지도를 고려하기 시작한다는 것은, 다른 공간에서, 그리고 다른 시공간에서 이야기를 시작하는 것을 의미한다. 이 지도는 우리에게 매우 많은 것을 말해줄 수 있으며, 수많은 질문을 가능하게 한다. 〈그림 3〉에 나타난 이 이미지는, 알-이드리시가 제작한 여러 권의 지도책을 합쳐 구성한 것이다: 자세히 보면, 지도에 표시된 세로선과 가로선이 여러 부분이 이어진 지점에서 약간 어긋나 있는 것을 확인할 수 있다. 무함마드 알-이드리시는 1100년에 모로코에서 태어나 1165년 또는 1166년에 생을 마감한 선구적인 지리학자이다. 그는 중세 지리학의 위대한 저작 중 하나로 평가받는 *Kitāb nuzhat al-mushtāq fī ikhtirāq al-āfāq*-영어로는 『지역을 가로지르려는 이의 탐험기』(*The Excursion of One Who is Eager to Traverse the Regions of the World*, 1154)-를 저술했다**(주5)**. 이드리시는 노르만 왕국의 시칠리아 국왕 로저 2세(Roger II) 시기에 왕의 궁정에 전시할 대형 은제 평면형 세계지도를 제작해 달라는 요청을 받았다**(주6)**. 이 지도에 담긴 방대한 세부 정보는 실로 놀라울 정도인데, 이는 알-이드리시가 직접 경험한 것들과 아랍, 그리스, 아프리카, 아시아 등지의 여행자, 상인, 탐험가들과 나눈 대화를 통해 수집한 정보에 기반하고 있다. 이 아랍 지리학자는 결코 그리스-로마 중심의 '진정한' 지리학 전통에 덧붙여지는 주석 수준의 인물이 아니다. 지도에서 눈에 띄는 또 하나의 특징은, 지도의 방향이 남쪽이 위로 되어 있다는 것과 잉글랜드가 표현된 상대적 위치이다.

〈그림 3〉 이드리시의 세계지도(1154년 제작),
『차르타 로제리아나』(*Charta Rogeriana*)
미국 의회도서관 지리 및 지도 부서 소장본
(출처: https://www.loc.gov/resource/g3200.ct001903/)

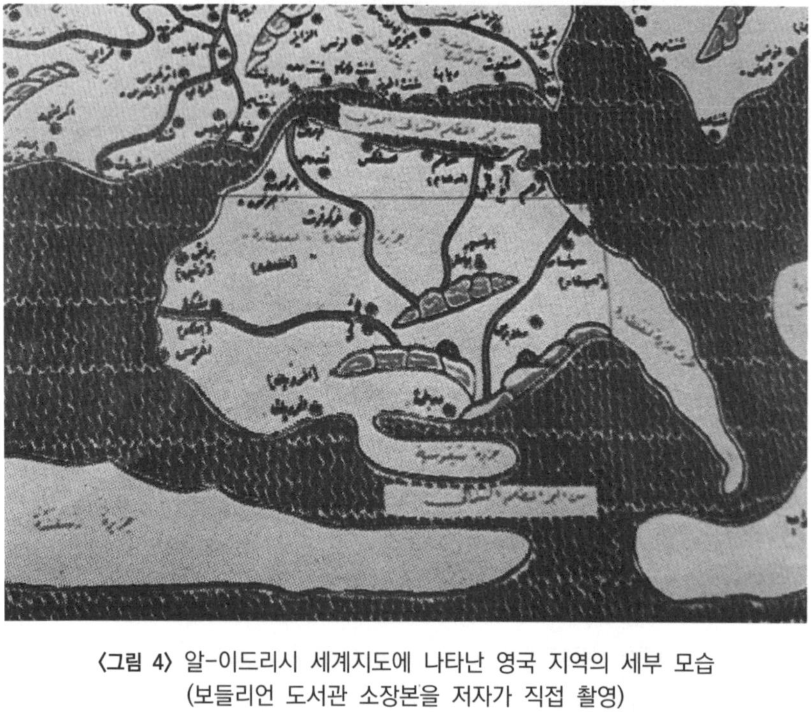

〈그림 4〉 알-이드리시 세계지도에 나타난 영국 지역의 세부 모습
(보들리언 도서관 소장본을 저자가 직접 촬영)

이 점은 우리에게 다음과 같은 강한 메시지를 던진다: '만약 우리가 잉글랜드에서 출발하지 않는다면, 어떤 일이 벌어질까?', '지도에서 잉글랜드를 찾아볼 수 있는가?'

그림 속 브리튼 섬은 오른쪽 아래 모서리에 위치해 있으며, 거꾸로 뒤집은 찻주전자처럼 생긴 형태로 재현되어 있다**(주7)**.

이 지도에서 가장 인상적인 점 중 하나는, 보이는 것처럼, 세상이 매우 긴밀하게 연결된 네트워크화된 것으로 그려져 있다는 것이다. 수많은 정착지들이 지도 전역에 표시되어 있고, 그 사이를 여행하고, 무역하며, 소통하는 모습이 생생하게 상상할 수 있을 정도다. 장소들, 아랍어로 표기된 지명들, 그리고 이들 사이의 연결선은 생동감을 자아낸다-여기에는 활력과 생산성이 흐르고 있다. 지도 오른쪽에 있는 이베리아 반도는 바로 아래의 아프리카 해안선과 접하고 있으며, 아프리카 해안을 따라 이어지는 갈색 점들은 그 지역에 얼마나 많은 도시와 무역 항구들이 있었는지를 보여준다. 시선을 왼쪽으로 옮기면 나일강이 보이고, 그 강줄기를 따라 조밀한 인구 밀집 지역들이 내륙까지 이어져 있다. 더 왼쪽-방위로는 동쪽-으로 가면 페르시아만, 스리랑카, 인도에 도달하게 된다. 동남아시아 지역의 정착지들도 지도에 표기되어 있고, 무역 경로와 연결망도 분명하게 표시되어 있다. 이것은 여행과 교류가 감소한 '암흑기'의 세계가 아니다. 당신이 어디를 보느냐, 무엇을 '보려고 하느냐'에 따라 전혀 다른 세계가 펼쳐진다. 우리가 어디에서 바라보는가는, 우리가 무엇을 보게 되는가에 결정적 영향을 미친다. 이 책의 서두에서 제안한 '실천적 이론화'(practical theorising)를 다시 떠올리자면, 이 지도와 세계가 우리에게 요구하는 지적 작업은 흥미롭고 도전적이며 모험적인 탐구이다. 그런 작업은 다음에서 출발해야 한다: 지리를 바라보는 보다 넓은 시각에서 시작하고, 누구의 목소리가 이야기에 기여했는지

(인용 관행)와 지리라는 교과가 어떻게 구성되고 이론화되어 왔는지(개념화 방식) 간의 관계를 비판적이고 명시적으로 논의하고 성찰하는 것이다. *어디서부터 시작할지*를 선택하는 일 자체가 이미 이론적 작업에 발을 들이는 것이다. 누구와 이야기하고, 누구의 지식이 지리학에 기여하는가는 지리라는 학문 자체의 성격을 형성한다. 많은 학자들이 지적해 왔듯, “지금까지 지리는 토착적 인식 방식을 제대로 포용하지 못했다”(Eaves, 2020, p. 34). 이와 관련하여, 이브스(Eaves, 2020)는 이러한 실패가 우연이 아니라, 뿌리 깊은 권력 관계를 강화하고 유지하는 방식과 얽혀 있다고 주장한다. 다르게 사고하기, 즉 이브스가 말하는 ‘또 다른 지리학’(an other geography)을 구축하기 위해서는 의식적인 노력이 필요하다. 무함마드 알-이드리시의 세계지도는 이러한 대항 서사(counter-narratives)의 한 예라 할 수 있다. 그의 지도는 우리가 탐험을 회복(재정의)하고, 지리와 세계가 얼마나 더 풍성하고 복잡한 이야기를 갖고 있는지 다가갈 수 있도록 영감을 준다.

글로벌 사우스(Global South)에서 시작하기

우리가 지역을 지칭할 때 사용하는 용어들은 논쟁의 여지가 있으며, 실제로 많은 논쟁을 불러일으킨다. ‘글로벌 사우스’(Global South)라는 용어도 예외는 아니며, 지나치게 일반화한다는 이유로 인해 비판을 받아왔다. 그럼에도 필자는 이 글에서 헤딩과 브리츠케(Hedding & Breetzke, 2021)가 『드래곤 주의!: 지리학 저널 편집위원회에서의 글로벌 사우스의 대표성 부족』(*Here be dragons!: The gross underrepresentation of the Global South on editorial boards in Geography*)이라는 논문에서 제시한 논거에 따라 이 용어를 그대로 사용한다. 논문 제목이 암시하듯, 연구자들은 앞서 논의한 뮐러(Müller, 2021)의 '세계 구성의 지리'(worlding geography)를 뒷받침하며, 지리학 분야에서 글로벌 사우스의 편집위원회 참여가 심각하게 저조하다는 극단적 상황을 지적한다. 헤딩과 브리츠케는 전 세계 126개의 지리학 저널, 총 5,202명의 편집위원회 구성원을 조사하였다. 그 결과, 전체의 약 80%가 유럽 본토, 북아메리카, 브리튼 제도에 집중되어 있는 것으로 나타났다. 이와는 대조적으로, 중앙아메리카, 남아메리카, 중동, 아프리카 전체를 합쳐도 단 5%에 불과했으며, 그나마 이 소수의 편집위원들조차도 저널 영향력 지수(impact factor) 기준으로 '하위 25%' 수준(최하 사분위)에 집중되어 있었다(이때 사용된 저널 영향력 지수는 비판적으로 보면 연구 '질'을 대변하기엔 부적절한 지표이지만, 그럼에도 불구하고 지리학계에서는 여전히 학문적 위신과 영향력 있는 지표로 작동하고 있다). 이들은 이러한 유럽-미국 중심의 학술지 편집권 구조가 "과학 전반, 특히 지리학 분야의 학술 출판 과정에 만연한 구시대적이고 배제적인 관행"을 드러낸다고 주장한다(p. 331). 편집위원회는 학문 분야의 문지기로서 핵심적인 역할을 하며, 지리학이라는 학문의 방향이나 경로를 설정하고, 어떤 지식이 정당한 것으로 간주될지 결정하는 힘을 가진다: 어떤 연구가 출판될 것인가? 어떤 질문이 학문적으로 추구할 가치가 있는가? '세계 구성의 지리'(worlding geography) 논의는 우리가 당연하게 여겨온 전제, 즉 지리가 특정한 곳(서구, 백인, 중산층, 남성의 위치)에서 시작되었으며 이러한 출발점이 결국 인종화되고, 계층화되며, 젠더화된 특권과 배제를 가져왔다는 점을 보다 투명하게 드러내려는 시도이다. 그러한 출발점들은 우리가 '보는' 것을 결정하고, 따라서 '세계 구성의 지리'를 향한 요청은 우리가 지리를 바라보는 시야를 확장하고, 전환하며, 다양화하자는 제안이다. 만약 우리가 '글로벌 사우스'(Global South)에서부터 지리를 시작한다면 어떤 일이 벌어질까? 그 순간, 어떤 관점들이 갑자기 뚜렷하게 부각되는가? 그리고 우리는 그제서야 무엇을 '볼' 수 있게 될까? 이와 같은 접근을 흥미롭게 적용한 사례로, 크랙스와 니트(Craggs & Neate, 2019)는 이렇게 질문한다: '*우리가 지리를 나이지리아에서부터 시작한다면 어떤 일이 벌어질까?*' 지리학의 출발점을 영국, 혹은 넓게는 유럽-미국 중심의 지리에서 시작한다는 전제 자체를 뒤집는 것은, 지리에 대한 이야기를 다시 쓸 수 있는 기회를 열어준다. 이러한 전복은 지리를 유럽 중심의 탐구로만 이해하는 기존의 서사를 넘어설 수 있게 한다. 주류 서사 안에서 '자연스러운 호기심'은 곧 '유럽인의 자연스러운 본성'과 연결되고, 그에 반해 '자연스럽지 못한', '호기심이 부족한' 타자들은 암묵적으로 열등한 존재로 간주된다: 이러한 전제는 곧바로 인종, 위계, 문명/생산성/개발의 수준 등에 대한 차별적이고 배타적인 관념들과 맞물린다. 대신, 이러한 이야기의 재구성은, 지리학을 단지 유럽 중심의 학문이 아니라, 다양한 시공간 속에서 흥미롭게 탐구되어온 전 지구적 노력으로 이해하려는 시도이다. 월포드(Walford)식의 '유럽에서 시작하자'는 입장은 '우리'는 '다른' 지리학에 대해 거의 알지 못한다는 전제에 바탕을 둔다. 그러나 이러한 재구성은 그에 반해, 지리학의 형성과 발전에 대한 이야기를 더욱 넓고 포괄적인 방식으로 다시 쓰자는 제안이다. 즉, 뮐러(Müller, 2021)가 말한 바와 같이, 지리학이라는 학문 자체를 '세계 구성' (worlding)의 실천으로 적극적으로 나아가자는 요청인 것이다.

크랙스와 니트(Craggs & Neate, 2019)의 논문 부제는 『지리학의 역사 다양화』(*Diversifying Histories of Geography*)이다. 이들은 기록 자료와 구술사 인터뷰를 분석하여 '나이지리아에서 시작하기'라는 접근이 새로운 시각을 제공한다고 보며, 이 시도가 "나이지리아 학자들의 지적 기여를 부각시키고, 이를 통해 많은 전통적 역사 서술이 얼마나 편향적이고 배제적인지를 보여준다"고 설명한다(p. 899). 크랙스와 니트는 런던에서 대학원 지리학 과정을 마친 후 나이지리아 최초의 대학인 이바단 대학(University College Ibadan, 1962년 이후 University of Ibadan)으로 돌아간 나이지리아 지리학자들의 이동 경로를 추적하였다. 크랙스와 니트는 이들 개인과 공동체의 이야기를 통해:

> 학술출판뿐만 아니라 우정, 연대, 좌절, 배제의 경험에도 주목한다. 이러한 보다 확장된 의미의 학문적 노동에 대한 이해를 통해, 탈식민화(decolonization)와 지속되는 식민성(coloniality)이라는 역사적 배경 속에서 쌓아 온 대학 경력 관련 경험과 기회, 도전들을 보다 잘 이해할 수 있게 된다(p. 901).

나이지리아에서 출발함으로써, 크랙스와 니트는 마보군제(Mabogunje)[역자주: 아킨 마보군제(Akin Mabogunje, 1931-2022)는 아프리카 최초의 지리학 교수로, 도시화와 지역 개발, 공공정책 분야에서 선구적 연구를 수행하며 '아프리카 지리학의 아버지'로 불린다. 그는 지리학의 탈식민화를 이끈 세계적 학자로, 국제지리학연합(IGU) 의장과 미국 국립과학아카데미 외국회원 등을 역임하며 글로벌 학문 공동체에서도 중추적 역할을 했다]**(주8)**의 업적을 중심에 두고 조명하며, 마보군제와 그의 동료들이 "지리학의 보편사를 자처하는 수많은 역사 서술 속에서-서구의 연구만을 지속적으로 우선시하는 그 서술들 속에서-중심 인물은커녕 각주로조차 언급되지 않는" 현실을 비판한다(p. 912). 힐리와 동료들(Healy et al., 2023)의 볼리비아에서의 연구 또한 같은 맥락에서 설명된다(주9). 그들은 볼리비아와 페루*로부터* 출발하여, 그 나라들 내부 맥락에 기반해 지속가능한 발전을 이해하려는 시도로 이 연구를 규정한다. 이러한 이해와 연구, 교육 자료 개발의 중심에는 토착 공동체와 지도자들의 지적 기여가 자리한다. 핵심은, "이 논의에는 지리학의 출판 공간에서 오랫동안 과소대표되어 온 목소리, 사상, 학문, 그리고 세계 곳곳의 장소들이 반드시 포함되어야 한다는 점이다"(Daley et al., 2017, p. 3).

로컬과 일상에서 출발하기

앞서 제시된 '*우리는 어디서부터 시작해야 할까?*'라는 질문에 대한 첫 번째 대답은, 세계 다수의 지리로부터 출발하자는 것이었다. 이는 유럽중심적 관점을 가진 사람들에게는 훨씬 더 폭넓은 목소리와 정보 출처를 수용하며 결과적으로, 탐구의 범위를 확장하는 것을 의미한다. 다소 역설적으로 들릴 수 있지만, 필자는 지금 탐험의 되찾기(재개념화) 방식이 전혀 다른 방향의 응답 또한 가능하게 한다고 주장한다. 즉, 지리적 영감과 모험의 출발점을 먼 이국적인 타자에게서 찾기보다는, 집에서 훨씬 더 가까운 곳, 즉 로컬적이고 일상적인 것에서 시작할 수 있다는 것이다. 이는 탐험의 출발점을 전환하는 것이며, 월포드(Walford)가 지리라는 학문을 본질적으로 다른 멀리 떨어진 '타자'의 공간을 다루는 것으로 본 것과는 달리, 오히려 '우리'가 속한 지역과 일상을 비판적으로 탐구하는 데서 시작해야 한다는 관점이다.

세계 여행이 역사상 그 어느 때보다 쉬워지고 저렴해진 지금, 이 장에서 로컬적이고 일상적인 장소의 중요성을 중심에 두는 것이 다소 시류에 반하는 것처럼 보일 수 있다. 그러나 이 장은 지리적 탐험의 모험을 먼 곳과 이국적인 것을 이상화하는 데서 벗어나, 오히려 어디에나 있는 지역과 일상의 가치를 재조명하는 방향으로 재구성한다. 이 장의 목적은, 경이로움과 새로운 이야기를 반드시 낯선 먼 풍경을 통해서만 경험할 수 있는 것이 아니라는 점을 설득하는 데 있다. 오히려, 지리학적 통찰을 통해 우리 주변의 로컬과 일상을 새롭게 바라볼 수 있으며, 이를 바탕으로 다른 로컬과 일상의 장소들을 세계적 연결성과 이동을 통해 새롭게 이해할 수 있다. 이러한 관점은 부분적으로는 장소와의 연결을 중시하는 토착 지식체계와 교육 방식에서 영감을 받은 것이다. 예를 들어, 후아만(Huaman, 2022)은 『원주민 학문은 학문 분야를 어떻게 변화시키는가: 다중 세계적 인식, 탈식민적 열망, 비교 원주민 교육』(*How Indigenous Scholarship Changes the Field: Pluriversal Appreciation, Decolonial Aspirations, and Comparative Indigenous Education*)에서 이러한 생각을 중점적으로 다룬다. 이들의 연구에서 중요한 한 가지는 토착민의 지식과 자기결정권을 중심에 두고 있다는 점이다. 이들이 서술한 원주민 실천 사례에서 나타나는 강한 장소 기반 교육과 장소에 대한 책임성을 지닌 교육 방식은, 앞서 언급된 '어디에도 속하지 않은 관점'(view from nowhere)에서 비롯된 지식과 교육에 대한 전통적 전제에 근본적으로 도전한다. 로컬과 일상에 대한 책임감은 그 자체에 가치, 존엄성, 경이로움을 부여하며:

> 장소에 대한 이러한 애착은-그것이 오래된 장소이든 새롭게 만들어진 장소이든-편협한 지역주의와 혼동되어서는 안 된다. 오히려, 땅과 물, 바람, 그리고 그 안의 존재들은 서로 실제로 흐르고 소통하며, 이러한 관계성은 또한, 오늘날 [토착민] 교육이 어떻게 대응하고 있는지에도 영향을 준다(p. 400).

로컬과 일상적인 것에서 시작하는 것은 우리가 다른 장소를 이해하는 방식 자체를 재고하는 하나의 방법이 되기도 한다. 즉, 다른 장소를 단순히 '멀고' '이국적' 공간으로 보는 것이 아니라, 무엇보다도 그것이 누군가의 로컬이고 일상적인 공간임을 인식하는 데서 출발하는 것이다. 로컬과 일상의 관점에서 출발한다는 개념을 설명하기 위해, 필자는 콜카타(Kolkata)와 옥스퍼드(Oxford)라는 두 장소를 통해 건축물, 고기후, 새로운 시각, 그리고 경험과 의미의 층위를 하나씩 벗겨내는 것과 관련된 몇 가지 아이디어를 간략히 살펴보고자 한다.

콜카타(Kolkata)

다음의 사진들은 '글로벌 도전 연구 기금'(Global Challenges Research Fund, 이하 GCRF)의 지원을 받아 '이머시브 트레일스'(Immersive Trails)와 협업하여 촬영한 것이다. 이 프로젝트의 목적은 이머시브 트레일스가 진행해 온 로컬 도보 투어 방식 중 일부를 학교 교육에 맞게 접근 가능하고 교육적으로 유의미한 형태로 전환하는 데 있었다. 이들의 접근법은 다음과 같은 요소들을 철저히 결합하여 특정 지역을 탐구하는 것이다: 기록 보관소(archival) 조사; 직접적인 구술 증언; 지도 작업; 그리고 해당 지역에 대한 광범위한 문헌 및 기존 연구 검토. 이 접근은 근본적으로 로컬적이고 일상적인 것에서 출발하는 데 중점을 둔다. 흥미롭게도, 이들 도보 투어를 주로 이용하는 사람들은 관광객이 아니라, 자신의 일상을 새로운 시각으로 바라보고자 하는 지역 주민들이다. 이머시브 트레일스는 자신들의 활동을 목적 지향적이라고 설명한다. 즉, 그 목표는 깊이 있는 윤리적 연구를 기반으로 한 몰입형 경험-직접 체험이든, 가상 환경이든-으로 여행과 학습을 보다 접근 가능하고 풍요롭게 만드는 것이다. 타타가타 네오기(Tathagata Neogi)와 첼시 맥길(Chelsea McGill)은 원래 '헤리티지 워크 캘커타'(Heritage Walk Calcutta)를 공동 설립했으며, 이후 그들의 전문성을 '이머시브 트레일스'(Immersive Trails)를 통해 더욱 발전시켰다. 이머시브 트레일스**(주10)**는 다음과 같은 신념을 가지고 있다:

> 모든 사람은 재정적 능력이나 신체적 조건에 관계없이, 세계 곳곳의 특별한 이야기를 여행하고, 배우며, 경험할 권리가 있다. 또한, 만약 당신의 뒷마당에 대해 흥미로운 이야기가 있다면, 당신은 그것을 세상에 보여줄 자격이 있다. 이머시브 트레일스에서 우리는 이 두 가지 목표를 연결한다. 우리는 몰입감 있는 대면 및 가상 경험을 큐레이션하고, 다른 이들이 그것을 큐레이션하도록 도와, 전 세계 사람들이 쉽고 자유롭게 발견하고 학습할 기회를 만든다**(주11)**.

우리 협업의 기본 목적은 교사들이 자신이 속한 지역을 새로운 시각으로 바라볼 수 있도록 돕는 것이었다. 즉, 쉽게 무시되거나 잊혀질 수 있는 이야기들을 다시 들려주는 것이었다. 여기서 소개하고자 하는 구체적인 사례는, 사람들이 그저 걸어서 지나치거나 차로 지나가 버릴 수 있는 장소들에 담긴 이야기들을 재조명하는 것이다.

캘커타 아트 스튜디오(Calcutta Art Studio)는 1878년부터 리소그래피(석판) 인쇄를 전문으로 해온 콜카타(Kolkata)의 인쇄소이다**(주12)**. 이 프로젝트의 일환으로, 우리는 이 인쇄소와 식민지 시기 영국, 전통 인쇄물 제작 방식, 그리고 정보와 유물의 유통 간의 상호작용을 탐구하는 데 관심을 가졌다. 이 스튜디오가 보유한 방대한 백 카탈로그에는 〈그림 6〉에서 보여주는 바와 같이, 학습의 여신 마 사라스와티(Maa Saraswati)

〈그림 5〉 콜카타 아트 스튜디오 입구. 사진: 이머시브 트레일스(Immersive Trails)

〈그림 6〉 캘커타 아트 스튜디오(Calcutta Art Studio);
학습의 여신 마 사라스와티(Maa Saraswati)의 판화.
사진: 이머시브 트레일스(Immersive Trails) 제공

의 판화와 같은 길조의 의미를 담은 벵골의 예술 작품들이 다수 포함되어 있다.

이 스튜디오는 생산과 유통에 대한 문화적 역사의 생산에 있어 핵심적인 역할을 해왔으며, 그 속의 이야기들과 유물들은 교육과정을 위한 훌륭한 자원이 될 수 있다. 이 사례에서 우리는 특히 콜카타(Kolkata)의 교사들이 위치한 로컬적이고 일상적인 맥락을 염두에 두었다. 즉, 교사와 학생들이 매일 무심코 지나칠 수 있는 하나의 건물 안에서 생산된 아이디어와 정보를 새롭게 조명하는 것이었다. 이에 더하여, 타타가타(Tathagata)와 첼시(Chelsea)는 또 다른 점들도 알아차렸는데, 그들이 관찰한 것은 로컬적이고 일상적인 탐구가 어떻게 내부의 숨겨진 층위를

〈그림 7〉 캘커타 아트 스튜디오(Calcutta Art Studio) 외부 주차장.
사진: 이머시브 트레일스(Immersive Trails) 제공

보여줄 수 있는지 훌륭한 사례가 된다. 〈그림 7〉은 캘커타 아트 스튜디오(Calcutta Art Studio)에서 자동차와 오토바이를 주차하는 공간을 바라본 모습이며, 〈그림 5〉와 〈그림 7〉은 서로를 마주보는 방향에서 촬영된 사진이다. 사진 속의 바닥 타일은 사람들의 발걸음과 차량 바퀴로 닳아 있다. 그런데 그 바닥 타일들은 정확히 무엇일까? 무슨 목적으로 만들어진 것일까? 아마도 건축용 타일이 아닐까? 이머시브 트레일스 팀은 확신하지 못했다. 왜 그렇게 독특한 모양일까? 무슨 돌로 만들어졌을까? 뭔가 흥미로운 점이 있었고, 더 알아보기로 했다. 그래서 혹시 타일 하나를 들어 올릴 수 있을지 요청했다. 처음에는 "왜 그런 걸 하려고 하죠?!"라는 반응도 있었지만, 결국 하나의 타일을 들어 올려 뒤집어보게 되었다. 그리고 이내 이 타일의 의미와 기능에 대한 인식이 바뀌었다. 왜냐하면, 그 밑면에는 감춰진 정체가 있었기 때문이다. 그것은 바로 과거에 사용된 석판 인쇄용 돌판이었고, 학문의 여신 마 사라스와티(〈그림 7〉)의 인쇄에 쓰였던 중요한 예술작품의 양각 이미지가 새겨져 있었다. 일상의 주차장 바닥은-말 그대로-숨겨진 이야기들을 담고 있었던 것이다. 필자가 생각하기에, 이는 로컬적이고 일상적인 것에서 출발한다는 개념을 아주 잘 보여주는 사례이다. 우리를 둘러싼 건물들, 우리가 밟고 있는 땅조차도 모두 이야기를 지니고 있다. 이런 이야기들을 더 많이 지리 교실 안으로 들여오면 어떨까.

옥스퍼드

로컬적이고 일상적인 것에서 출발한다는 관점에서, 응당 필자가 있는 로컬이자 일상적인 공간인 옥스퍼드의 사례를 간과할 수 없다. 이 절에서 필자는 '고기후', '건축 자재', '새로운 관점'이라는 개념을 활용하여 우리가 학생들과 함께 떠날 수 있는 탐험의 가능성을 제시하고자 한다. 이러한 로컬적이고 일상적인 탐험은 생산적인 탐구를 이끌어내기 위한 것이다. 즉, 옥스퍼드라는 특정 사례에 그치지 않고, 더 넓은 범위로 탐험을 확장해 나가도록 자극하려는 목적을 지닌다.

고기후

우리가 딛고 있는 땅 아래에는 수많은 이야기가 숨어 있다. 그 이야기들 중에서 우리는 과연 얼마나 알고 있을까? 또 학생들에게 얼마나 전하고 있을까? 학생들이 거의 매일 보고 또 앞으로도 계속 마주하게 될 장소, 유물, 건물, 지형과 연결해서 개념과 아이디어에 생기를 불어넣는 방법은 어떤 것이 있을까? 래드클리프 카메라(Radcliffe Camera)**(주13)**는 보들리언 도서관(Bodleian Library)의 일부가 있는 곳이다(〈그림 8〉). 이곳에는 50만 권이 넘는 책이 소장되어 있는데, 그 책들 안에는 인류가 축적한 놀라운 지혜와 지식, 그리고 통찰이 있다. 그런데 이 건물을 이루는 암석 자체도 놀라운 이야기를 담고 있다. 맑은 봄날, 옥스퍼드 하늘 아래 햇빛에 반짝이는 오올리틱 석회암(oolitic limestone)은 약 1억 6천만 년 전 열대 바다 속에서 형성된 암석이다. 지금은 채굴되고 다듬어져, 제임스 깁스(James Gibbs)의 신고전주의 건축물에 사용되어 우리들 눈앞에 드러난다. 이 건물은 1700년대 중반 존 래드클리프(John Radcliffe)

〈그림 8〉 옥스포드 래드클리프 카메라(저자 촬영)

의 유산 기금으로 지어졌고, 각 석재들은 이 구조물에서 각자의 역할을 하고 있다. 상층부와 기둥은 약 1억 6천 6백만 년 된 테인톤 스톤(Taynton Stone)으로 만들어졌고, 하층부는 약 1억 6천만 년 된 헤딩턴

프리스톤(Headington Freestone)으로 다듬은 석재이다. 가장 아래 흰색 기단부는 동일 시기의 헤딩턴 하드스톤(Headington Hardstone)으로 구성되어 있다**(주14)**.

1억 6천만 년 전의 암석들이 다듬어져 사람들 앞에서 반짝이고 있다니 놀라운 일이 아닐 수 없다. 1억 6천만 년. 길을 걷다가 이 돌이 눈에 들어온다면, 잠시 멈춰 서서 감각을 활성화시켜 지질학적 시간의 깊이를 느껴보자. '1억 6천만 년 전'을 말이다. 이러한 종류의 석회암은 얕은 열대 바다에서 형성된다. 그리고 만약 당신이 지금 이 사진이 찍힌 곳에서 있다면, 1억 6천만 년 전에도 바로 그런 바다 풍경이 펼쳐져 있었을 것이다. 필리핀 보라카이 해변에서 찍은 〈그림 9〉의 풍경처럼 말이다.

〈그림 9〉 필리핀 보라카이 푼타 분가(Punta Bunga)
해변에서 서쪽을 바라본 모습(저자 촬영)

이 석회암을 구성하는 산호석회질 알갱이는 아주 작은 조각들(예를 들어, 조개껍데기 조각 등)에서 시작되어 층을 이루며 형성되는데, 이는 지름 2mm 이하의 구형 또는 유사 구형의 탄산염 입자다. 이는 보통 따뜻하고 얕은 바닷물에서 생성되며, 오늘날에는 필리핀 보라카이(위에 제시된 사진처럼)나 바하마 제도 같은 동인도 제도에서 흔히 볼 수 있는 환경이다(Diaz & Eberli, 2019). 마찬가지로, 헤딩턴(Headington) 석재를 구성하는 석질 산호들도 이런 환경에서 번성했다. 산호는 광합성을 하는 생물들과 공생 관계를 맺고 있어 빛을 필요로 하며, 맑고 얕은 따뜻한 바닷물에서 가장 활발하게 탄산칼슘을 만들어 낸다. 최적의 수온은 보통 20~25℃이다. 오늘날 이러한 조건이 전형적으로 나타나는 곳은 남북위 30도 사이, 즉 열대 지방이다. 하지만 옥스퍼드는 열대 지방에 위치하지 않으며, 쥐라기 시대에도 그렇게 남쪽에 있지 않았다. 이 암석들이 들려주는 지질학적 이야기는 심층의 시간과 극적으로 변화해 온 기후로 우리를 이끈다. 이는, 우리가 매일 걷는 거리의 모습을 다르게 만들며, 이를 통해 이 장소들을 전혀 다른 방식으로 상상할 수 있도록 해준다. 이 사례와 관련하여, 지리교실에서는 아켈(Arkell, 1935)의 옥스퍼드 인근 산호초에 대한 연구와 그가 만든 지도를 활용해 볼 수 있다.

기후, 지질, 그리고 경관의 변화-'옥스퍼드 주변에 산호초가 있었다니!'-를 상상해 보는 일은, 시간의 심층 속으로 들어가는 탐구를 통해 가능하다. 여기에 더해, 래드클리프 카메라의 건축과 햇살에 반짝이는 이 석회암 벽이 더해지면, 우리는 이 공간을 바라보는 전혀 새로운 관점을 얻게 된다. 다듬어진 건물의 표면에 반짝이는 것은 단지 햇빛만이 아니다. 변화해 온 경관과 기후, 그리고 끝없이 펼쳐진 지질학적 시간의 흔적들 또한, 우리가 어디를 바라봐야 할지 안다면 우리 눈앞에 드러나 있을 것이다.

우리는 시점을 바꾸는 물리적 방식으로도 로컬과 일상의 공간을 새롭게 바라볼 수 있다. 즉, 주변을 직접 걸어 다니며 로컬 답사를 수행하는 지리적 탐험을 통해서다. 예를 들어, 옥스퍼드 도심에서 불과 10분 거리에는 매우 특별한 숲, 위담 우즈(Wytham Woods)가 있다. 이곳은 고전적인 답사, 즉 해안 지역 현장 학습지를 찾아 세 시간씩 버스를 타고 이동하는 것보다 훨씬 가까운 장소다. 위담 언덕에 올라가면 도시 전체를 한눈에 조망할 수 있다. 로컬에 있는 학교 학생들을 이 언덕에 데려가면, 자신들의 학교가 도시의 어느 위치에 있는지 새로운 시각에서 바라볼 수 있게 된다.

우리가 흔히 여행하는 장소나 지리적 탐구를 하는 데 있어 이상적인 장소로 여기는 곳들은 환경에 영향을 미친다. 이는 또한 이 책의 핵심 주제인 '탐험을 재개념화'하려는 논의와 밀접하게 관련되어 있다. 기후변화가 불균등하게 미치는 영향은 학교 현장학습의 탄소 발자국에 대한 문제를 제기한다. 특히, 이러한 문제 제기는 식민주의라는 더 넓은 맥락에서, 그리고 우리가 방문한 장소를 더 나쁜 상태로 남기고 떠나는 착취적 지리학에 대한 반성 속에서 더욱 중요하게 다가온다. 괴슬링과 그의 동료들(Gössling et al., 2019)은 학회 학술대회에 대한 글에서, "우리는 비행기를 덜 탈 수 있을까?"라는 질문을 던지고선, 다음과 같이 말한다. "항공 산업은 기후변화를 제한하려는 사회적 목표뿐 아니라 대기오염, 소음, 인프라 확장과 관련된 문제들과 점점 더 충돌하고 있다"(p. 1). 약탈적 지리는 불평등을 확산시키고, 영향력이나 위험성에 있어 불평등한 부담을 초래한다. 이러한 지리학은 이 책을 통해 필자가 비판하고 있는 것이며, 따라서, 이러한 지리학과 관계되어 있는 지금까지의 답사 관행은 세심하게 재고될 필요가 있다**(주15)**.

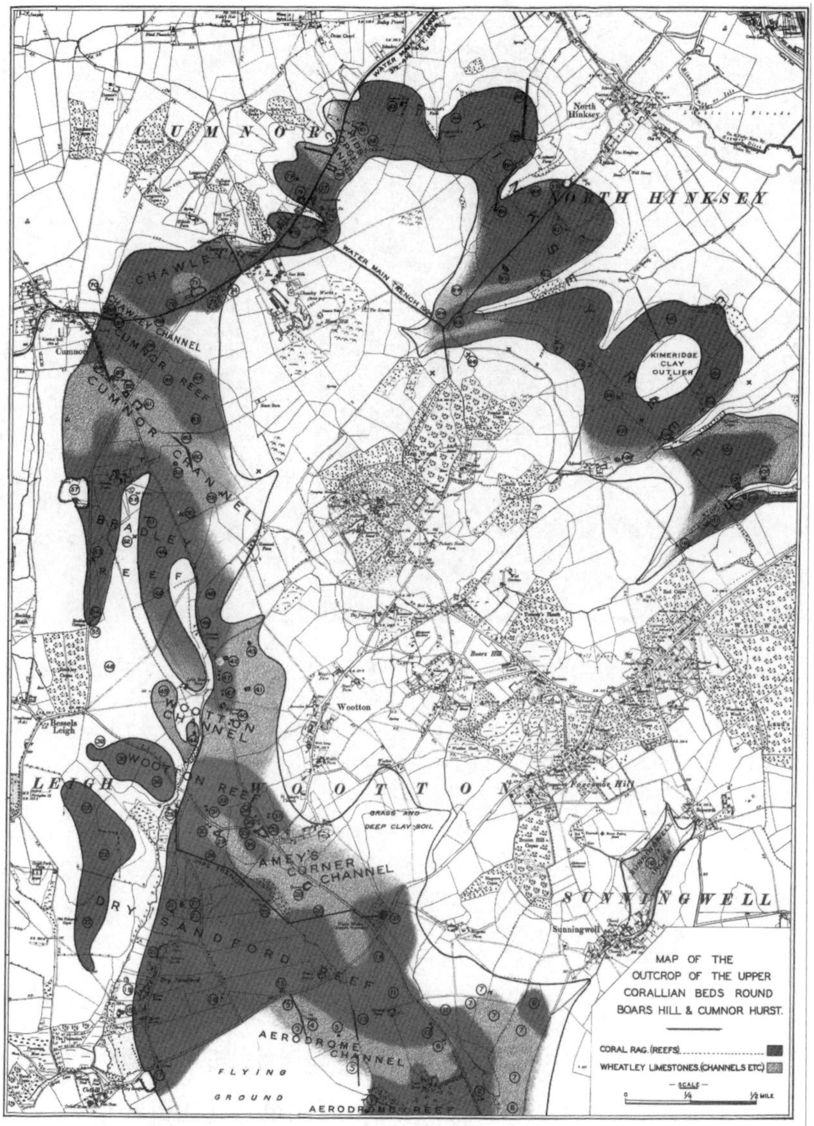

Note: The outcrop is surrounded by an uncoloured area of Lower Calcareous Grit, Berkshire Oolites and Oxford Clay, and surrounds a central uncoloured area of Kimeridge Clay and Lower Greensand.

Reproduced from the Ordnance Survey 6-inch map, Berkshire, Sheets, VI N.W. and S.W., with the sanction of the Controller of H.M. Stationery Office. Printed by Jarrold & Sons, Ltd., Norwich.

Errata: A small triangle of pale blue should occupy the corner immediately above the word *Quarry* at (37). The quarry at (43) and most of the accidental white spot immediately to the left should also be pale blue.

〈그림 10〉 도판 VI: 보어스 힐(Boars Hill)과 컴너 허스트(Cumnor Hurst) 주변에 노출된 상부 코랄리안층 지도(Arkell, 1935, p. 111)

〈그림 11〉 위담 우즈(Wytham Woods)에서 동쪽의 옥스퍼드를 바라본 모습 (필자 촬영)

결론

지금까지 '우리는 *어디서부터* 시작해야 할까?'라는 질문을 중심으로, 다소 상반되는 두 가지 답변을 논의하였다. 지리학의 전통과 관련된 여러 서사들은 종종 토착 타자의 존재를 숨기거나 지워버리며, 유럽-미국 맥락에서 이루어진 작업들에 거의 독점적으로 주목해 왔다. 이러한 서사는 이들을 시공간적으로 연결하면서, 예외주의적 사고, 고대 그리스-로마 신화, 그리고 지리를 '한다'는 개념 속에서, '지리학의 진정한 본질'을 상상하여 구성해 왔다. 이러한 이야기는 특정한 장소들에서 출발해 전개되어 왔으며, 지리를 이국적이고 멀리 떨어진 장소들에 관한 학문으로 만드는 경향이 있다. 이런 방식의 지리 담론에서는 지리적 지식이 '로컬하게'-즉 유럽-미국 중심지에서-생산되며, 그 대상은 이국적인 타자들이다. 여기에서 대상은 멀리 떨어져 있고, 문화적으로 더 다르며, 더 외진 곳일수록 더 가치 있게 여겨졌다. 이러한 맥락에서, 필자가 제시한 첫 번째 응답은 기존의 서사를 뒤집는 것이다. 즉, 지리적 이해와 정보 탐색의 출발점을 유럽-미국 중심지에서 먼 사람들과 장소들로부터 '시작'해야 한다. 이는 지리 지식을 보다 포용적이고 확장된 방식으로 구성하자는 제안이며, 그 과정에서 토착 및 흑인 지리학의 축적된 지혜와 통찰로부터 이익을 얻을 수 있다는 점을 강조한다. 이러한 시각은 다음과 같은 질문들을 동반한다: 당신의 독서 목록에는 누구의 이름이 올라 있는가? 당신이 추천하는 저자는 누구인가? 당신이 실제로 읽고 있는 저자는 누구인가? 교육 자료에서 다루어지는 장소는 어디이며, 그 자료는 어디에서 제작되었는가? 정보는 어떻게 이동하며, 그것이 새로운 맥락에 들어갈 때 어떤 방식으로 변화하는가?

두 번째 응답은 (다소 역설적으로 들릴 수 있지만) 지리적 탐구의 출발점을 로컬과 일상에서 시작해야 한다는 주장이었다. 즉, 지리학의 *존재 이유*로 자주 언급되는 지리적 경험들은, 장거리 목적지를 이상적인 탐구 대상으로 삼지 않아도 충분히 실현될 수 있다. 앞서, 필자는 콜카타(Kolkata)와 옥스퍼드(Oxford)라는 두 지역의 사례를 통해, 우리가 로컬과 일상을 중심으로 수행할 수 있는 지리적 탐구의 다양한 가능성을 소개했다. 이러한 탐구는 로컬의 지질, 기후, 산업, 문화에 관한 이야기를 열어 보이며, 학생들로 하여금 자신이 속한 로컬과 일상을 새롭게 사고하고, 로컬과 일상에 새로운 매력을 다시 부여할 수 있게 한다.

이 다양한 사례들을 통해 생각해 보면, 우리는 자연스럽게 스케일(scale)을 전환하게 된다. 즉, 지리적 분석은 결코 고정된 것이 아니며, 로컬과 일상적인 차원에만 머물 수 없다. 마찬가지로, 글로벌한 문제에 주목하더라도 그것은 필연적으로 특정한 로컬의 장소들과 연결되기 마련이다. 로컬 차원에 주목하면서도, 우리는 즉시 스케일을 전환해 생각하게 된다. 이는 글로벌한 기후변화, 수천 년의 시간, 고대 산호초 지대까지 우리의 사고를 확장하게 만든다. 이러한 사고의 전환이 가능한 이유는, 바로 연결성, 지식 생태계, 그리고 학문과 제도 간의 상호의존성 때문이다. 이러한 관점을 잘 보여주는 예시가 바로 〈그림 12〉에 소개된 '멋진 차 한잔?'(*A Nice Cup of Tea?*)이라는 작품의 전시이다.

이 작품은 일상적인 사물인 찻잔, 받침, 찻주전자를 가져와 해체하여 상상 속 중심에서부터 도자기를 바깥으로 폭발시키듯 배열한다. 이를 통해, 이 익숙한 사물과 실천을 다시 생각하게 만든다. 맥키트릭(McKittrick, 2021a, p. 15)이 말하듯, "형언할 수 없는 강렬함이 가능성에 의해 생동하게 되는" 듯한 순간이 작품을 통해 펼쳐지며, 한 방향으로는 대서양을, 또 다른 방향으로는 아시아의 차 재배자들과 연결된다. 이 설치물은 식민주의, 노예제, 자원 착취와 채굴, 그리고 불평등의 논리에 대해 비판적이고 불편한 질문들을 제기한다. 그리고 그러한 심오하고 시급한 질문들은 (무엇보다) '로컬'과 '일상'의 재탐험에서 출발한다.

〈그림 12〉 '멋진 차 한잔?'(A Nice Cup of Tea?) 설치 예술, 애쉬몰린 박물관 (저자 제공): https://www.ashmolean.org/event/nice-cup-of-tea

질문과 활동

- 지리교육을 할 때 어디에서 시작하는지를 고려하는 것이 왜 중요할까? 로컬과 일상적인 곳에서 시작하는 것이 지리 교과에서 오리엔탈리즘(Orientalism)과 유럽중심주의(Eurocentrism)에 어떻게 도전할 수 있는가?
- 로컬하고 일상적인 것에서 출발함으로써, 당신의 지역 공동체가 지닌 고유한 특성과 가치를 어떻게 더 깊이 이해할 수 있을까? 이러한 관점은 세계의 다른 장소들과 공동체들에 대해 가르치거나 소통할 때 어떤 통찰을 제공할 수 있을까? 또한 이러한 이야기들을 당신이 가르치는 다른 지리 개념들과 어떻게 연결시킬 수 있을까? 학생들이 자신의 로컬과 일상을 새로운 방식으로 보도록 이것들을 어떻게 사용할 수 있을까?
- 당신이 사는 로컬 지역을 더 깊이 탐험하고 배워갈 수 있는 방법에는 어떤 것들이 있을까? 당신의 마을이나 도시에는 도보 탐방 프로그램, 박물관, 혹은 향토사 연구회 같은 곳이 있어서 방문하거나 적극적으로 활용할 수 있나? 당신이 살고 있는 로컬을 탐험하는 일은 어떻게 글로벌 이슈와 관점을 이해하는 데 도움이 될까? 당신의 공동체가 세계적인 사건이나 교류에 영향을 받은 사례가 생각나는가? 당신이 사는 로컬 지역의 역사적인 건물이나 유적지를 하나 조사해 보자. 그 장소는 어떤 역사를 가지고 있으며, 시간이 흐르면서 어떻게 활용되어 왔나? 그 장소와 관련된 이야기나 문화적 전통에는 어떤 것들이 있나? 당신의 학생들에게 가르치고 있는 지리를 풍요롭게 하기 위해 이들 특정한 장소들, 건축물들, 공간들을 통합할 기회들은 있는가?
- 미술 교사들과 협력하여 로컬에서 영감을 받은 예술 작품을 함께 만들어 보자. 이러한 작품들은 우리 공동체의 어떤 고유한 특징이나 정체성을

반영하고 있나?

- 당신이 지금 읽고 있거나, 지리학이라는 학문과의 만남에 중요한 영향을 준 지리학자들은 누구인가? 그들의 출신지를 표시하고 어떤 공간적 패턴이 보이는지 살펴보자: 어떤 지역이 지배적인 위치를 차지하고 있나? 어떤 지역이 누락되어 있나?
- 당신이 쓰고 있는 학술적 글쓰기에서 활용하고 있는 자료를 분석해 보자: 그 연구는 어디에서 '출발하고' 있는가? 이러한 출발점은 어떤 함의를 가지는가? 어디에서부터 새롭게 출발할 수도 있을까? 당신의 연구에 정보를 제공하는 장소를 어떻게 확장할 수 있을까?

주

1. 인용의 정치성에 대한 논의를 포함하여, 맥키트릭(McKittrick, 2006, 2021b)의 연구도 함께 참조 가능하다.
2. 예를 들어, 리빙스턴(Livingstone, 1992, p. 43)은 탐험과 항해자들에 대한 이야기에서 다음과 같이 서술한다. "포르투갈의 탐험은 결국 불굴의 바스코 다 가마(Vasco da Gama)에게 맡겨졌고, 그는 당시 국왕 마누엘 1세(Manuel I) 치하에서 인도까지 항해하여 포르투갈의 영유권을 주장하는 임무를 완수하게 된다. 실제로 다 가마는 1498년 5월 22일, 희망봉을 돌아 아라비아해와 인도양을 횡단하는 탁월한 항해술을 발휘하며 인도 남서 해안에 도착했다".
3. 이러한 관점은 유럽과 미국의 이야기로만 국한되지 않는다. 예를 들어, 즈산(Zhishan, 1993)은 다음과 같이 주장한다. "크리스토퍼 콜럼버스(Christopher Columbus)는 대단한 열정의 추진자이자 설계자이며 위대한 항해자였다... 그가 새로운 땅에 도달하기 전 어떤 불운을 겪었든, 그의 선도적 시도와 남다른 목표는 이미 중국인들의 존경을 받을 만하다"(p. 178).
4. 간략한 요약은 다음을 참조: https://time.com/5911003/middle-ages-myths/. 또한 정교한 과학 사유가 어떻게 전개되었는지를 보여주는 한 사례로서 로버트 그로스테스트(Robert Grosseteste)에 대한 소개는 다음 링크에서 확인할 수 있다: https://theconversation.com/our-latest-scientific-research-partner-was-a-medieval-bishop-42857; 다음 링크 또한 유용하다: https://theconversation.com/medieval-bishops-theoryresembles-modern-concept-of-multiple-universes-25460

5. 더 깊은 논의를 위해서는 가스파르(Gaspar, 2018)의 항해 지도학(Nautical Cartography)의 탄생에 대한 고찰을 참조하라. 또한, 페레르-가야르도와 크람쉬(Ferrer-Gallardo & Kramsch, 2016)의 논문 『알-이드리시를 다시 보기: 유럽연합(EU)과 (유럽)지중해 군도 경계』(*Revisiting Al-Idrissi: The EU and the (Euro)Mediterranean Archipelago Frontier*)를 읽어보자. 이 논문은 "1100~1166년경 알-이드리시(Al-Idrissi)가 보여준 기존 질서를 뒤흔드는 지도적 상상력이 오늘날에도 여전히 울림을 지닌다는 점에 주목한다... 이를 바탕으로, 이 논문은 보다 대화적이고, 다양한 목소리, 지속적인 변화에 민감한 시각으로 지중해를 바라보는 새로운 전망을 열어가야 할 필요성을 강조하며, 이를 통해 새로운 시각을 만들어낼 것을 제안한다. 이러한 시도는 공간적이면서 동시에 정치적인 오랜 투쟁의 지평에서 비롯된 문제의식을 환기시킨다"(p. 162).
6. 사례 참조: https://www.publicmedievalist.com/greatest-medieval-map/
7. 지도에서 장소를 재현하는 방식은 우리가 그 장소를 어떻게 인식하고, 얼마나 중요하게 여기는지에 따라 결정된다. 이 일반적인 사실을 유쾌하게 설명한 예로, TV 시리즈 '웨스트 윙'(*The West Wing*)의 '사회적 평등을 위한 지도학자'(Cartographers for Social Equality) 클립을 참조해 보자: https://www.youtube.com/watch?time_continue=226&v=OH1bZ0F3zVU&feature=emb_logo
8. 예를 들어, 마보군제(Mabogunje, 2002; 2004)를 참조. 그를 기리는 미국 지리학회(AAG)의 추모 글은 https://www.aag.org/memorial/akin-mabogunje/에서 확인할 수 있다.
9. Healy et al.(2023)
10. '불편한 옥스퍼드'(Uncomfortable Oxford) 팀과의 대화를 통해 로컬 도보 투어를 폭넓게 논의한 사례로는, 다음 녹화 영상을 참조하라: 'Heritage Walk Calcutta와의 라이브 스트림(*Live Stream with Heritage Walk Calcutta*) https://www.uncomfortableoxford.co.uk/panel-

discussions

11. https://www.immersivetrails.com
12. http://calcuttaartstudio.com
13. https://www.bodleian.ox.ac.uk/libraries/radcliffe-camera
14. 옥스퍼드셔 지역의 건축 석재에 대한 더 자세한 정보는 다음 자료를 참조하라: https://www.wildoxfordshire.org.uk/wp-content/uploads/2018/10/Oxfordshire_Building_Stone_Atlas.pdf
15. 예를 들어, *Journal of Geography in Higher Education*에 실린 최근 논의는 '지속가능한 답사'라는 역설을 탐구한다(Telford, Valentine, & Godby, 2023). 이 연구에 참여한 학부 지리학도들은 현장학습의 탄소 발자국을 줄이기 위해 가상 현장학습과 통합적 접근의 확대를 지지하면서도, 동시에 현장을 직접 경험하는 것이 지닌 대체 불가능한 가치 역시 분명히 인식하고 있었다.

참고문헌

Arkell, W. J. (1935). On the nature, origin, and climatic signifcance of the coral reefs in the vicinity of Oxford. *Quarterly Journal of the Geological Society*, 91, 77–110.

Craggs, R., & Neate, H. (2019). What happens if we start from Nigeria? Diversifying histories of geography. *Annals of the American Association of Geographers, 110*(3), 899–916. doi:10.1080/24694452.2019.1631748

Daley, P., McCann, E., Mountz, A., & Painter, J. (2017). Re-imagining politics & space: Why here, why now? *Environment and Planning C: Politics and Space*, 35(1), 3–5.

Diaz, M. R., & Eberli, G. P. (2019). Decoding the mechanism of formation in marine ooids: A review. *Earth-Science Reviews, 190*, 536–556. doi:10.1016/j.earscirev.2018.12.016

Eaves, L. T. (2020). Fear of an other geography. *Dialogues in Human Geography, 10*(1), 34–36.

Ferrer-Gallardo, X., & Kramsch, O. T. (2016). Revisiting Al-Idrissi: The Eu and the (Euro)Mediterranean Archipelago Frontier. *Tijdschrift Voor Economische en Sociale Geografe, 107*(2), 162–176. doi:10.1111/tesg.12177

Gaspar, J. A. (2018). The Liber de existencia riveriarum (c.1200) and the Birth of Nautical Cartography. *Imago Mundi, 71*(1), 1–21. doi:10.1080/03085694.2019.1529898

Gössling, S., Hanna, P., Higham, J., Cohen, S., & Hopkins, D. (2019). Can we fy less? Evaluating the 'necessity' of air travel. *Journal of Air Transport Management, 81*. doi:10.1016/j.jairtraman.2019.101722

Healy, G., Laurie, N. and Hope, J. (2023). Creating stories of educational change in and for geography: what can we learn from Bolivia and Peru? *Geography. 108*(2), 64–73.

Hedding, D., & Breetzke, G. (2021). 'Here be dragons!' The gross under-representation of the Global South on editorial boards in Geography. *The Geographical Journal, 187*, 331–345. doi:10.1111/geoj.12405

Huaman, E. S. (2022). How indigenous scholarship changes the feld: Pluriversal appreciation, decolonial aspirations, and comparative indigenous education. *Comparative Education Review, 66*(3), 391–416. doi:10.1086/720442

Ingold, T. (2016). *Lines.* Abingdon: Routledge.

Lewis, C. S. (1955). *Surprised by Joy: The Shape of My Early Life*. London: Geoffrey Bles.

Livingstone, D. N. (1992). *The Geographical Tradition: Episodes in the History of a Contested Enterprise*. Oxford: Blackwell.

Mabogunje, A. L. (2002). Poverty and environmental degradation: Challenges within the global economy. *Environment: Science and Policy for Sustainable Development, 44*(1), 8–19. doi:10.1080/00139150209605588

Mabogunje, A. L. (2004). Geography in the Nigerian public policy domain: The impact and infuence of American geographers. *GeoJournal, 59*(1), 63–67.

Massey, D. (2005). *For Space*. London: Sage.

McKittrick, K. (2006). *Demonic Grounds: Black Women and the Cartographies of Struggle.* London: University of Minnesota Press.

McKittrick, K. (2021a). Dear April: The Aesthetics of Black Miscellanea. *Antipode, 54*(1), 3–18. doi:10.1111/anti.12773

McKittrick, K. (2021b). *Dear Science and Other Stories.* Durham: Duke University Press.

Müller, M. (2021). Worlding geography: From linguistic privilege to decolonial anywheres. *Progress in Human Geography, 45*(6), 1440–1466. doi:10.1177/0309132520979356

Oancea, A., & Bridges, D. (2009). Philosophy of education in the UK: The historical and contemporary tradition. *Oxford Review of Education, 35*(5), 553–553.

Radcliffe, S. A. (2017). Decolonising geographical knowledges. *Transactions of the Institute of British Geographers, 42*(3), 329–333. doi:10.1111/tran.12195

Telford, A., Valentine, A., & Godby, S. (2023). The paradox of the 'sustainable feldtrip'? Exploring the links between geography feldtrips and environmental sustainability. *Journal of Geography in Higher Education*, 1–18. doi:10.1080/03098265.2023.2190961

Walford, R. (2001). *Geography in British Schools, 1850-2000: Making a World of Difference*. London: Woburn.

Zhishan, Z. (1993). Columbus and China. *Monumenta Serica, 41*, 177-187.

제7장 우리는 어떤 이야기를 해야 할까?

서론

> 시간과 공간에 대해 우리가 아는 모든 것은, 즉 역사와 지리는, 그 어떤 것보다도 상상에 의존한다(Said, 1978, p. 55).

> 이야기는 호기심의 문을 연다: 수많은 증거들은 우리가 세상을 다르게, 그러나 창의적이고 정밀하게 이야기할 때 흩어진다. 이야기는 우리가 서로 다른 방식의 앎을, 때로는 어렵고 답답하더라도 함께 살아가야 한다고 요구한다(McKittrick, 2021, p. 7).

이 책의 부제인 *미래 교육과정 설계와 교수법을 위한 탐험의 재조명*은 근본적으로 우리가 세계와 지리에 대해 말해 온 이야기를 되찾는 것에 관한 것이다. 탐험은 그것에 대해 이야기되는 방식을 통해 인식된다(Maslen, 2020). 마찬가지로, 우리가 알고 있는 세계 역시 얽히고설킨, 불완전하고 서로 모순되는 이야기들-기록되고 다시 쓰이는 이야기들-을 통해 구성된다. 이 이야기들은 다양한 설명, 반대 서사, 증거, 이론, 신념, 감정, 정책 및 데이터가 뒤섞여 형성된 것이다. *'우리는 어떤 이야기를 해야 하는가?'*라는 질문을 던지며, 이 마지막 장은 지리교육에서 이야기의 중요성을 강조하는 주장으로 시작한다. 따라서, 필자의 첫 번째 응답은 이 질문 속에 담긴 전제를 명확히 밝히는 것이다. 즉, 더 많은 이야기를 하자는 요청이며, 서사에 대한 사유를 바탕으로 교육과정과 교수법을 보다 깊이 있게 만들어 보자는 제안이다(주1). 이 책 전반에 걸쳐 필자는 지리와 지리교육에 대해 지금까지 이야기되어 온 서사들 가운데 일부를 조명해 왔다. 특히, 필자는 환경결정론이나 제국 확장을 정당화해 온 지리 담론들이 인종차별적인 세계관을 어떻게 만들어 왔는지를 비판해 왔다. 이러한 이야기들은 시공간, 개발, 진보, 문화와 관련하여 특정한 서사를 구축하며, 비역사적이고 비문명적인 아프리카/타자에 대비되는 '초현실적인 유럽'을 구성해 낸다. 그 이야기의 줄거리는 선형적인 경로의 진보를 따르며, 중심 인물은 문명과 개발의 길을 용감하게 개척하는 영웅적인 탐험가들로 채워진다. 하지만 필자는 다음과 같은 방식으로 이러한 이야기들을 비판했다: 유럽인들이 향했던 '타자들'이 사실상 매우 정교하고, 문화적으로 풍부하며, 부유하기까지 했던 다양한 방식들을 지적함으로써, 그 서사의 전개 방식 자체를 문제 삼는 것이었다. 필자는 또한 이러한 이야기 속 등장인물에 대해서도 질문을 제기했다. 즉, 고립된 개인 영웅에 대한 신화를 해체하고, 그들이 의존했던 다양한 사람들-토착 지식, 정보, 전문성에 깊이 의존했던, 그리고 '서구' 지식의 생산과 떼어놓을 수 없는-에 주목하고자 했다. 이러한 비판들은 우리가 어떤 이야기들을 다시 생각해 봐야 하는지에 대해 비판적이고 경계해야 할 예시들을 제시해 준다. 국가, 위계, 진보에 관한 단순한 신화를 만들어낸 이러한 편협한 이야기들에 맞서서, 필자는 세계와 그 안에 살고 있는 사람들의 복잡성과 경이로움을 드러낼 수 있는, 더 넓고 관대하며 포용적인 이야기 방식을 제안하고자 한다. 이러한 이야기는 젊은 세대가 지리적 탐험의 세계로 발을 들여, 이 놀랍고, 혼란스럽고, 경외감을 자아내며, 불평등하고, 희망적이며, 폭력적이고, 아름다우며, 동시에 현재 급격히 온난화되고 있는 세상을 스스로 탐색해 보도록 자극하는 이야기들이다. 이장에서 필자는 스토리텔링과 이야기를 교육에서 활용하는 방법에 대한 일반적인 논의를 먼저 시작한다, 그리고 나서 이야기의 세 가지 요소-위치(locations), 등장인물(characters), 그리고 줄거리(plots)를 중심으로 이러한 접근을 풀어나가려 한다.

이야기는 종종 '심리적으로 특권적인' 것으로 묘사되어 왔다**(주2)**. 이야기 중심의 경험은 지각적 수준과 정서적 수준을 포함해 여러 층위에서 작동한다. 지각적 수준은 이야기들이 불러일으키는 강렬한 심상에 관한 것이며, 이 이미지들의 선명함은 매우 기억에 남는 경험을 만들어낸다. 정서적 수준은 이야기 속 가치와 독자-또는 학생-의 경험적 배경 간의 연결성에서 비롯되는 반응을 의미한다(Caracciolo, 2014). 이야기를 읽거나 들을 때, 우리는 일반적으로 무슨 일이 벌어지고 있는지 이해하고 추론할 수 있는 능력이 높아진다(등장인물이 명시적으로 말하지 않은 감정 상태까지 유추하는 것을 포함). 그리고 그 이야기를 나중에도 기억할 가능성이 높다. 우리가 이야기를 다시 떠올리기 시작할 때, 기억은 종종 놀라울 만큼 세부적인 수준까지 이어지며, 사건, 인물, 위치, 그리고 전개되는 서사 사이의 연결고리들을 활성화시키게 된다. *'이야기가 이해와 기억에 도움이 되는가?'*라는 개념을 검증한 기존 연구들을 대상으로 한 메타분석에서, 마와 그의 동료들은(Mar et al., 2021)은 총 150개의 효과 크기를 분석했으며, 이 연구들에 참여한 전체 참가자는 3만 3천 명이 넘었다. 연구자들은 이해와 기억이 어떻게 달라지는지를 두 가지 유형의 텍스트, 즉 서사적(narrative) 텍스트와 설명적(expository) 텍스트를 비교하여 분석했다. 연구진은 서사 텍스트를 주로 소설이나 짧은 이야기에서 볼 수 있는 글이라고 설명한다. 서사 텍스트의 '익숙한 구조'에는 누구나 알아볼 수 있는 '이야기 문법'이 포함되며, 이 문법은 배경, 주제, 줄거리, 해결 같은 요소들로 구성된다. 서사에서는 특히 등장인물과 그들의 성장, 행동, 그리고 그 행동의 결과에 초점이 맞춰진다. 이 연구들 전반의 핵심 결론은 다음과 같다: "사람들은 설명문보다 서사문을 더 쉽게 이해하고 기억했다"(p. 745). 이들은 서사가 왜 효과적인지에 대한 이론적 근거들을 다양한 논거를 바탕으로 요약한다(p. 733): (1) 이야기는 익숙하다(아주 어린 시절부터 우리는 이야기를 들으며 자라고, 그 경험을 통해 자연스럽게 이야기의 형식과 구조에 익숙해진다. 반면, 설명문은 삶의 훨씬 나중에야 접하게 되는 경우가 많다); (2) 이야기 속 상황은 우리가 익숙한 일상의 경험들과 연결되며, 이를 통해 더 쉽게 이해된다; (3) 이야기는 감정을 자극한다; (4) 이야기는 사회적 관계에 집중하며, 등장인물 간의 우정, 갈등, 상호작용 같은 사회적 관계는 우리가 현실 속에서 매우 익숙하게 경험하는 주제들이다; (5) 우리의 삶도 사건이 시간적으로 전개되는 방식으로 인식되는데, 이것이 이야기 구조와 자연스럽게 맞닿아 있다. 이에, 연구자들은 "서사는 우리의 경험을 전달하는 방식과 매우 밀접하게 닮아 있으며, 그렇기 때문에 이야기란 거의 '모국어'에 가깝다고도 불린다"(p. 733). 이러한 이야기의 익숙함과는 대조적으로, 연구자들은 설명문, 예를 들어 교과서, 매뉴얼, 교육과정 문서 등이 가진 낯선 특성을 지적한다. 설명문의 주된 구조는 "주로 피라미드 형태를 닮았으며, 주제가 가장 먼저 제시되고(즉, 피라미드의 꼭대기), 이후 그 주제가 길게 상세히 설명되는 방식이라는 것이다"(p. 733). 인지과학 문헌에서는 서사에 대한 익숙함을 학생들의 선행지식의 일부로 간주한다. 학생들이 이미 이러한 지식에 익숙해져 있을 경우, 정보를 더 빠르게 이해하고, 추론을 수행하며, 현재 다루고 있는 주제 안에서 더 정교한 연결을 형성할 수 있다. 또한 이러한 이해는 보다 넓게는, 학습 단원, 다른 교과목들, 나아가 전체 교육과정 단계에 걸쳐 폭넓고 깊이 있는 사고로의 연결을 가능하게 해준다.

지리학은 언제나 이야기를 전하는 학문이었다. 앞서 논의한 탐험들도, 결국 그에 대해 전해지는 이야기를 통해 알려진 것이다. 심지어 직접 경험한 사람들조차도, 그 '날것의 경험'을 우리가 세계에 대해 가지고 있는 이야기의 틀을 통해 인식하게 된다. 필자는 이러한 이야기들이 전달되어 온 방식들이 가진 문제를 명확히 드러냈고, 이를 통해 이제는 우리가 이야기를 바꾸고 확장할 필요가 있다는 점이 분명해졌기를 바란다. 그러나 중심 아이디어는 여전히 유효하다. 즉, 이야기를 전하고, 서사를 활용하는 것은 본질적으로 중요하며, 이 작업을 더 잘 수행하는 것이야말로 21세기 이후 지리학을 새롭게 정립하는 데 매우 중요하다. 이야기는 교육에서 중요한 자리를 차지해야 하며, 우리는 이야기가 다양한 스케일(scale)에서 어떤 식으로 쓰이고 어떤 가치를 지니는지를 고민해볼 수 있다: 즉, 하나의 설명 속 이야기, 단일 수업 내의 이야기, 학습 단원 속 이야기, 학년 전체, 교육의 전 단계에서 말이다.

세상을 설명하는 큰 이야기

지리교육에서 더 많은 이야기를 전하자는 생각, 그리고 줄거리, 인물, 갈등이라는 개념을 활용하기에 앞서, 우리는 먼저 우리 자신의 이야기를 더 깊이 성찰하고 비판적으로 검토해 볼 필요가 있다. 교사는 단지 교육과정을 전달하는 객관적이고 탈개인화된 존재가 아니다. 교사는 교실과 다양한 교육 공간에서 다른 사람들과 관계를 맺는 사람이다. '사람이 된다는 것'이 무엇을 의미하는가는 분명 매우 복잡한 질문이며 (Nwoye, 2017; Smith, 2003), 이는 곧 교육의 목적과 방향을 이해하는 데 있어 핵심적인 문제이기도 하다. 리처드 프링(Richard Pring, 2004)은 강연 '사람을 교육하기'(*Educating Persons*)에서 '도덕적 진지함'(moral seriousness)이라는 개념을 통해, 놀라운 존재인 '인간'을 교육한다는 것이 무엇을 의미하는가라는 질문을 탐구한다. 그가 요약한 교육의 본질적이고 도덕적인 목적은 다음과 같다:

> 각 개인이 보다 온전한 인간이 되도록, 자신과 타인 안에 있는 본질적으로 인간적인 것을 자각하게 하는 것을 돕는 것; 이러한 개인의 성장은, 모든 사람을 존중하는 공동체의 일원으로 살아가는 것과 불가분의 관계에 있는 것; 가정과 학교 교육 사이의 경험의 연속성을 존중하는 것; 학생과 학생 간, 학생과 교사 간의 사회적 상호작용을 중심에 두는 것; 학문 분야의 지적 자원(공적 의미)을 활용하는 것; 그러한 탐구 과정 속에서 각 개인이 보이는 진정성 있는 반응을 인정하는 것(p. 38).

보다 온전한 인간이 된다는 것은 무엇을 의미할까? 그리고 교육, 특히 지리교육은 여기에 어떤 역할을 해야 할까? 당신은 이 문제와 관련해 자신이 속해 있었던 이야기를 어떻게 말할 수 있을까? 리처드 프링(Richard Pring)과 동료들은 누필드(Nuffield) 재단의 지원을 받아 14~19세 학생들의 교육 및 훈련에 대한 검토 보고서, 『모두를 위한 교육』(*Education For All*)(2009)에서 이 질문을 다음과 같이 표현한 바 있다: "오늘날, 우리는 어떠한 19세 청년을 교육받은 사람이라고 부를 수 있는가?" 필자는, 지금 이보다 더 근본적인 질문들을 제기하면서, 이를 이야기와 서사에 대한 우리의 논의와 연결하고자 한다. 이 책 전반에서 필자가 제시해 온 학교지리에 대한 여러 비판들은, 부분적으로는 지리에 대해 이전에 이야기되어 온 서사들에 대한 불만에서 비롯된 것이다.

하지만, 보다 더 근본적으로 필자의 비판은 '모든 사람에 대한 동등한 존중'이라는 신념에서 비롯된 것이다. 이 신념은 그 사람이 사회경제적 배경, 국적, 성별, 인종, 민족, 계급 등 무엇이든 간에 관계없이 적용되어야 한다. 수업에서 서사를 활용하는 방식을 고민할 때, 우리는 또한 우리가 어떤 이야기의 일부이며, 어떤 이야기 형성에 기여하고 있는지에 대해서도 비판적으로 성찰하는 것이 중요하다. 여기서 '우리'란 단지 개인으로서의 '나'뿐만이 아니라, 더 넓은 의미에서의 우리 모두를 포함한다. 이러한 성찰은 두 가지 차원에서 이루어져야 한다: 즉, 하나는 기술적 차원으로, 우리가 속한 이야기가 실제로 어떤 방식으로 존재하는지를 정확하게 묘사하는 것이고, 다른 하나인 규범적 차원은, 우리가 *바람직하다고* 여기는 세상을 실현해 가는 과정으로 노력하는 것이다. 스미스(Smith, 2010)는 『사람이란 무엇인가』(*What is a Person?*)에서 우리가 세계와 자신을 이해하는 방식에 있어 이야기가 지닌 중요성을 강조한다. 동시에, 그는 또한 우리가 더 이상 세상과 그 속에서의 인간의 위치에 대해 이야기할 필요가 없다는 주장을 이야기한다. 이 주장은 부분적으로, 포스트모더니즘에서 말하는 '거대 서사에 대한 불신'과 연결되며, 이는 때로는 인간 존재를 규정해 온 지배적인 이야기들을 우리가 점점 거부하거나 주변화하고 있다는 현상으로 이해되기도 한다. 이와 관련하여 스미스는 다음과 같이 말한다:

> 우리 현대인은 더 이상 모닥불 주위에 둘러앉아 창조, 홍수, 시련, 정복, 희망의 낙원 같은 환상적인 신화를 이야기할 필요가 없다. 과학, 산업, 이성, 그리고 기술은 한때 인류를 환상적인 신화에 사로잡히게 했던 어둠과 무지를 몰아냈다. 오늘날 우리는 진보, 계몽, 문화적 진화를 통해 실증적 지식, 과학적 사실, 이성적 분석을 갖게 되었다. 우

> 리는 이제 전설과 민요의 민족이 아니라, 주기율표, 기술 매뉴얼, 유전자 지도, 컴퓨터 코드의 민족이다... 우리는 이제 교육을 받았고, 이성적이며, 분석적인 존재다. 조상들이 만들어낸 신화의 어둠과 무지에서 벗어나, 이성과 과학의 밝은 빛 속으로 나아가기 위해 고군분투함으로써, 우리는 진정 인류에게 더 큰 번영, 장수, 행복의 미래를 열었다(Smith, 2003, pp. 63-64).

이러한 진보와 인간성에 관한 현대적 이야기를 간략히 되짚은 후, 스미스는 이 이야기가 거짓이라는 것이 아니라, 세상과 그 속에서의 우리의 위치를 이해하기 위해 이러한 이야기를 계속해서 말하는 것 자체가 인간에게 여전히 필수적이라는 점을 강조한다:

> 우리가 과학, 이성, 기술을 아무리 많이 가졌다고 해도, 우리 현대인은 존재, 역사, 목적에 대한 서사를 만들어 내고, 말하고, 또한, 믿는 존재라는 점에서 인류 역사상 어느 시대의 선조들과도 다르지 않다. 하지만, 이러한 사실 이상으로, 우리는 여전히 이야기를 만들어 내는 존재일 뿐 아니라, 우리 자신이 그 이야기들에 의해 형성되는 존재이기도 하다. 우리는 끊임없이 이야기를 하고 또 되풀이하며, 그 이야기들은 근본적으로 우리의 삶을 구성하고 이끌어 가는 힘이 된다(p. 64).

이러한 '큰 이야기들'은 우리로 하여금 사람, 국가, 진보, 개발 등에 대한 우리의 믿음에 대해 중요한 질문을 던지게 한다. 그리고 이 논의와 관련된 일부 이야기들은 매우 가까운 곳, 즉 우리가 학생들에 대해 말하는 방식-우리가 가르치는 학생들에 대해 만들어내는 이야기들-속에 존재한다. 필자는 이 지점에서 우리가 '이름 붙이기'에 관한 질문들을 비판적으로 성찰해 볼 것을 제안하고 싶다. 예컨대, 우리가 학생들을 다음과 같이 부르지는 않는가: '똑똑한', '영리한', '말썽꾸러기', '게으른', '멍청한', '능력이 있은', '능력이 없는'... 교사는 학생들이 의지하는 지식, 가치, 신념을 전달하는 존재일 뿐 아니라, *그들을 어떻게 규정하고 이름 붙이는가*(naming) 자체가, 넓은 의미에서 교사의 신념이자 태도를 반영하는 행위이므로, 그에 대해 교사는 막중한 책임을 지고 있다. 우리는 학생들에게 무엇을 기대하고 있는가? 우리는 학생들에게 어떤 기회, 어떤 자유, 어떤 책임을 만들어주고 있는가? 거트 비에스타(Gert Biesta, 2020)는 학생이 '주체로 존재할 수 있는 공간'을 교육이 보장해야 하며 이를 위해, 위험과 자유의 개념을 강조하며 다음과 같은 진일보된 논의를 전개한다:

> 이는 부분적으로, 교육적 상황과 환경 속에서 학생이 주체로 존재할 수 있는 공간이 과연 존재하는가라는 '근본적인' 질문이기도 하다. 동시에 이는 매우 실천적인 질문이기도 하다. 왜냐하면 교육은 학생이 의미를 구성할 수 있는 여지를 제공해야 하며, 이는 교사가 대신해줄 수 없는 것이고, 학생이 아직 알려지지 않은 미지의 세계를 탐색할 수 있도록 해야 하기 때문이다. 아무리 잘 설계된 교육과정이라 하더라도, 그 안에서 '위험'을 제거하려 한다면, 그것은 더 이상 교육이라 할 수 없다. 그런 점에서, 위험은 교육 그 자체를 위해서도 중요하고 필수적인 요소다(p. 103).

탐험에 대한 개념을 새롭게 되찾아(재개념화하여) 지리교육을 고무하려는 시도는, 위험을 수용할 수 있는 공간을 열어준다. 그렇다면 우리는 수업을 구성하는 '줄거리'(plot) 속에서 어떤 종류의 위험을 감수할 수 있을까?

줄거리

줄거리(plot)는 스토리텔링의 핵심 개념으로, "이야기가 무엇을 '하는지'를 보여주는 방식으로 이야기의 요점을 드러내는 역할을 한다"(Paton & Kotzee, 2021, p. 430). 줄거리는 서사의 각기 흩어진 요소들을 연결하여, "서로 다른 사건과 에피소드를 하나의 의미 있는 전체로 묶어주는 것"이다(Lawler, 2008, p. 35). 이러한 이야기의 요소에 주목하면서, 우리는 다음과 같은 질문을 던져볼 수 있다: 한 수업을 하나로 묶어주는 줄거리는 무엇인가?; 흩어져 있는 요소들을 더 강력하고 인상적으로 연결짓기 위해 어떤 줄거리를 구성할 수 있을까?; 그리고 단지 줄거리를 갖는 것, 그것을 수업의 핵심적 구성 요소로 명확히 드러내는 것을 넘어, 우리는 어떤 새로운 줄거리들을 창조할 수 있을까? 이 책이 다루는 지리교육 속 탐험의 의미를 되찾고 재구성하는 맥락에서, 필자는 우리가 지리와 세계에 대해 이야기할 때 사용하는 줄거리의 유형을 어떻게 다시 사유하고 재구성할 수 있을지 또한 강조하고자 한다. 이러한 줄거리 중 일부는 우리가 국가, 진보, 개발에 대해 이야기할 때 등장하는 '큰 이야기들'에 해당하며, 이는 이 책의 앞선 장들에서 여러 방식으로 제기된 문제이기도 하다. 예컨대, 유소프(Yusoff, 2018)는 『10억 개의 흑인 인류세, 혹은 아무것도』(*A Billion Black Anthropocenes or None*)에서 지질학의 줄거리 자체를 재구성하고 다시 서술함으로써 중요한 비판적 사례를 제시한다. 그 사례는 바로 다음과 같은 점을 보여준다: 심지어 단어 하나-이 경우 인류세(Anthropocene)-조차도 이미 특정한 줄거리를 내포하고 있으며, 그 줄거리는 사람들을 특정한 방식으로 위치 지우고, 책임에 대한 전제를 은밀히 끼워 넣고 있다는 것이다. 단어 하나를 이렇게 해체하는 작업은, 우리가 사용하는 용어들이 어떤 함의와 가치를 수반하고 있으며, 그 용어들이 이미 특정한 이야기들과 결합되어 있으며, 지금도 그 이야기를 계속하고 있다는 점을 보여주는 훌륭한 사례다. 지리학의 역사 자체가 이런 이야기들 가운데 많은 것들이 제국의 깊은 층리(흔적)를 담고 있다는 것을 보여준다. 이러한 줄거리들의 구조에 대응하기 위해, 에슨과 라스트(Esson & Last, 2020)는 지리교육에서 인종과 인종차별 문제에 주목하는 것이 필수적이라 말하며, 반인종차별 교육 실천을 구축하기 위해서는 이를 전면에 내세워야 한다고 주장한다. 그들은 다음과 같은 질문을 던진다:

> 지리교육과정에 내재된 인종적 코드화를 어떻게 다뤄야, 우리가 현재 받아들이고 있는 지리 지식의 질서 자체의 정당성에 보다 직접적으로 질문을 던질 수 있을까? 이러한 창의적 실험의 한 방법은, 우리가 사용하는 지리적 도구들-예컨대 나침반, 지도(예: 타불라 로제리아나[Tabula Rogeriana]), 계산법-에 대해 우리가 어떤 역사적 서사를 구성하는지 살펴볼 때, 그 서사 속에서 인종과 인종주의에 주의를 기울일 경우 무엇이 달라지는지를 살펴보는 것이다(Esson & Last, 2020, p. 672).

이들의 제안을 따라, 지리교육에서 탐험을 재개념화한다는 비전은 기존 지리학의 모든 성과를 부정하거나 폐기하고 완전히 다른 것으로 대체하자는 뜻이 아니다. 그보다는, 널리 퍼진 이야기들을 해체하고, 확장해 가는 작업에 가깝다. 차크라바르티(Chakrabarty, 2000)의 표현을 빌리자면, 이는 기존의 지배적인 설명들을 '지방화'(provincialized)하는 것이다: 즉, 그것들을 보편적인 지배 서사로 취급하는 대신, 보다 복잡한 공동 설명(co-accounts)으로 전환시키는 작업이다:

> 이제 분명해졌듯이, 유럽을 '지방화하기'란 유럽의 사상을 거부하거나 폐기하려는 프로젝트가 아니다. 우리가 지적으로 많은 빚을 지고 있는 사유 전통과 관계를 맺는 일은, 릴라 간디(Leela Gandhi)가 표현한 바 있는 '포스트식민주의적 복수'의 문제가 될 수 없다. 유럽의 사상은, 한편으로는 없어서는 안 될 필수적인 사유 자원이지만, 동시에 비서구 국가들이 경험한 정치적 근대성을 사유하기에는 불충분한 사상이기도 하다. 따라서 유럽을 지방화하는 것은, 이제는 모두의 유산이자 우리 모두에게 영향을 미치는 이 사상이 어떻게 주변으로부터, 그리고 주변을 위해 새롭게 거듭날 수 있는가를 탐색하는 작업이 된다(p. 16).

'주변으로부터, 그리고 주변을 위해 거듭나기'라는 발상은 6장에서 논의된 '우리는 어디에서부터 시작해야 하는가'를 다시 사유하는 문제와도 맞닿아 있다. 하지만 여기에 더해, 이 발상은 또 하나의 중요한 질문을 던진다: 우리의 교육은 누구를 위한 것인가? 누가 혜택을 받는가? 어디에서 혜택이 발생하는가? 줄거리가 지금과 같은 방식으로 구성되어 있을 때, 그 구성으로부터 이익을 얻는 사람은 누구인가?

다음 절인, 등장인물(character)에 대한 논의로 넘어가기 전에, 줄거리라는 개념이 지리교육에서 데이터와 통계를 다룰 때 특히 유용할 수 있는 방식들을 강조하고자 한다. 앞서, 필자는 이러한 아이디어들 가운데 일부를 블래스트랜드(Blastland)와 딜넛(Dilnot)의 BBC 공정성 검토 보고서를 통해 소개한 바 있으며, 더 나아가 미디어와 정치권이 통계를 어떻게 사용하고, 또 오용하는지를 비판적으로 분석한 일련의 작업들과도 연결해 논의했다. 이러한 통계의 오용 중 상당 부분은, 그들이 통계를 통해 어떤 이야기를 하고자 하는가와 관련되어 있다. 왜냐하면 미디어와 정치인들은 통계 자체가 아니라, 그 통계를 둘러싸고 구성된 이야기가 실질적인 영향력과 권력을 가진다는 사실을 잘 알고 있기 때문이다. 따라서 데이터와 통계가 어떤 줄거리 속에서 제시되고, 어떤 이야기 구조를 형성하는 데 기여하는가를 비판적으로 살펴보는 일은 매우 중요하다. 연구 방법을 가르치는 교육적 관점에서 볼 때, 통계 분석을 학생들에게 소개할 때, 서사를 보다 적극적으로 활용할 수 있는 가능성도 존재한다. 수학교육 분야의 연구들은, 학생 각자의 맥락화된 이야기를 더 많이 활용할수록 통계 개념을 이해하는 데 도움이 될 수 있다고 제안한다. 예를 들어, 셰우드와 메이커(Sherwood & Makar, 2022)의 연구 『스토리텔링을 통한 학생들의 통계학 이해하기』(*Students making sense of statistics through storytelling*)는 다음과 같은 점을 보여준다: 통계 내용을 스토리텔링과 연결하여 제시하고, 학생들이 학습 주제와 자신의 이야기 사이의 대화에 참여하도록 하면, 통계나 더 넓은 의미의 수학에 대해 흔히 갖게 되는 두려움과 지나치게 추상적인 학습 내용이 주는 어려움을 극복하는 데에 도움이 된다는 것이다. 흥미롭게도, 연구자들은 학생들이 처음부터 자연스럽게 통계와 자신의 이야기를 연결하지는 않는다는 점도 발견했다. 그러나 "일단 그런 연결이 이루어지면, 학생들의 이야기는 통계 학습을 이해하는 데 있어 성공의 경로를 여는 출발점이 되었다"(p. 2). 이러한 아이디어는 학생들이 두려워하거나 어려움을 느끼는 다양한 주제들에도 적용 가능성이 있다. 즉, 서사를 통해 학생들을 참여시키고, 그들이 속한 줄거리와 의미 있는 연결을 형성하도록 돕는 방식이다. 그리고 그 줄거리 안에서 '등장인물'이 상호작용할 때, 이야기는 비로소 살아 있는 학습 경험으로 전환된다.

등장인물

등장인물(characters)은 보통 사람이나 동물로 이해되지만, 지리교육의 맥락에서는 장소, 이론, 모델 등도 등장인물로 포함시킬 수 있다. 즉, 이들은 세계에 영향을 미치고 작용하는 행위 능력(agency)을 지닌 것들이다. 이들을 등장인물로 다시 생각해 보는 것은 겉으로 보기엔 미묘한 변화일 수 있지만, 그만큼 더 창의적이고 풍부한 학습 참여를 가능하게 할 수 있다. 따라서 다음과 같은 질문으로 시작해 볼 수 있다: 특정한 활동, 수업, 또는 단원 안에서 주요 등장인물은 누구인가? 이 논의와 관련하여 필자는 등장인물 개념을 다음의 네 가지와 연결하여 탐색하고자 한다: (1) 이론; (2) 재현; (3) 이름 붙이기; (4) 자연.

이론과 모델은 종종 서사 없이 갑작스럽게 등장하는 경우가 많다. 배경도 맥락도 없이 장면 속으로 갑자기 제시되는 경우가 많다. 이러한 방식은 앞서 언급한 연구자 마(Mar)의 설명문 중심 접근 방식과도 연결된다. 우리는 흔히 모델의 핵심 특징을 정확하게 전달하고, 학생들이 정의와 개념을 명확히 이해하도록 하는 데 집중한다. 물론 이 자체는 중요하고 좋은 일이다! 하지만 그렇게 하다 보면, 이론과 모델이 지닌 복잡하고 불확실한 맥락은 상대적으로 간과하기 쉽다. 예컨대, 우리는 다음과 같은 질문들을 놓치곤 한다: 이 이론이나 모델은 어디에서 기원했는가? 누가, 언제, 어떤 맥락 속에서, 어떤 논쟁과 문제의식에 응답하기 위해 만들었는가? 이 이론은 어떤 과정을 거쳐 교실로 들어오게 되었는가? 그리고 그것은 세상에 어떤 영향을 미치고 있는가? 여기에는 이론과 모델을 서사 속의 '등장인물'로 상상하고 다뤄보는 흥미로운 가능성이 열려 있다. 이러한 접근은 이론과 모델이 세상 안에서, 그리고 세상을 향해 어떻게 작용하는지를 비판적으로 재사유하게 해주며, 우리가 그것들과 맺는 비판적 이해와 참여의 깊이를 한층 더 확장시킬 수 있다. 즉, 이론과 모델에 대한 이해를 심화시키는 것은, 그것들이 어떻게 기능하고 작동하는지에 대한 보다 풍부한 인식으로 이어지는 것이다. 맥키트릭(McKittrick)은 다음과 같이 이야기한다:

> 이론은 하나의 스토리텔링 형태이다. 이야기와 스토리텔링은 이론이 수행하는 허구적 작업의 성격을 드러낸다. 필자는 이러한 움직임이 학문적 작업의 복잡성을 드러내주기를 바란다. 그곳에서 사실 탐색, 실험, 분석, 연구는 편향되지 않은 논문이 아니라, 서사, 줄거리, 이야기, 그리고 완결되지 않은 창조물들로 인정된다(McKittrick, 2021, pp. 7–8).

우리의 이야기 속에는 *누가* 등장하는가, 즉 어떤 등장인물이 서사에 포함되어 있는지를 묻는 것은 혁명적일 수 있으며, 그 질문은 이야기의 형태 자체를 근본적으로 바꾸는 거대한 함의를 지닐 수 있다(Dodds Pennock, 2022). 특히 다음과 같은 지적은 매우 중요하다:

> 유럽 내 유색 인종의 역사는 너무 자주 주변화되거나 의도적으로 지워진다. 그들의 과거 존재는 무시되고, 현대 세계에 대한 기여는 단지 각주나 보조 설명, 흥미로운 일화 혹은 지역 뉴스로만 다뤄질 뿐이다. 그러나 토착민들은 과거에도, 현재에도, 그리고 미래에도 마땅히 이 역사에서 중심적 등장인물이어야 한다(p. 243).

단지 이야기 속에 등장하는 것 자체만큼이나, 그 등장인물이 *어떻게* **재현**되는가도 매우 중요하다. 필자는 『우리는 오직 실제 사람과 실제 장소만을 가르쳐야 하는가?』(*Should we only teach about real people and places?*)(Puttick, 2017) 논문을 통해, 지리 교과서나 교육 자료 속에서 자주 등장하는 '말풍선을 단 얼굴들'의 활용 방식을 비판적으로 조명한 바 있다. 즉, 이름도 명시되지 않은 사람들의 사진에 말풍선을 덧씌우고, 그들에게 전형적인 농부나 로컬 주민의 시각을 말하게 하는 방식이다.

이러한 자료들 속에는 이미지와 관점을 사용하는 방식에 대한 윤리적 질문들이 거의 드러나지 않는다. 예를 들어, 우리는 다음과 같은 질문을 던져야 한다: 이 사람들은 누구인가? 그들에게 부여된 관점에 대해 정작 본인들은 어떻게 생각하는가? 이들의 '외모' 중 무엇이 이 관점을 대표하는 인물로 적절하다고 판단되었는가? 특정 집단이나 관점을 '이런 모습'으로 그린다는 선택에는 어떤 패턴이 있는가? 우리는 학생들에게 세계에 대한 어떤 암묵적 전제를 전달하고 있는가? 필자는 3장에서 월포드(Walford)의 『영국의 학교 지리교육』(*Geography in British Schools*)을 예로 들어, 재현 속 백인성를 나타내는 뚜렷한 사례를 보여주었다. 거기에는 백인 등장인물들과 예외적으로 등장하는 '거의 옷을 입지 않은 원주민'으로 극명한 대비가 나타난다. 차크라바르티(Chakrabarty, 2000, p. 94)의 표현을 빌리자면, "서발턴(subaltern)의 형상은 필연적으로 문제가 있는 재현을 매개로 한다".

이름 없는 말풍선 얼굴은 잠재적으로 문제가 될 수 있다. 그 이유 중 하나는, 그들에게 부여된 시각에 대해 정작 본인들이 실제로 어떻게 생각하는지에 대한 윤리적 질문이 제기되지 않고 있기 때문이다. 재현에 관한 질문은, 우리가 사람이나 장소를 지칭할 때 사용하는 **이름**과도 밀접하게 연관된다. 도즈 페녹(Dodds Pennock, 2022)은 자신의 책 『야만의 해안에서: 유럽에 도달한 아메리카 토착민들』(*On Savage Shores: How Indigenous Americans Discovered Europe*)에서 북미 정착 식민주의

(settler colonialism)**(주3)**의 폭력적 역사를 무엇보다 사람들을 부르는 이름에서 출발하는 질문들로부터 풀어나간다. 그녀는 이렇게 말한다: “이름은 중요하다. 우리가 누구이며, 과거에 어떤 존재였고, 타인이 우리와의 관계를 어떻게 인식하는가를 말해주기 때문이다. 역사적으로 억압받고 주변화되었으며 모욕당해 온 토착민들에게는, 그 이름이 더욱 중요하다”(p. xiiv). 페녹이 서로 다른 집단을 지칭할 용어를 결정할 때 사용하는 접근 방식은, 지리교육에서 우리가 사용할 명칭을 결정할 때 적용하기에 매우 좋은 원칙으로 보인다. 즉, “사람들을 그들이 스스로를 부르던 이름으로 부름으로써, 부족적 · 국가적 · 개인적 정체성을 존중하는 것”이다(p. xvi). 이는 다 가마(Da Gama)를 비롯한 유럽 탐험가들이 장소와 사람들에게 임의로 새로운 이름을 부여하던 방식과는 정반대의 접근이다.

어떤 이름을 사용할 것인가에 대한 질문은 우리가 사용하는 각 단어의 중요성, 의미, 가치에 대한 세심한 주의와 감수성을 요구한다. 『북극의 꿈: 북쪽 경관에 대한 상상과 열망』(*Arctic Dreams: Imagination and Desire in a Northern Landscape*)이라는 걸작을 포함해 수많은 저작을 남긴 배리 로페즈(Barry Lopez)에게 바치는 헌사에서, 로버트 맥팔레인(Robert Macfarlane)은 로페즈의 작업을 관통하는 “핵심 주제이자-사실은 하나의 섬세한 장식음과 같은 메시지”, 즉 “당신이 거주하는 장소이자 동시에 당신 안에 거주하는 장소를 정밀하게 말하는 것”의 중요성을:

> 지각을 예리하게 만들고, 주어진 경관과 그 공동체가 지닌 방대한 복잡성-인간과 인간 너머의 차원까지-에 경의를 표하기 시작하는 일이라고 본다. 잘 사용된 장소 언어는 신비로 가는 문을 열고, 지식을 자라게 하며, 경이로움을 불러일으킨다. 반대로, 정확하고 정밀함을

> 담은 어휘가 부재하면, 살아 있는 세계는 단지 일반화된 초록빛 배경으로 흐려져 버리고, 쉽게 소비되고 폐기되는 무대장치로 전락할 수 있다**(주4)**.

맥팔레인(Macfarlane)의 저작들은 신비에 눈을 뜨게 하고, 지식을 확장시키며, 경이로움을 불러일으키는 많은 영감을 주는 사례들을 보여준다. 그는 예술가 재키 모리스(Jackie Morris)와 함께 작업한 『잃어버린 단어들』(*The Lost Words*)에서, 살아 있는 세계를 더 깊이 이해하고 평가할 수 있도록 해주는 장소 언어(place-language)의 경이로움을 보존해야 할 필요성을 강하게 제기한다. 이들은 함께 옥스퍼드대학교 출판부 아동용 사전(Oxford University Press' Junior Dictionary)에서 삭제된 단어들이 다시 포함되어야 한다는 내용의 공개 서한에도 서명했다**(주5)**. 삭제된 단어들의 예는 다음과 같은 것들이다: 도토리(acorn), 종달개비(bluebell), 밤송이(conker), 해오라기(heron), 물총새(kingfisher). 이 책 전체는 '주문'(spells)과 그림들로 가득 차 있다. 이 주문과 그림들은 소리 내어 읽고, 곱씹으며 감상하도록 만들어졌으며, 그 단어들과 그것들이 가리키는 식물과 동물들을 되살리고, 인식하고, 주목하고, 연결될 수 있도록 한다. 이 책은 자연을 단지 '관찰되고, 소비되고, 무시되는' 대상이 아니라, '살아 있고, 강력하며, 지각하는' 존재로 바라보게 만든다**(주6)**.

갈등

영화는 지중해, 마르세유 남쪽 60마일 해상에 떠 있는 한 남성의 시신으로 시작된다. 그 몸에는 불빛이 깜빡이고 있고, 축 늘어진 채 생명

없는 모습이다. 그러다 화면에 영화 제목 '본 아이덴티티'(*THE BOURNE IDENTITY*)가 떠오른 뒤, 어부들이 그 시신을 물에서 끌어올린다. 한 어부가 다른 어부에게 묻는다. "죽은 사람 처음 봐?" 이 장면에서 관객의 머릿속에는 곧바로 수많은 질문들이 떠오른다: 도대체 이 남자는 누구인가? 왜 그의 몸이 지중해 한가운데에 있는가? 불빛은 왜 달려 있는가? 곧이어 구조자 중 한 명이 그의 등에 박힌 총알을 꺼내기 시작한다. 그는 왜 총에 맞았는가? 누가 그를 쐈는가? 얼마 지나지 않아 그 남성은 깨어나고, 그 자신도 질문을 던지기 시작한다. 처음에는 "*대체 지금 나한테 뭘 하는 거야?!*" 그리고 이어지는 질문들: "내 이름이 뭐지?", "여긴 어디지?", "왜 내 등에 이상한 LED 장치로 취리히 은행 계좌 정보가 박혀 있는 거지?!" 이후 시리즈 전체는 바로 이 정체성의 딜레마에 대한 해답을 찾아가는 과정을 그리고 있다. 관객인 우리도 이 갈등 속으로, 즉 '긴장 지점' 속으로 이끌려 들어간다. 그리고 우리는 알고 *싶어진다*: 그는 누구였는가? 어디서 왔는가? 왜 사람들이 그를 죽이려 하는가? 우리는 그의 이야기를 따라가 몰입하게 된다.

또 다른 예시를 들어보자. 케냐의 어느 도로에서 낡은 랜드로버 차량이 옆으로 전복되며 '쾅' 소리가 난다. 그 소리에 놀라 홍학 떼가 날아오른다. 곧바로 총과 무전기를 든 남자들로 가득 찬 차량 한 대가 도착한다. 그들은 사체 하나를 꺼내 자기 트럭 뒷칸에 던져 넣고 그대로 달아난다. 다른 장소에서는 한 남성이 아내에게 작별 인사를 하고, 그녀는 다른 남성과 함께 활주로를 건넌다. 비행기에 가까워질수록 화면은 흰빛으로 번지며 흐려진다. 그들은 이틀 뒤에 돌아올 예정이었다. 하지만 이틀 후, 우리는 한 여성과 운전기사가 사망한 채 발견된 사실을 알게 된다. 그들은 함께 호텔에 묵었고, 한 방에 있었다. 그들은 누구인가? 그들은 부적절한 사이였는가? 누가 그들을 죽였는가? 왜? 계획된 일이었는가?

다시 말해, 이야기의 전체 구조가 이미 갖추어진 것이다. 서사의 토대가 마련되었고, 우리의 마음은 해결되어야 할 수많은 쟁점들을 붙잡고 씨름하게 된다. 우리는 답을 필요로 하는 질문들을 생성해 냈고, 이제는 그 사람들의 이야기 속으로 끌려들어가게 된다. 그들을 이해하고자 하는 욕구가 생긴 것이다.

수업을 어떻게 시작하면 학생들의 마음을 사로잡는 긴장의 지점을 설정할 수 있을까? 그래서, 학생들이 문제를 해결하고 답을 찾고자 하는 *욕구*에 사로잡히게 만들 수 있을까? 흥미롭게도, 최근 수업의 경향은 '학습 목표'를 명시적으로 제시하는 것이거나 (예를 들어, 수업 초반 칠판에 적힌 문장을 베껴 쓰게 함), 선행학습 상기 활동(용어나 정의에 대한 간단한 복습 퀴즈로 수업을 시작하는 것)이다. 하지만 위에서 언급한 영화들에서는 이러한 긴장의 지점을 명시적으로 말해주지 않는다. 대신, 도입 장면 자체가 해결해야 할 질문을 관객의 마음속에 불러일으키며 강력하게 몰입하게 만든다. 이 장면들은 *우리가 학습목표*와 동일한 것을 생각하도록 만든다. 우리는 그저 목표를 받아들이는 수동적인 존재가 아니라, 그 이야기 속에서 스스로 목표를 발견하고 의미를 구성해내는 능동적인 존재가 된다. 스스로 무엇을 알고 싶은지 깨닫고, 그 모험에 참여하게 되는 것이다.

어떤 긴장은 한 차시 안에서 해결될 수 있지만, 어떤 것은 전체 단원 계획이나 그보다 더 긴 시간 동안 지속될 수 있다. 지리학자들이 씨름하고 있는 여러 질문들의 복잡성과 깊이, 그리고 우리가 가진 이해의 불완전성으로 인해, 어떤 의미에서는 개방성과 미완결성을 유지하는 것이 매우 중요하다. 이 질문들은 단순하지도 않고, 해결된 것도 아니다. 인류는 아직 답을 갖고 있지 않다. 앞서 언급한 기후 및 환경 위기와 같은 전 지구적 도전은 시급하면서도 계속되는 질문이다: 우리는 어떻게 살아야 할까? 이러한 문제를 이해하고 대응하는 데 지리가 어떤 역할을 할 수 있을까? 어쩌면 식민주의라는 서사의 지속적인 갈등, 곧 필자가 이 책 전반에 걸쳐 드러내고 비판해 온 학교 지리교육 속 제국의 층리(흔적)야말로 해결되어야 할 핵심적인 갈등일지도 모른다. 학교 지리교육 속에는 여전히 제국의 층리(흔적)가 남아 있으며, 이는 지속적으로 수정과 성찰을 요구하고 있다. 오늘날의 불평등이 역사적 기반 위에 놓여 있다는 점을 고려할 때, 지리는 이에 어떻게 응답해야 할까? 피트(Pete, 2018)의 말에 따르면, "필자는 나의 비원주민 동료들이 정착민 식민주의를 드러내는 데 더 큰 책임을 지기를 바란다. 왜냐하면 그것은 궁극적으로 그들 자신의 이야기이기 때문이다"(p. 180). 우리는 세계와 지리 자체에 대해 어떻게 하면 더 나은 이야기를 들려줄 수 있을까? 혹은 이렇게 다시 물을 수도 있다: 콘래드(Conrad)가 말한 '환상적인 지리', '전투적인 지리', '승리의 지리'의 시대를 넘어, 우리는 어떤 종류의 지리학으로 우리 작업이 알려지기를 원하는가? 그리고 오늘날 학교에서 지리를 배우는 학생들이 발전시켜 나가야 할 지리는 어떤 모습이어야 할까? *정의로운* 지리학? 지속가능한 지리학? 너그러운 지리학?**(주7)** 우리가 갈등을 어떻게 활용하는지, 그리고 그 갈등을 통해 사람, 장소, 이론, 모형 등을 어떻게 재현하는지는 매우 중요하다. 이 글에서 이야기한 서사에 대한 논의는 지리적 사상들(things)과 이들과의 관계를 어떻게 이름 붙이고, 틀 짓는지에 대해 보다 세심하게 접근할 필요성을 강조하는 계기가 되기를 바란다. 맥팔레인(Macfarlane)의 지적을 다시 떠올리자면, 이처럼 신중한 언어 사용에 있어 '정의하다(define)'는 말은 적절하지 않을 수 있다. 오히려 '*환기시키다(evoke)*'라는 표현이 우리가 이러한 단어들을 사용할 때 기대하는 바에 더 가깝다.

스토리텔러들과 함께

이 책 전반에 걸쳐, 필자는 지리학과 세계에 대해 지금까지 반복되어 온 지배적인 이야기들을 비판적으로 검토하고자 노력해 왔다. 그 목적은 아마도 지나치게 야심 찬 표현일 수 있지만, *탐험을 되찾아 새로운 교육과정과 교수법을 위한 영감을 불어넣는 것*이었다. 이 장을 '스토리텔러들에게 경의를'이라는 부제로 마무리하며, 필자는 두 부류의 스토리텔러들을 염두에 두고 있다. 바로 첫 번째는 이 책을 읽고 있는 지리 교사들과 독자들, 그리고 두 번째는 우리가 의존하고 또 대화해 온 지리학자들이다. 후자부터 이야기하자면, 맥키트릭(McKittrick)이 쓴 명저 『친애하는 과학에게』(*Dear Science*)의 마지막 부분에서 그녀는 참고문헌 목록을 'References'나 'Bibliography'로 부르지 않는다. 대신 그녀는 그 목록에 '스토리텔러들'(Storytellers)이라는 제목을 붙인다. 우리가 누구의 작업에 참여하고, 누구를 인용하는지를 둘러싼 질문들은 이 책 전반에서 지속적으로 제기되어 왔다. 필자는 이 분야에서 나타나는 앵글로-아메리카 중심성을 비판해 왔고, 세상에 대해 더 많이 이해하고자 하는 이 학문 영역을 확장하고 '세계 구성의 지리'(worlding)로 나아가자는 요청에 동참해 왔다. 인용의 정치성을 지적하고, 우리가 어디에서 출발하는지를 묻는 문제를 전면에 내세우면서, 이 책에서 인용한 자료와 필자가 수행한 독서의 우연성, 그리고 불완전함은 분명할 것이다. 여기에는 침묵과 배제, 즉 이 책에서 다루어지지 못한 사람들과 장소들, 그리고 여러 이유-대부분은 필자 자신의 한계와 관련된-로 인해 그들의 이름과 작업이 이 책에서 언급되지 못한 경우들도 있다. 예컨대, 필자는 영어로 된 학술 논문만을 읽을 수 있다는 점이 가장 직접적인 한계이다. 하지만 그 모든 한계를 인정하면서도, 필자는 이 책이 지리학을 연구하는 매우 다양한 '스토리텔러'들과 보다 명시적으로, 그리고 보다 확장된 방식으로 연결되는 데 하나의 마중물이 되기를 희망한다.

학교 지리교육에 새겨진 제국의 층리(흔적)는 여전히 매우 깊다. 이 책을 접한 교사들이 이처럼 지속되고 있는 유산을 좀 더 쉽게 인식하고 해체할 수 있게 되기를 바란다. 과거 제국주의적 지리학이 지배와 통제의 수단으로 지리학적 도구를 활용했다면, 이 책을 통해 탐험을 다시 되찾아(재개념화하여), 경이로움을 기르고, 보다 나은 이야기를 전달하며, 보다 정의롭고, 평등하며, 지속 가능한 미래를 향해 나아가기 위한 지리 이야기를 펼치기를 바란다. 유럽 인류학 박물관의 맥락에서 힉스(Hicks, 2020)는 이 과제를 다음과 같은 시급한 이중 과제로 설명한다:

> 유럽의 인류학 박물관들이 지닌 독특한 공적 공간으로서의 위상과, 식민주의의 지속적 역사성을 드러내는 지표로서의 성격을 활용하여, 우리가 대영 제국에 대해 스스로에게 들려주는 이야기를 변화시키는 것과 동시에, 글로벌 사우스(Global South)의 공동체들이 완전히 새로운 형태의 박물관 모델을 세울 수 있도록 실질적인 지원을 제공하는 것이다(p. 35).

학교 지리교육 역시 마찬가지다. 힉스가 말한 이중 과제는 탐험을 깊이 있고 총체적인 방식으로 재구성하여 교육적 영감을 불러일으키기 위한 관점으로 유용하게 작용할 수 있다: 즉, 전 세계적으로 더 큰 평등을 뒷받침할 수 있는 새로운 지리교육 모델은 어떤 모습일까?, 우리는 지리교육이 가진 지위와 잠재력을 어떻게 활용하여, 세계에 대한, 그리고 지리학 자체에 대해 우리가 스스로에게 들려주는 이야기를 바꿀 수 있을까? 아직 쓰이지 않은 모험이 우리를 기다리고 있다. 학생들을 그 여정으로 초대해 보자. 그래서 인류의 드라마가 펼쳐지고 있는 인류세라는 이 시대에, 학생들이 그다음 장을 함께 써 내려갈 수 있도록 도와주자. 지리학이 만들어 낸 오류로부터 배울 수 있도록 하자. 그래야 더 나은 이야기를 함께 쓸 수 있는 것이다. 자, 이제 시작해 보자.

옛날 옛적에, 지리학자들은...

질문과 활동

- 이 책은 당신의 지리학과 탐험에 대한 이해에 어떤 변화를 일으켰나?
- 학교 지리교육은 어떤 방식으로 제국의 층리(흔적)를 지속시키고 있는가? 이러한 잔재들은 개인, 교과, 학교, 로컬, 지역, 국가, 그리고 세계적 수준에서 어떻게 해결할 수 있을까?
- 지리교육에서 스토리텔링은 어떤 의미를 가지는가? 스토리텔링을 지리교육에 활용할 때 이해, 기억, 참여, 영감 측면에서 어떤 장점이 있는가? 또 지리교육에서 스토리텔링과 서사를 사용할 때 어떤 어려움이나 한계가 있을 수 있는가?
- 지리학 안팎에서 이야기되어 온 것들 중에서, 다양한 차원의 불평등을 지속시키는 사례로는 어떤 것들이 있을까?
- 청소년들이 지리적 모험에 참여하고, 세상에 대한 자신만의 (재개념화된) 탐험을 자극할 수 있도록 하는 사례에는 어떤 것들이 있으며, 당신은 어떤 예시를 만들 수 있을까?
- 서사를 구성하는 원리와 도구들을 어떻게 활용하면, 지리와 세계에 대해 더 넓고 더 관대한 방식으로 가르칠 수 있을까?
- 어떤 새로운 지리교육 모델이 전 세계적으로 더 큰 평등을 촉진하는 데 기여할 수 있을까?
- 학생들에게 앵글로아메리카 중심의 지리학 이야기에서 종종 배제되거나 주변화된 지리학자 혹은 지리학자 집단에 대해 읽고 조사하도록 하자. 그들의 관점에서 우리는 무엇을 배울 수 있을까? 그들은 과거의 어떤 '맹점'을 드러내는가?
- 학생들에게 지리 교과서를 비판적으로 분석해 보도록 격려해 보자. 지리와 세계에 대해 들려주는 이야기 속에서 제국의 층리(흔적)와 누락된 부분

들을 확인해 보도록 하자.

- 한 차시의 수업이나 하나의 활동부터 시작해, 스토리텔링과 서사 도구를 더 적극적으로 활용하여 교수-학습을 강화하는 방안을 계획해 보자.
- 이론적 개념이나 모델을 내러티브 속 *등장인물*로 다시 생각하는 것이 학생들이 그것들에 대해 비판적으로 더 깊이 이해하는 데 어떻게 도움이 될 수 있을까? 하나의 이론적 개념이나 모델의 생성 배경과 역사를 조사한 뒤, 그것을 이야기 속 등장인물로 표현해 보자. 예를 들어, 누가 만들었는지, 어디서 만들어졌는지, 어떤 맥락에서 나왔고 어떤 과정을 거쳐 변화해 왔는지를 포함하여 서술해 보자.
- 지리교육 자료에서 이름이 명시되지 않은 '말풍선을 단 얼굴' 이미지 사용과 관련된 윤리적 질문들은 무엇이 있을까? 지리교육 자료 속 인물의 재현 방식은 학생들의 세계에 대한 이해와 관점에 어떤 영향을 미칠 수 있을까? 사람과 장소를 지칭할 때 존중과 정확성을 갖춘 명칭을 사용하는 것은 지리교육에서 어떤 의미를 가질까? 우리가 살고 있는 장소에 대해 더 정밀하게 말하는 것이 그 장소에 대한 우리의 이해와 평가를 어떻게 심화시킬 수 있을까?
- 어떻게 우리는 지리교육을 통해 더 나은 이야기를 전함으로써 보다 정의롭고, 공정하며, 지속 가능한 미래를 상상하고 실현하도록 영감을 줄 수 있을까? 당신이라면 어떤 새로운 이야기를 들려줄 수 있을까?

주

1. 이 책에서는 예비 교사 교육(ITE)과 현직 교사의 전문성 개발 교육(CPD)을 넘어 스토리텔링 활용의 확대에 대해 자세히 논의하지는 않는다. 하지만, 패턴과 코치(Paton & Kotzee, 2021)가 초년 의사들을 위한 윤리 교육에서 스토리텔링과 실천적 지혜의 역할을 다룬 논의는, 다양한 상황에서 스토리텔링이 가지는 생산적 가능성을 보여주는 한 가지 사례로 제시될 수 있다.
2. https://kbsgk12project.kbs.msu.edu/wp-content/uploads/2011/02/Ask-the-Cognitive-Scientist.pdf
3. 도즈 페녹(Dodds Pennock, 2022), 키머러(Kimmerer, 2020), 피트(Pete, 2018, p. 179)는 북아메리카를 터틀 아일랜드(Turtle Island)라고 부르는 관행에 대해 논의한다: https://www.aaihs.org/rethinking-black-life-on-turtle-island/; https://www.un.org/en/academic-impact/keeping-turtle-island-alive-–-mohawk'sfght-against-industrial-pollution. 통상적으로 받아들여진 지명들을 대체하거나 되찾는 행위는 그 이름들이 결코 '자연스럽거나' 자명한 것이 아님을 자각하게 만드는 비판적 성찰의 계기가 될 수 있다.
4. https://orionmagazine.org/article/barry-lopez-from-here-to-the-horizon/
5. http://www.naturemusicpoetry.com/uploads/2/9/3/8/29384149/letter_to_oup_fnal.pdf
6. https://www.theguardian.com/books/2017/sep/30/robert-macfarlane-lost-wordschildren-nature. 또한, 존 뮤어 재단(John Muir Trust)은 이를 교육 현장에서 활용할 수 있도록 수업 아이디어를 다음

웹사이트에 공개하고 있다: https://www.johnmuirtrust.org/assets/000/002/735/PSM_Workshop_Report_2023_original.pdf?1677252476

7. https://orionmagazine.org/article/barry-lopez-from-here-to-the-horizon/

참고문헌

Biesta, G. (2020). Risking ourselves in education: Qualifcation, socialization, and subjectifcation revisited. *Educational Theory, 70*(1), 89–104.

Caracciolo, M. (2014). *The Experiantiality of Narrative: An Enactivist Approach.* Berlin: De Gruyter.

Chakrabarty, D. (2000). *Provincializing Europe*. Oxford: Princeton University Press.

Dodds Pennock, C. (2022). *On Savage Shores: How Indigenous Americans Discovered Europe*. London: Weidenfeld & Nicolson.

Esson, J., & Last, A. (2020). Anti-racist learning and teaching in British geography. *Area*, area.12658-area.12658. doi:10.1111/area.12658

Hicks, D. (2020). *The Brutish Museums: The Benin Bronzes, Colonial Violence and Cultural Restitution*. London: Pluto Press.

Kimmerer, R. W. (2020). *Braiding Sweetgrass: Indigenous Wisdom, Scientifc Knowledge and the Teachings of Plants*. London: Penguin.

Lawler, S. (2008). Stories and the social world. In M. Pickering (Ed.), *Research Methods for Cultural Studies* (pp. 32–49). Edinburgh: Edinburgh University Press.

Mar, R. A., Li, J., Nguyen, A. T. P., & Ta, C. P. (2021). Memory and comprehension of narrative versus expository texts: A meta-analysis. *Psychonomic Bulletin & Review, 28*(3), 732–749. doi:10.3758/s13423-020-01853-1

Maslen, S. (2020). Between narrative and practice: Storytelling as a way of knowing how to be in nature. *Ethnography, 23*(4), 433–449. doi:10.1177/1466138120923707

McKittrick, K. (2021). *Dear Science and Other Stories*. Durham: Duke University Press.

Nwoye, A. (2017). An Africentric theory of human personhood. *Psychology in Society, 54*, 42–66. doi:10.17159/2309-8708/2017/n54a4

Paton, A., & Kotzee, B. (2021). The fundamental role of storytelling and practical wisdom in facilitating the ethics education of junior doctors. *Health, 25*(4), 417–433. doi:10.1177/1363459319889102

Pete, S. (2018). Meschachakanis, a coyote narrative: Decolonising higher education. In G. K. Bhambra, K. Nisancioglu, & D. Gebrial (Eds.), *Decolonising the University* (pp. 173–189). London: Pluto Press.

Pring, R. (2004). *Philosophy of Education: Aims, Theory, Common Sense and Research*. London: Continuum.

Pring, R., Hayward, G., Hodgson, A., Johnson, J., Kepp, E., Oancea, A., ··· Wilde, S. (2009). *Education for All. The Future of Education and Training for 14–19 Year Olds*. London: Routledge.

Puttick, S. (2017). Should we only teach about real people and real places? *Geography, 102*(1), 26–32.

Said, E. (1978). *Orientalism*. London: Penguin.

Sherwood, C., & Makar, K. (2022). Students making sense of statistics through storytelling: A theoretical perspective based on Bruner's narrative mode of thought. *Mathematics Education Research Journal*. doi:10.1007/s13394-022-00440-y

Smith, C. (2003). *Moral, Believing Animals: Human Personhood and Culture*. Oxford: Oxford University Press.

Smith, C. (2010). *What Is a Person? Rethinking Humanity, Social Life, and the Moral Good from the Person Up*. London: University of Chicago Press.

Yusoff, K. (2018). *A Billion Black Anthropocenes or None*. Minneapolis: University of Minnesota Press.

찾아보기(Index)

인명

거트 비에스타 ······ 241
데이비드 하비 ······ 103
돈 질 ······ 80
드라이버 ······ 71
라자 세르포지 2세 ······ 167
래드클리프 ······ 68
레오폴드 ······ 52
렉스 월포드 ······ 14, 69, 72
로빈스 ······ 97
로즈 ······ 100
루스 길모어 ······ 116
루트비히 비트겐슈타인 ······ 118
리빙스턴 박사 ······ 35, 36, 37, 41, 42, 43, 55
리처드 프링 ······ 237
마 사라스와티 ······ 209
마르코 폴로 ······ 52
마를로 ······ 46
마보군제 ······ 205
마샬 ······ 136
마이클 고브 ······ 24
마이클 영 ······ 124, 127
마틴 ······ 121
매킨더 ······ 56, 81, 100, 108, 136
맥키트릭 ······ 17, 68, 116, 195, 222
맥킨더 ······ 198
맥팔레인 ······ 136, 250
뮐러 ······ 175, 203
미셸 푸코 ······ 194
바르톨로뮤 디아스 ······ 37
바스코 다 가마 ······ 36, 37, 38, 40, 41, 44, 81, 145, 159, 167, 196, 198, 249
블래스트랜드와 딜넛 ······ 177
사이드 ······ 17
사이먼 브라운 ······ 116
샘 브라스만 ······ 38
수전 허시 ······ 138
스탠리 ······ 54, 160, 167
스테판 볼 ······ 15
아체베 ······ 45, 49
알-이드리시 ······ 198
엘브루스 ······ 161
영(Young) ······ 119
왈쉬 ······ 21
월터 롤리 경 ······ 80
월포드 ······ 72, 87, 90, 103, 115, 196, 204, 248
유소프 ······ 17
응고지 풀라니 ······ 138
이브스 ······ 202
이안 쿡 ······ 106
자질 ······ 14, 17, 26, 67, 126
재러드 다이아몬드 ······ 146
제롬 브루너 ······ 120
조지프 콘래드 ······ 16, 45
존과 세바스찬 캐벗 ······ 80
차크라바르티 ······ 17, 35, 83, 89, 243, 248
칭기즈칸 ······ 45
카스트리 ······ 26
캐틀링 ······ 121
케이스 아제그보 ······ 117
콘래드 ······ 16, 253
크리스토퍼 콜럼버스 ······ 81, 196
타리크 자질 ······ 116
패트리샤 데일리 ······ 116
페르디난드 마젤란 ······ 81
폴 콜리어 ······ 141

프랜시스 드레이크 ··· 80
플리트우드 ··· 164
한센 ··· 161
할퍼드 매킨더 ··· 76
허클 ··· 106
헤이만 ··· 27
홉우드 ··· 20
후스 ··· 21
히칭스 ··· 22
힉스 ··· 93, 104, 255

내용

『ㄱ』

가치 ··· 86
감수성 ··· 249
개발 ··· 85
개방성 ··· 252
개척 탐험가 ··· 81
객관적 ··· 105, 164
객체 ··· 47, 67
거대 도시 ··· 194
게으른 원주민 ··· 98
게임 ··· 118
결정론 ··· 125, 149
결핍의 서사 ··· 146
경이로움 ··· 16, 18, 29, 135
경쟁 ··· 146
경험 ··· 42, 122
경험적 지식 ··· 43
계급 ··· 21, 149
계급적인 수사 ··· 92
계급화 ··· 55
계산의 중심 ··· 167
계층화 ··· 203
고기후 ··· 214
고립 ··· 146
고립된 개인 영웅 ··· 167
고상한 사명 ··· 52
고전적 확산론 ··· 166
고정관념 ··· 93, 166
고풍스러운 울림 ··· 99
공간적 다양성 ··· 20
공동 설명 ··· 243
공인 지리학자 ··· 70
과학의 공간 ··· 166
과학주의 ··· 127
관계맺기 ··· 23
관계적 성격 ··· 77
관계적 지리학 ··· 78
교과서 ··· 236
교수법 ··· 14, 87
교육과정 ··· 14, 157, 211, 237
교육과정 문서 ··· 236
교육의 목적 ··· 237
교육적 형성력 ··· 69
교육학적 의도 ··· 76
구경꾼 ··· 51
구성된 개념 ··· 84
구자라트 항해사 ··· 42, 44, 159, 198
국가적 예외주의 ··· 19
국가적 우려 ··· 57
국민 영웅 ··· 81
군집 개념 ··· 118
군집 전염병 ··· 148
권력 ··· 35, 115, 245
권력 관계 ··· 131, 202
규모 ··· 237
규범적 층리 ··· 74
그림자 ··· 122
극단적 급진주의자 ··· 107
극단적 폭력 ··· 93
근대성 ··· 68
근대화의 혜택 ··· 96
글로벌 노스 ··· 168, 173
글로벌 사우스 ··· 193, 202, 204, 255
급진적 비판 ··· 103
기원 ··· 42

기후변화 ······ 19, 22, 168, 181
기후변화 교육 ······ 168
기후변화에 관한 정부 간 협의체 ······ 129

『 ㄴ 』

나의 투쟁 ······ 79
나이지리아 ······ 193
남성 중심적 ······ 75
너그러운 지리학 ······ 253
노예무역 ······ 145
노예제 ······ 222
높은 곳 ······ 164
뉴스라운드 ······ 58
능동적인 존재 ······ 252

『 ㄷ 』

다수자 ······ 84
다채로운 지리학 ······ 120
단일 중심 ······ 166
대항 담론 ······ 99
대항 서사 ······ 202
데이터 ······ 244
도덕적 담론 ······ 56
도덕적 의무 ······ 84
도덕적 진지함 ······ 238
도시 ······ 125, 127
돈캐스터 ······ 173
동인도 회사 ······ 94
동질적 ······ 82, 99
동질화 ······ 198
등장인물 ······ 235, 244, 246
또 다른 지리학 ······ 202

『 ㄹ 』

라코타 ······ 142
래드클리프 카메라 ······ 214, 217
러니미드 트러스트 재단 ······ 141
런던대학교 소아스 ······ 138
로즈 동상 철거 운동 ······ 98
로컬 ······ 14, 17, 18, 59, 206
로컬 도보 투어 ······ 208
로컬 주민 ······ 248
로컬과 일상 ······ 207, 208
로컬과 일상의 공간 ······ 218
로컬과 일상적인 것 ······ 191
로컬적이고 일상적인 것 ······ 175, 213
로컬적이고 일상적인 탐험 ······ 214

『 ㅁ 』

마야족 ······ 142
마오리 ······ 142
만리장성 ······ 53
말린디 ······ 38, 44, 159
말풍선 ······ 248
맥락 ······ 246
맹목 ······ 51
멋진 차 한잔 ······ 222
모델 ······ 246
모두를 위한 교육 ······ 238
모잠비크 ······ 40
모험 ······ 13, 14, 18, 25, 26
모험 신화 ······ 46
모험을 되찾기 ······ 13
몽블랑 ······ 161
문화 전쟁 ······ 177
물리적인 장소 ······ 192
미디어 ······ 176
미발달 ······ 85
미성숙한 존재 ······ 84
미술의 혁명 ······ 53
미완결성 ······ 252
미투(MeToo) 운동 ······ 91
민족지적 연구 ······ 20

『 ㅂ 』

바하마 제도 ······ 217
반인종주의 ······ 117

반인종주의 지리학 116
반인종차별 교육 243
반인종차별주의 80
발견 중심 접근 18
방어적인 태도 96
배제 195, 203
백신 181
백인 47
백인 구원자 97
백인 취약성 47
백인성 74, 248
버킹엄 궁전 사건 140
번역 불가능성 26
보기 51
보라카이 216
복잡성 36, 86, 147
부재하는 존재 69, 80
부정적 묘사 146
부정적인 표현 95
불평등 222
비교 불가능성 26
비유적인 장소 192
비지리적 85
비진학 청소년을 위한 지리 교육 105
빅토리아호 54
빛과 그늘 36

『ㅅ』

사물화 147
사회 정의 73
산맥 161
상대주의 132
상상 속 장소 192
상호연결성 159
상황 맥락성 128, 132
생활지리학 122
서구 근대성 142
서발턴 248
서사 238
서사적(narrative) 텍스트 235
서열화 82
석회암 214, 216
선교적 사명 97
선입견 41
선진화 41
선한 의도 102
선행학습 252
선형적인 경로 234
설명문 중심 접근 246
설명적(expository) 텍스트 235
성과주의 15
세계 구성의 지리 175, 203, 254
세계의 구조 55
소수자 84
손익계산서 90, 95
수동적 표현 95
수동적인 존재 252
수사적 전략 90
스케일 16, 17, 222
스코핑 리뷰 방법론 168
스토리텔러 254
스토리텔링 235, 242, 247
승리의 지리 253
시대의 산물 90, 98
시스타 스페이스 138
식민 프로젝트 13
식민적 권력 관계 144
식민주의 16, 29, 35, 36, 48, 68, 75, 76, 90, 102, 120, 145, 222
식민주의적 이야기 197
식민지 39
식민지성 142
신고전주의 214
신자유주의 19
신화 167, 234
신화 만들기 41, 197
신화화 55, 59
신화화한 시각 166

실용주의 ········· 75
실천적 이론화 ········· 13, 24, 26
29, 195, 201
심라 ········· 85, 87

『ㅇ』

아라비아 사람 ········· 101
아시아 정복자 ········· 87
아프리카 ········· 50, 144, 147
아프리카 대륙 ········· 170
아프리카 대호수 ········· 47
아프리카 분할 ········· 95
악마화 ········· 102
안락의자 속 지리학자 ········· 59
암흑기 ········· 196, 201
애국주의 ········· 91
앤티포드 ········· 104
앵글로-아메리카 중심 ········· 172, 192, 254
야만인 ········· 41, 53
약탈 ········· 54
어둠의 심연 ········· 45
어른 ········· 84
어린이 지리 ········· 20
어조 ········· 90, 102
언어적 결함 ········· 107
연대기적 오만 ········· 198
열대 지방 ········· 217
영국 ········· 58
영국 교육표준청 ········· 81, 88
영국 군대 ········· 56
영국 지리교육협회 ········· 70, 105, 177
영국 통계청 ········· 178
영국 혈통 ········· 83, 141
영국국민당 ········· 142
영웅의 서사 ········· 43
영웅적 인물 ········· 43
영웅적인 탐험가 ········· 234
영토분할 ········· 57
예비 지리교사 ········· 73
오리엔탈리즘(Orientalism) ········· 192
오스트레일리아 원주민 ········· 142
옥스팜 ········· 137
옥스퍼드 ········· 208, 214
옥스퍼드 인턴십 스킴 ········· 25
왕립지리학회 ········· 49, 56, 70, 163
우파 ········· 178
원시적인 존재 ········· 50
원주민 ········· 166, 248
위계질서 ········· 83
위계화 ········· 56
위담 우즈 ········· 218
위대한 남성 ········· 75
위치 ········· 235
위험 ········· 241
유럽 중심 ········· 36, 193
유럽 중심적 시각 ········· 148
유럽 탐험가 ········· 159, 167
유럽-미국 중심 ········· 203, 204
유럽에서 출발하기 ········· 196
유럽을 지방화하기 ········· 83, 147
유럽의 개인 영웅 ········· 165
유럽중심적 관점 ········· 206
유럽중심주의 ········· 88, 89
유목화 ········· 27
유토피아 ········· 58
윤리적 질문 ········· 248
음모론 ········· 181
이국적 ········· 197
이국적인 타자 ········· 206
이누이트 ········· 142
이론 ········· 246
이름 ········· 249
이름 붙이기 ········· 240
이머시브 트레일스 ········· 208
이분법 ········· 164
이성적 ········· 105
이성주의 ········· 196
이야기 ········· 13, 235
인간과 환경과의 관계 ········· 23

인간성 240
인도 58
인도 아대륙 170
인도 중심적 관점 166
인도 푸네 171, 173
인도주의 97
인류세 19, 242, 256
인문지리 20
인쇄술 53
인식론적 투쟁 131
인식론적 한계 27
인종 21, 36, 82, 116, 149, 243
인종 이데올로기 141
인종적 편견 87
인종주의 51, 56, 92
인종차별 13, 14, 16, 87, 108, 136, 148, 234, 243
인종차별주의 49, 51, 76, 78, 102
인종차별주의자 49
인종화 55, 203
인종화된 지리적 상상 162
인터넷 168
일반화 93, 102, 197
일상 14, 18, 206
일상의 경험 132
일상의 지식 17, 122
일상적 탐구 175
잉글랜드 교육표준청 77

『ㅈ』

자동 조종 상태 22
자비로운 통치 74
자연스러운 149
자연스러운 본성 204
자연스러운 호기심 204
자연스러움 84
자연지리 20, 145
자원 수탈 36, 98
자원 착취 222
자율성 18
장소 40, 246
장소 기반 교육 207
장소 언어 250
장소상실 124
재맥락 36
재현 69, 136, 147
저널리즘 178
저지대 164
전투적인 지리 253
절대적 진리 134
정보 14, 157, 180
정보의 출처 181
정착 식민주의 248
정확성 181
제국 13, 36
제국 확장 234
제국의 문명화 사명 166
제국의 층리 6, 14, 56, 94, 109, 115, 122, 253, 255
제국주의 14, 16, 29, 47, 49, 51, 56, 78, 102
젠더 21, 149
젠더 폭력 138
젠더화 55, 203
좋은 것 97
좌파 106, 178
주관적인 시각 164
주변 166
주의 기반 개입 181
주체 47, 67, 241
주체적인 힘 195
줄거리 235, 241, 242, 245
중국 바이러스 148
중립적 105
중심 166
중심지 84
쥐라기 217
증명 119
지루한 교수 48

지리 수업 180
지리 지식 87
지리교실 217
지리교육 57, 69, 75, 97, 174, 237, 242
지리의 지리 19
지리의 포로들 14, 115, 134, 140, 147, 157, 158
지리의 힘 14, 134
지리적 상상력 136
지리학 120, 135, 164, 199, 205, 218, 237, 243
지리학자 252
지방화 243
지배 서사 243
지속가능한 발전 206
지속가능한 지리학 253
지식 115
지식 생산의 지리 129
지식 중심 접근 18
지식의 탈객관화 28
지역성 192
지적 실천 195
지적 위기 42
지정학 149
지층의 층리 67
지형적 요소 149
진보 85, 234
질(Gill) 보고서 105
질병 148

『ㅊ』

차이 14
착취 47
참 경험 43, 44
참고문헌 195, 254
초현실적 공간 196
초현실적 유럽 35, 40, 54, 89, 147, 159, 198, 234
층리 14, 76, 88, 243

『ㅋ』

카게히 54
카리브 출신 139
카앙 196
캘리컷 39, 40, 44
캘커타 39
캘커타 아트 스튜디오 209, 213
코드화 128
코로나-19 181
코빌랴 196
콜카타 208, 211
콩고 45
콩고강 53
큐비즘 53

『ㅌ』

타불라 로제리아나 198
타자 84, 93, 192, 204, 234
타자화 19, 89
탈개인화 237
탈객관화 27
탈맥락화 128
탈식민 27
탈식민 지리학 116, 117
탈식민적 전환 193
탈식민주의 52, 133
탈식민화 94, 205
탈인간화 51, 76
탈중심화 166
탐구 157
탐험 14, 18, 23, 25, 29, 36, 45, 214, 242
탐험 교수법 18
탐험 되찾기 192
탐험가 13
탐험을 재개념화 218
탐험의 되찾기 18, 29, 94, 206

텅빈 장소 ··· 76
토착 ··· 142, 193, 202
토착 공동체 ··· 159, 206
토착 인구 ··· 140
토착 지식 ··· 234
토착민 ··· 43, 75, 141, 142, 143, 161, 247
토착민성 ··· 143
통계 ··· 244
통계 분석 ··· 245
통계의 오용 ··· 244
통계의 활용 ··· 181
통근자 ··· 21, 22
특수성 ··· 147

『 ㅍ 』

팡족 ··· 53
팽창주의 ··· 49
페루 ··· 206
편견 ··· 52
편향 ··· 86
포르투갈 ··· 195
포스트모더니즘 ··· 132, 239
포스트식민 ··· 27
포스트식민주의 ··· 67, 68, 126, 193
포용 ··· 29
포퓰리즘 ··· 19
표준화 ··· 25
풍부함 ··· 147
프레스터 존 ··· 44
프레임 ··· 98

『 ㅎ 』

하얀 공백 ··· 46
학교지리 ··· 14, 85, 115
학습 목표 ··· 252
해체 ··· 36, 41, 74, 88, 121, 234, 242
핵심 개념 ··· 36
행성적 ··· 68
행위 능력 ··· 100, 137, 246
허구 ··· 196
허상 ··· 54
허위 정보 ··· 181
헤리티지 워크 캘커타 ··· 209
현대적 발전 ··· 148
현장학습 ··· 218
현지 지식 ··· 167
현지인 ··· 159
호모 사피엔스 ··· 146
홈 카운티스 ··· 83, 141
환경 ··· 82
환경 위기 ··· 252
환경결정론 ··· 56, 78, 82, 100, 136, 137, 192, 198, 234
환상적인 지리 ··· 253
환원주의 ··· 125, 127
흑인 ··· 47
흑인 지리학 ··· 116
희망봉 ··· 37, 159
힘 있는 지식 ··· 14, 17, 115, 118, 122, 127, 133, 157, 164

『 기타 』

A레벨 ··· 75

BBC ··· 177, 244

COVID-19 ··· 148

GCSE 수업 ··· 158
GYSL 프로젝트 ··· 106

Ofsted ··· 77, 81, 88

저자 및 역자 소개

저자_스티브 푸틱(Steve Puttick)

지리교사를 거쳐, 영국 옥스퍼드대학교(University of Oxford)에서 지리교사의 교과 지식 연구로 박사학위(DPhil)를 받았다. 현재는 옥스퍼드대학교 교육학과 교수로 재직하면서 지리교사 양성과정과 교수학습 분야의 교육과 연구를 담당하고 있다. 영역, 상호작용, 관계, 반인종주의적·탈식민적 미래, 기후변화 교육이라는 주제를 중심으로 지리교육 연구를 수행하고 있다. 저널 *Geography* 편집장, *Oxford Review of Education, Professional Geographer*의 편집위원으로 활동하고 있으며, 지리교육연구네트워크(GEReCo/IGU-CGE) 의장을 맡고 있다.

역자_김갑철(Gapcheol Kim)

지리교사를 거쳐, 영국 셰필드대학교(University of Sheffield)에서 한국의 지리교육과정에 내재해 있는 세계시민성 분석 연구로 박사학위(PhD)를 받았다. 현재는 대구교육대학교 사회과교육과 교수로 재직하면서 초등교원 양성과정과 초등 사회과 지리교육 분야의 교육과 연구를 담당하고 있다. 지리학과 교육학의 교차점에서, 학생들의 지리적 주체화를 고무할 수 있는 교육이론, 교육과정, 교수법 개발 관련 연구를 수행하고 있다. 현재, 국비유학 한림원 회원, 한국지리환경교육학회 이사, 한국지역지리학회 총무이사를 맡고 있다.

지리교육의 새로운 모험

2025년 8월 25일 1판 1쇄 인쇄
2025년 8월 30일 1판 1쇄 발행

저 자 : 스티브 푸틱(Steve Puttick)
역 자 : 김 갑 철
발행자 : 한 정 주
발행처 : 교 육 과 학 사

역자와의 협의하에 인지생략

경기도 파주시 광인사길 71
전화 (031)955-6956~8/팩스 (031)955-6037
Home-page : www.kyoyookbook.co.kr
E-mail : kyoyookbook@daum.net
등록 : 1970년 5월 18일 제2-73호

낙장 · 파본은 교환해 드립니다.
Printed in Korea.

정가 18,000 원
ISBN 978-89-254-1930-5